역사 인식의 논리와 역사교육

역사교육연구총서 **01**

역사 인식의 논리와 역사교육

초판 1쇄 발행 2017년 2월 5일
초판 3쇄 발행 2021년 2월 25일

지은이 송상헌
펴낸이 오세정
펴낸곳 서울대학교출판문화원

출판등록 제15-3호

주소 08826 서울 관악구 관악로 1
대표전화 02-880-5252 | 팩스 02-889-0785
도서주문 02-889-4424, 02-880-7995
이메일 snubook@snu.ac.kr
홈페이지 www.snupress.com

ISBN 978-89-521-1848-6 94900
978-89-521-1849-3 세트

역사교육연구총서 01

역사 인식의 논리와 역사교육

송상헌 지음

서울대학교출판문화원

책머리에

역사교육에 뜻을 두고 대학원에 진학한 지 벌써 30여 년이 흘렀다. 그간의 세월을 돌아보면 역사교육 전공자로 자리매김하기까지 많은 우여곡절이 있었고, 출발선에서 마음속에 가지고 있던 큰 그림은 매우 희망과 포부에 찬 것이었지만, 결국 내 능력으로는 벅찬 일이었다는 걸 깨닫는 날들이었음을 고백하지 않을 수 없다. 다만 대강이기는 하지만 화두를 잡고 있었기에 학위 과정 이래 어느 정도 연구의 지향을 잃지 않았던 점은 그나마 다행스런 일이었다고 생각한다.

처음 잡은 화두가 역사교육의 여러 가지 문제 가운데 역사인식론 문제였으니 필자로서는 아주 막연한 상태에서 시작한 셈이었다. 이 문제는 역사학은 물론 심리학, 철학, 교육학을 두루 참조하지 않는 한 그 실체나 체계를 잡기가 어렵기 때문이다. 이런 난제를 맞이해서 수시로 나아갈 방향과 현재의 위치를 확인하는 수고를 통해 일관성을 유지하려 노력해왔다. 그렇지만 생애를 통해 성취하고자 하는 거창한 연구 목적이나 연구에 관한 구체적인 윤곽을 가지고 있었던 것은 아니다. 따라서 큰 그림에 따른 체계적인 연구는 꿈을 꾸기 어려웠다. 지금 필자가 가진 소박한 소망이라면 어렴풋하게라도 전체 연구의 윤곽을 드러낼 수 있었으면 하는 것이지만, 아직 갈 길이 멀다. 서울대학교 역사교육과에서 역사교육연구총서 출간 계획을 알려왔을 때만 해도 필자는 학위논문 이래 그간의 연구를 바탕으로 역사 인식 문제의 윤곽을 잡아볼 수 있지 않을까 생각했다. 그러나 이 시도는 언감생심 매우 버거운 과제여서 집필하는 과정에서 방향을 수정할 수밖에 없었고, 결국 학위논문을 저본으로 삼아 그 이후 최근까지의 논의를 보완하는 선에서 만족할 수밖에 없었다. 그렇지만 미진하나마 이 책이 역사 인식론으로 그릴 수 있는 전체 윤곽의 편린이라도 보여주는 계기가 되었으면 하는 바람은 가지고 있다.

우리나라에서 역사교육 전공자가 전문가로서 역할을 하기 시작한 것은 역사학의 발전과 맥을 같이한다. 사학사에서 역사교육학에 대한 언급은 하지 않는 것이 상례이지만, 역사교육의 발전은 역사학의 발전을 가늠할 수 있는 시금석이라는 것이 필자의 소신이다. 역사교육은 역사학의 연구 성과가 충분히 축적되지 못했거나, 개별 사실의 연구에 급급할 때는 관심을 두기 어려운 분야이기 때문이다. 실제로 역사학이 일정한 수준에 올라 수준 높은 역사서사를 생성할 수 있게 되었을 때 비로소 역사교육이 발전을 이루었다.

필자가 역사 인식의 연구에 뜻을 두게 된 데는 연구사적인 계기가 있었다. 실제로 처음 역사교육 연구의 필요성이 대두하던 시기에 역사교육에 관심을 가진 역사학자는 거의 없었다고 해도 과언이 아니었다. 역사학계의 현안은 여전히 역사의 연구였고, 여념이 있을 수 없었기 때문이다. 따라서 당시 역사교육 연구는 교원양성대학에 소속된 몇몇 연구자들이 중심이 되어 역사교육을 강의하는 교재를 편찬하는 정도였다. 역사교육의 개척기라 할 수 있는 이 시기에는 유일한 학술지였던 『역사교육』에 실을 원고를 구하기 어려울 정도로 연구 활동이 빈약했다.

당시 연구자들이 주로 참고하고 소개한 것은 대부분 일본의 연구 성과였다. 그 뒤 시간이 흐르면서 미국을 비롯한 다른 나라의 연구에도 점차 눈을 돌리게 된다. 이런 초기 연구자들의 뒤를 이어 2세대 연구의 문을 연 것은 영미 계통의 역사교육 연구를 수용한 연구자들이 생겨나는 1970년대 후반부터라고 할 수 있다. 이때부터 역사교육 연구는 일본의 영향을 벗어나 영미의 영향이 커지게 된다. 필자는 바로 이 시기에 역사교육 연구에 입문하였고, 자연스럽게 영미 계통의 연구 동향을 접하게 되었다. 처음으로 '역사의식'이라는 용어와 '역사적 사고'라는 용어를 접하면서 이전 세대와 당시 연구자와의 차이를 느꼈던 기억이 난다. 초기 세대의 역사의식이라는 용어가 일본의 연구에 영향을 받은 명명이었다면, 2세대의 역사적 사고라는 용어는 영미 계통의 영향을 받은 명명이었던 것이다. 2세대로 넘어오면서 역사교육 연구가 활기를 띠었는데, 당시 연구자들이 심혈을 기울인 연구 분야 가운데 하나가 역사적 사고였고, 필자도 자연스럽게 역사 인식 문제에 관심을 가지게 되었다.

필자가 대학에서 역사교육 연구를 접하기 시작한 1970년대 이후 그간의 역사교육사의 흐름을 일별해본다면 우선 정치적 암

흑기인 10월 유신기를 빼놓을 수 없다. 국정교과서가 특징인 이 시기는 역사교육사에서 매우 중요한데, 그 이유는 유달리 역사교과서 분석 연구가 활발하게 이루어졌기 때문이다. 당시의 역사교육은 학교역사교육이 중심이었고, 정치권력의 시녀에 불과했던 교육 당국 및 현장 교사들이 처한 상황과 이를 반영한 국정교과서로 대변되는 시기였기 때문에 국정교과서 문제에 매달리게 된 것은 불가피한 결과이기도 했다. 당시 활발하게 전개된 민주화 운동 차원에서도 역사교과서가 가진 국가주의 문제에 주목했기 때문에 국정 역사교과서 비판이 주요 관심사가 될 수밖에 없었다.

1980년대 들어오면서 국내에서는 역사교과서 분석 사건이, 국제적으로는 일본 역사교과서 왜곡 사건이 터져 역사교과서가 사회적인 의제로 부각된다. 이 시기의 특징은 정치 환경의 변화에서도 감지할 수 있지만, 무엇보다 역사교육에 유의미한 역사학의 연구사 정리가 이루어졌다는 점에 있다. 그것은 당시 역사학과 역사교육 연구를 표방한 역사교육연구회가 발행하는 『역사교육』에 게재된 일련의 연구로서, 역사학의 각 분야별 연구 성과를 정리하고 이를 교과서 서술과 관련시켜 살펴보는 연구였다. 이 연구를 계기로 역사학의 연구 성과와 이를 반영하는 역사교과서 서술 연구가 붐을 이루었다. 역사교과서를 염두에 둔 역사연구 성과의 정리는, 역사학계에서 매년 회고와 전망 형식으로 펴내는 연구사 정리와는 여러 가지 점에서 성격이 다른 기획이었다. 이 기획이 의미가 있다고 보는 이유는 역사학계의 연구 성과를 역사연구의 메타 담론 차원에서 정리하기 시작하는 계기가 되었다고 보기 때문이다. 이후 역사연구의 메타 담론 추구 노력은 검인정교과서의 등장과 함께 더욱더 활성화된다. 이 시기에 국제적으로는 일본의 역사교과서 왜곡으로 한일 양국 정부 차원에서 외교 분쟁이 계속되었으나, 일본이 이른바 근린국가조항을 내세우면서 일단락되어 분쟁이 일단 수면 아래로 가라앉게 된다.

1990년대 들어 우리나라 역사학계는 역사교육사 및 사학사에 획을 긋는 쾌거를 이룩한다. 바로 조선왕조실록 CD를 출간한 것이다. 방대한 사료가 디지털화되는 신호탄으로서의 조선왕조실록 CD 출간은 역사학 발전의 계기가 된 것은 물론, 역사의 대중화·보편화에 획기적인 계기를 마련하게 된다. 이것은 흔히 말하는 역사의 대중화가 아니라 역사연구의 대중화가 시작된 사건이었다. 실제로 이 CD의 출현을 계기로 일반인이나 교사, 작가들의 역사서사 출판이 획기적으로 늘었고, 팩션(faction) 형태의 드라마나 영화에 이르기까지 역사를 소비하는 장르나 공간도 엄청나게 확대되었다. 이런 환경의 변화는 결국 역사 소비 시장의 폭발적 확대를 불러왔고, 이제는 역사교육이 큰 소비 시장으로 부각되면서 역사서의 백가쟁명 시대를 열게 된다.

이 시기에 주목할 만한 움직임이 많은데, 우선 유홍준의 『나의 문화유산답사기』 열풍에 따른 '국토박물관' 답사 열기를 빼놓을 수 없다. 역사의 공급자나 소비자 측면에서 볼 때, 답사기 열풍은 역사의 저변을 획기적으로 늘린 계기가 되었을 것으로 짐작된다. 또한 역사교육을 둘러싼 극심한 정치적 논란의 예고편으로서 준거안 파동이 있었는데, 이는 그 뒤 벌어지는 역사교과서 파동의 방향을 예고하는 사건이었다.

무엇보다 이 시기에 역사교육과 관련하여 주목되는 것은 전국역사교사모임과 역사교육 연구자들의 활발한 활동이다. 이들의 활동은 그때까지 역사학과 역사교육이 맺어온 전통적인 패러다임의 변화를 일으키는 계기를 제공하였다. 대표적인 변화는 교사들이 역사서사는 역사학이 제공하는 것이라는 관행의 틀을 깼다는 점이다. 전국역사교사모임에 소속된 교사들이 발간한 『살아있는 한국사 교과서』는 교사의 역사서사를 웅변하는 통렬한 문제 제기였다. 이제 역사교육은 역사학계의 연구 성과에 매달리던 관행으로부터 오히려 역사학계에 연구의 방향을 주문하는 형국으로 바뀌는 것이 아닌가 하는 예상이 나올 정도로 이 책의 반향이 컸다.

이렇게 역사교육 연구 환경이 변화한 배경에는 교사를 포함한 역사교육계의 뒷받침이 있었지만, 역사학계 내부의 동력도 상당히 많이 작용했을 것으로 짐작된다. 당시 역사학계는 역사연구자가 획기적으로 늘었고, 한국사는 물론 동·서양사의 학문 수준이 향상됨에 따라 연구의 종합에 해당되는 역사서사에 관심을 가질 수 있는 여건이 갖추어졌던 것으로 보인다. 이제 역사학자들도 통시적인 역사서사 요구에 적극적으로 반응할 수 있게 된 것이다. 이런 움직임의 전사(前史)로서 젊은 역사학자들을 중심으로 사회나 정치 변혁 운동 차원에서 역사의 대중화를 기치로 내걸었던 시기가 있었다. 역사학자들의 대중적인 역사책 발간 움직임은 역사학 연구에서 미진한 분야가 존재하고, 미답의 원사료나 자료가 남아 있어 완성된 서사를 추구하기에는 이른 감이 있었음에도 종합적인 역사서사를 도모한 시도였던 만큼 한계도 있었고, 역시 성공적인 결과를 얻어내지는 못한 것으로 보인다. 그러나 이제는 어느 정도 연구 성과가 촘촘해지고 연구의 수준도 높아지면서 자연스럽게 역사서사에 관심을 가질 수 있는 여력이 생겼고, 그 관심은 역사서사의 교육, 즉 역사교육으로 연결될 수 있었다.

2000년대에 들어서면서 우리는 국내외적으로 역사 전성시대를 맞이한다. 우선 각종 역사책이 봇물을 이루는데, 앞서 언급한 『살아있는 한국사 교과서』를 필두로 성인과 어린이, 청소년 대상 역사책과 팩션을 표방한 드라마까지 다양한 장르에서 역사서사가 붐을 이루게 된다. 그러면서 다른 한편으로는 금성교과서 사건과 교과서 포럼의 등장으로 상징되는 역사분쟁이 노골화하게 되는 시기이기도 하다. 국제적으로는 중국의 동북공정이나 일본의 우익 역사교과서 출현으로 동아시아 역사전쟁이 본격화된다.

어쨌든 1990년대 이후 지금까지 역사교육에서 나타나고 있는 변화의 폭은 그전과는 확연히 다르다. 무엇보다 큰 변화는 10월 유신 정권 이래 최초로 검인정교과서가 사용되기 시작했다는 점이다. 40여 년에 이르는 국정교과서 시대를 거쳐 1990년대 말에 도입된 7차 교육과정에 와서 비로소 검인정 근현대사교과서가 나오게 된 것인데, 그 배경에는 민주화 운동과 학계를 비롯한 각계각층의 치열한 노력이 있었다. 그러나 1994년 국사교과서 내용 준거안 파동에서 예고되었던 정치권력의 역사교과서 개입 시도가 결국 금성교과서 사건을 필두로 한 일련의 과정을 거쳐 구체화된다. 교학사 검정 역사교과서 사건을 계기로 대통령과 국무총리가 나서 기존의 교과서를 좌편향 교과서로 규정하고 급기야는 국정교과서 제도를 도입한 것이다.

그럼에도 불구하고 역사교육사에서 지금은 어떤 시기냐고 묻는다면, 선부른 감이 없지 않지만 역사서사의 시대라고 대답해야 할 것 같다. 우선 역사서사의 공급자는 역사학자라든가 교사라든가 어떤 사람을 특정할 수 없을 정도로 다양해졌다. 단체나 기관은 물론 수많은 사람들이 역사서사를 공급하는 시대가 되었다. 실제로 강단사학자 외에도 인디라이터(indiwriter)라고 볼 수 있는 역사가, 기자, 교사는 물론 동화작가까지 역사서사 작가로 등장하고 있다. 현실적으로 역사서사를 제공하거나 이를 소비하는 사회나 영역은 상상할 수 없을 정도로 분화되고 확장되었다. 박물관을 비롯한 역사 관련 공공기관의 확장과 각종 역사 관련 테마나 스토리텔링을 제공하는 기업, 단체가 다양한 만큼 역사 전공자들의 생애 경로도 다양해졌다. 게다가 우리나라에서 독특한 재야사학의 활동이 활발해지면서 상고사를 둘러싼 강단사학과의 논쟁이 확대되자 일반인의 역사에 대한 관심은 증폭되고 있다. 어쨌든 최근의 상황은 역사의 연구나 서사가 강단사학의 전유물이던 시대가 종말을 고하고 역사서사의 백가쟁명의 시대가 열리는 것은 분명한 흐름인 것 같다.

이런 상황의 배경에는 일본과 중국의 역사 수정주의로 불거진 동아시아 역사분쟁도 한몫하고 있다. 우리나라가 세계적인 역사분쟁 지역으로 떠올랐다는 점에서, 그리고 민족주의 논쟁이라는 매우 민감한 문제가 정치적인 문제와 상승작용을 일으켜 일반인들의 역사교육에 대한 관심은 최고조에 달하고 있다.

지금의 이런 분위기는 역사교육이라는 시각에서 바라본다면 나쁜 것만은 아니다. 우선 역사교과서 국정화와 같은 정치권력의 역사교육 개입은 일과성에 그치는 사건으로 기록될 공산이 크다. 발상 자체가 시대착오적인 국정교과서는 앞으로 역사교육사에서 정권 차원의 치기어린 정책 정도로 기록될 것으로 예상된다.

향후 국가 간 역사분쟁이나 정치세력 간 역사 장악 다툼은 결국 역사 인식의 다양성 문제에 닿게 될 것이다. 역사서사의 문제도 역사 인식의 문제인 만큼, 결국 인식주체의 문제로 귀결될 수밖에 없다. 따라서 역사교육에서 인식과 인식주체의 문제에 있어 기존 역사교육에 대한 인식의 변화가 요구된다. 앞으로의 역사교육은 역사학자나 교사가 가르치고 학습자가 배우는 전통적인 교육이라기보다, 학습자, 독자가 스스로 깨닫는 인식론교육으로서 전통적인 교육관의 코페르니쿠스적 전환이 필요하다. 그러므로 역사 인식 문제는 바람직한 역사교육을 구현하기 위해 필수적인 연구 분야가 될 것이다. 이런 시점에서 필자는 부끄러움을 무릅쓰고 역사교육에서 역사를 인식하는 문제의 중요성을 제기하는 차원에서 감히 이 책을 세상에 내놓는다. 강호제현의 질정을 바란다.

덧붙여서 이 책이 나오기까지 은혜를 베풀어주신 분들에 대한 고마움을 표시하고 싶다. 먼저 필자의 삶에 가장 많은 가르침을 주신 윤세철 교수님께 고마운 마음을 담아 큰 절을 올린다. 불민한 제자로서 감히 선생님께 부족한 책의 출간을 용서해주십사 인사를 올리면서 선생님의 건강과 행운을 기원한다. 아울러 학문의 길에 대한 안내와 격려를 주신 이경식 교수님과 결정적인 지적 후원자였던 양호환 교수께도 진심으로 감사드린다. 그간 수많은 분들로부터 도움을 받았는데 그분들께도 진심으로 고맙다는 인사를 올린다. 그리고 학위논문을 쓰던 중 갑자기 내 곁을 떠나신 아버님께 인생에서 진 빚이 너무 많다. 존경하는 아버님 영전에 이 책을 바친다. 아울러 그간 무심한 가장을 묵묵히 지켜봐준 아내

김혜경과 재은, 재우에게도 미안한 마음과 함께 고마움을 전하고 싶다. 마지막으로 책이 나올 수 있도록 끝까지 독려해주신 유용태 교수께 감사드리고, 책의 출간을 도와준 서울대학교출판문화원에도 감사의 말씀을 드린다.

2017년 1월

송상헌

차례

제1장

머리말

우리나라 교육과정에서 사회과 편제는 논란의 중심에 있다. 미국에서 유래된 사회과는 정치학, 경제학, 사회학, 심리학, 문화인류학, 지리학, 역사학 등 다양한 학문으로 편제되어 있다. 이에 따라 교육과정에서 역사교육은 국사가 일시적으로 독립교과가 된 적도 있지만 거의 대부분 사회과 속에 포함된 과목으로 편제되어왔다. 우리나라는 국가의 영문 교육과정에 'history'라는 교과 명칭이 보이지 않는 세계에서 몇 안 되는 나라 중의 하나이다. 주지하다시피 역사학은 사회과학에 포함되는 학문이 아니다. 따라서 사회과 속에 편제되어 있는 역사교육은 사회과학을 모학문으로 하는 과목과 성격상 어울리지 않는다는 점에서 갈등의 소지를 안고 있다.

우리가 역사교육을 사회과로 생각한다면 역사교육에서 일어나는 모든 문제는 사회과교육학이 제안하는 교수학습이론이나 교육에 관한 일반 이론을 적용하여 해결할 수 있을 것이다. 현재 사회과교육은 교수학습방법을 비롯한 많은 분야의 연구가 잘 되어 있다. 따라서 역사교육에서 발생하는 문제가 있을 때 사회과교육의 연구 성과를 바탕으로 해결책을 찾을 수 있을 것이다.

그렇지만 문제는 역사교육 논의에서 사회과교육론으로 감당할 수 없는 부분이 있고, 사회과 차원에서 해소하기 어려운 문제가 엄연히 존재한다는 데 있다. 이런 종류의 문제는 사회과와는 다른 역사교육만이 가진 특성에서 비롯된 것들이다.(윤세철 1991: 170-181) 역사학은 정체성에 대한 논의가 다양한 학문으로서, 사회과학과 인문학의 성격을 복합적으로 가지고 있는 것으로 유명하다. 그러므로 그런 성격의 모학문을 가르치는 역사교육 역시 사회과 논리로 이루어지는 교과가 될 수 없다. 아울러 역사학만의 고유한 성격에서 유래되는 문제는 사회과교육론이나 교육학에서 제시하는 통칭교과에 근거한 처방으로 해결하기 어렵다. 여러 가지 점에서 역사교육은 사회과교육 논의로 감당할 수 없는 영역을 가지고 있다.

사회과교육 논의로 감당할 수 없는 문제는 역사학이 가진 인문학적 성격에서 유래된 것일 가능성이 크다. 그럴 경우 해결의 방향은 역사학의 인문학적 성격을 고려한 역사교육 고유의 이론과 원리에서 찾는 것이 바람직하다. 이처럼 역사교육 문제의 해결에는 역사학 고유의 성격을 고려하는 자세가 요구되는데, 그것은 아마도 사회과학교육이 아닌 인문학교육이라는 입장에서 역사교육을 바라보는 자세일 것이다.

역사학의 본성에서 비롯되는 문제는 역사교육에서 '무엇을 가르칠 것인가'라는 문제와 직결된다. 이른바 '무엇(what)'의 문제는 역사교육의 논의 주제 가운데 벼리에 해당한다. 그럼에도 불구하고 지금까지 역사교육에서 '무엇'을 둘러싼 논의는 양적·질적으로 충분히 이루어졌다고 보기 어렵다. 아마도 이 문제는 합의된 의견을 도출하기가 쉽지 않기 때문일 것으로 짐작된다. 첨예한 갈등을 불러일으키는 역사교과서 문제만 보더라도, 무엇을 가르칠 것인가에 대한 합의가 얼마나 어려운 것인가를 짐작할 수 있다.

역사교육은 본질적으로 역사를 연구하는 궁극적인 목적이기도 하고, 역사학의 연구 성과가 구현되는 형식이자 역사연구를 위한 영감의 원천이기도 하다. 그래서 역사교육은 역사연구의 꽃이라고 말할 수 있다. 실제로 역사학의 연구 성과가 역사교육으로 연결되지 않는다면 그 연구는 무의미한 것이다. 역사학은 역사교육의 모학문이지만 역사학과 역사교육 사이에 상호작용이 원활하게 이루어져야 학문으로서의 역사학도 발전할 수 있고, 역사교육도 발전할 수 있다.(송상헌 2015: 38) 역사교육이 단순히 역사학의 소비자로서만 존재하는 것이 아니라, 역사학 쪽에 교육을 위한 완성된 역사서사를 요구하는 당사자이기 때문이다. 그래서 역사학과 역사교육의 관계를 단순히 지식을 생산하고 소비하는 단선적인 관계로 보는 것은 역사학과 역사교육의 바람직한 관계를 정립하기 위한 올바른 진단이 아니다.

'역사교육은 역사학을 가르치는 교과인가?'라는 질문이 역사교육의 본질을 이해하는 데 도움이 된다. 상식 차원에서 역사교육에서 가르치는 내용이 역사학에서 연구한 성과라는 사실을 모르는 사람은 없다. 역사교과가 역사학에서 유래한 지식을 가르치는 교과라는 것도 의심의 여지가 없는 사실이다. 역사교육은 지리학이나 사회학이 아닌 역사학을 가르치는 교과임에 틀림없다.

그런데 이 질문을 '역사교육이 대학의 사학과 학생을 가르치는 교과인가?'라는 질문으로 바꾸면 문제가 보다 명료해진다. 역사교육은 역사학자를 길러내기 위한 교과도 아니고, 역사학자가 될 어린 꿈나무를 키우기 위한 교과도 아니다. 학문 중심 교육과정의 영향으로 역사교육의 목적이 젊은 역사가(young historian) 혹은 작은 역사가(little historian)로 만드는 것(Ellis 2007: 215; Maxim 2003: 67)임을 강조하기도 하지만, 이것은 모범 사례(model)를 경험시켜야 한다는 것을 강조하기 위한 수사이지 진정으로 역사학자를 기르기 위한 교육이라는 것을 강조하는 것은 아니다.

통상적으로 교과에서 가르치는 지식은 해당 학문의 연구 성과 가운데 정수를 모아 놓은 것이라고 말한다. 전통적으로 역사는 학문의 여왕으로 일컬어져 온 만큼, 역사교과는 특히 이런 관점이 강하다.(윤세철 1997: 638) 역사교육에서 가르칠 대상(objects)으로서의 지식, 즉 교육내용은 당연히 역사학에서 연구한 결과로 구성된다. 문제는 역사지식이 본디 역사가의 의지나 관점, 가치관이 반영되어 있는 것이라는 점에 있다. 그것도 지식 속에 다양한 인식의 과정을 품고 있을 뿐만 아니라 고정된 것이 아닌 잠정적인 지식일 뿐이라서, 그 지식은 객관적인 대상으로 보기 어렵다. 따라서 역사교육은 역사지식의 성격을 가늠하지 않고는 올바르게 규정할 수가 없다. 아울러 역사교육을 올바르게 규정하기 위해서 역사지식 자체에 대한 질문도 중요하지만, '교육이란 무엇인가?', '안다는 것은 무엇인가?'와 같은 교육의 본질에 대한 질문을 비롯하여 '역사란 무엇인가?'와 같은 철학적인 질문도 필요하다.

이와 관련하여 역사교육에서 '무엇'의 문제에 대해 지금까지 많이 거론된 것은 이른바 '내용과 방법'의 문제다. 내용과 방법이라 하면 대체로 객관화된 지식과 절차지식을 지칭하기도 하고, 다른 측면에서 역사지식과 교수방법을 지칭하기도 한다.(양호환 2001: 27) 객관화된 지식과 절차지식으로서의 내용과 방법을 제기하는 경우, 지나치게 단조로운 내용 중심 교육과 객관화된 지식을 대상으로 한 의미 없는 암기위주 역사교육을 비판하면서(Lee 1983: 20), 객관화된 지식을 가르치는 것보다 그 대안으로서의 절차지식을 가르쳐야 한다고 제안한다. 이런 논의는 대개 단조로운 객관화된 지식을 전수하는 것에서 벗어날 수 있는 방법으로 학문의 구조를 가르쳐야 한다거나, 지식 전수가 아니라 지식을 얻는 방법(know-how)을 가르쳐야 한다는 주장으로 귀결된다.

이런 흐름 속에서 서구에서는 이미 신사학(new history)의 영향으로 학습자들 스스로 사료를 직접 다룰 수 있는 능력과 역사적 사고력을 기르는 역사교육을 강조한 바 있고, 그에 따라 역사교육에서 역사를 학습하는 방법을 아는 것이 중요하게 취급되어왔다.(Aldrich 1984: 211-213; 정선영 2001: 51) 영국에서의 신역사과(new history)나 미국에서의 신사회과(new social study) 대두도 이런 절차지식의 강조라는 점에서 공통된 지향점을 갖는다.(김한종 1992b: 161-162; 양호환 1992: 202-203; 김한종 1993: 25-26) 국내에서 활발하게 연구되어온 구조화, 일반화, 개념학습 등의 문제도 절차지식의 중요성을 강조한 것이다.(정선영 1979; 1982: 30-31; 1984; 김한종 1987) 이들은 공통으로 역사를 연구하는 방법, 즉 가설의 수립과 검증하여 결론에 이르는 절차에 관한 지식을 중요시한다.

그렇지만 절차지식을 중시하는 주장이 가지는 결정적인 약점은 그것을 통해 얻으려는 내용지식이 어떤 지식인가에 대해 본질을 묻는 질문을 하지 않는다는 점이다. 따라서 역사학의 연구 성과로 제공된 지식의 본성에 대한 고려가 부족할 수밖에 없다. 대개 역사교육 논의에서 내용(지식)은 기본적으로 다른 학문이나 교과의 내용(지식)과 다르다는 것을 강조한다. 그렇다고 하더라도 절차지식의 중요성만 강조하다 보면 자칫 내용지식이 본성이나 그것이 가진 의미를 간과할 위험성이 있다.

여기서 우리는 역사를 연구하는 모습으로 돌아가 연구의 실제를 들여다볼 필요가 있다. 물론 역사연구는 과학에서의 탐구와 같이 언제 어디서나 객관화할 수 있는 탐구방법이나 절차가 있는 것이 아니다. 따라서 여기서 연구를 들여다보려는 이유는 역사에서의 일반화된 탐구방법을 정형화해보기 위한 것은 아니다. 우리가 역사가의 연구에서 관심을 가져야 하는 것은 역사를 인식하는 절차나 인식의 방식이다. 달리 말하면 도대체 역사지식이 어떤 인식의 과정을 거쳐 탄생한 것이냐를 물어야 한다는 것이다.

역사교육의 문제는 역사 탐구의 문제이든, 역사 교수방법에 대한 문제이든, 결국 '역사지식이란 무엇인가?'라는 질문으로 환원될 수밖에 없다. 이 질문에 대한 답을 구하기 위해 가장 먼저 고려해야 할 사항은 역사적 탐구에 있어서 역사지식과 탐구 과정은 분리되어 있는 것이 아니라는 점이다.(Lee 1983) 이 말은 지식을 탐구하는 절차와 지식이 따로 분리되어 있는 것이 아니라, 지식 속에 탐구 절차가 포함되어 있다는 것을 의미한다. 나아가 역사는 학문의 특성상 분석을 바탕으로 하여 기술하는 학문이 아니라, 개요적 판단(synoptic judgement) 속에서 총체로 바라보아 이해하는 학문이라는 지적(Mink 1987: 81)은 역사지식이 객관적인 대상으로서의 지식 덩어리가 아니라는 것을 시사한다.

여기서 고려해야 하는 것은 역사지식이 가지는 인식의 측면이다. 역사의 인식[1]이 가지는 특성은 인식의 과정 자체를 의미하는 것으로서 어떤 실체가 아니라 인간의 생각 작용을 의미한다는 점에 있다. 따라서 역사 인식을 교육의 대상으로 하는 경우, 그것이 가지는 특성을 고려해야 한다. 이런 점에서 역사교육의 '내용'에 대한 논의는 결국 '역사란 무엇인가?'라는 물음을 피할 수 없다. 이 물음은 주로 역사철학자들이 묻는 것이지만, 그들이 이 문제에 관심을 가지는 이유도 그 속에 인식론이 포함되어 있기 때문이다. 이 물음에 답하기 위해 먼저 '역사를 인식한다'는 것이 무엇인가를 규명해야 한다. 역사교육은 이런 역사 인식을 교육의 대상으로 삼아야 하기 때문이다.(송상헌 2016: 55-56)

역사교육은 인식론교육이라는 점에서 객관적인 대상으로서의 지식을 교육하는 일반 교과와 차이가 있다. 예컨대 수요공급의 법칙을 가르치려 한다면, 법칙이 성립하는 절차와 법칙이 작용하는 현실, 법칙에 포섭되는 사례를 제시하면 된다. 여기서 가르치는 것들은 모두가 객관적인 대상이다. 쉽게 말하면 시공을 초월하

1 '역사인식'이라는 용어는 다양한 의미로 활용되어왔다. 일반적으로 역사인식이라고 하면 역사를 바라보는 관점이 들어간 인식, 혹은 역사적 사실에 대한 지식, 역사적 사고의 절차나 방식 등 다양한 의미로 사용되었다.(김한종 2010: 22-27) 용례를 보면 대체로 객관적 지식이라는 의미와 인식의 과정이 포함된 지식이라는 의미로 쓰였다. 이 책에서는 두 가지를 구분하기 위해 '역사인식'과 '역사 인식'으로 의미를 구별하여 규정하고자 한다. '역사인식'은 역사를 인식한 결과를 나타내는 용어로 정태적인 의미를 나타낸다. 반면에 '역사 인식'은 '역사의 인식' 혹은 '역사를 인식하는' 등 역사를 인식하는 과정이 포함된 용어로 동태적인 의미를 나타낸다.

여 누가 가르치든 같은 것을 가르치고, 학습자는 같은 것을 배우는 교육이다. 그렇지만 역사 인식을 가르친다는 것은 언제, 어디에서 가르치느냐에 따라 달라지고, 누가 누구에게 가르치느냐에 따라 달라지는 교육이다. 구체적으로 인식을 가르친다는 것은 교사(역사가)의 역사 인식을 학습자가 인식하게 하는 것이다. 이 말은 인식을 인식해야 한다는 것인데, 그것은 바로 메타 인식이다. 따라서 역사교육의 '내용' 문제에 대한 논의는 바로 이 '메타 인식' 문제에 대한 논의가 된다.

어쨌든 인식론 문제를 교육 대상으로 다루기 위해서는 인식이라는 매우 복잡한 생각 작용을 고려할 수 있는 의도된 환경을 만드는 노력이 필요하다. 그것은 한마디로 역사라는 대상을 인식의 주체가 어떻게 바라보느냐 하는 것을 인식할 수 있게 하는 여건을 조성해야 한다는 의미이다. 그러므로 역사 인식을 가르치려면 인식주체의 역할이 매우 중요하다. 역사가 인문학(문)인 까닭은 바로 인식주체의 역할이 중요한 학문이기 때문이다.(신귀현 1993; 임희완 1994; 조동일 1997)

역사학을 인문학으로 보게 되면 학문의 방법론으로는 실증론보다는 관념론의 입장에 서게 된다.(정선영 1993: 11-15) 이미 역사학은 인문학으로 규정하는 견해가 광범하게 지지를 받고 있지만(Wright 1971: 1-33; Ankersmith 1986: 16-17), 그 점이 바로 역사의 특성이자 매력이기도 하다. 인문학교육으로 역사교육을 바라볼 때, 인식론적인 접근은 피할 수 없는 과제이다.

역사는 인식의 주체인 역사가가 능동적으로 구성한 결과물이라고 할 수 있다. 그리고 역사를 인식하는 주체와 인식의 대상 사이에는 복잡한 상호작용을 통한 인식의 과정이 있기 마련인데, 그 과정은 일반화하기 어려운 성질의 것이다. 역사교육의 '내용'은 이런 성격의 인식론을 포함하고 있다. 이처럼 역사지식은 인식론으로 접근하지 않으면 그 본질을 파악하기가 어렵기 때문에, 인식론에 주목해야 한다.

지금까지 학계에서 역사를 인식하는 것에 관한 논의는 아쉽게도 많지 않았다. 역사연구자들은 인식론을 아예 거론하지 않는다.(Rogers 1987: 4-5) 역사학자의 연구 결과 어디에도 역사를 연구하는 과정에서 동원하는 인식에 대해 기술하는 경우는 찾기 어렵다. 그나마 많이 거론된 것은 역사의 탐구 과정에 대한 논의이다. 그렇지만 탐구 과정도 역사를 인식하는 것을 가르칠 수 있는 방안을 제시하지 않는다. 역사교육에서도 탐구방법을 강조하지만, 과학이나 수학교과와 같이 연구 절차나 결과가 특정될 수 있는 교과를 대상으로 한 탐구방법이 역사에 적용될 수 있는지 의문시된다.(이영효 1997: 48)

사실 역사연구는 물리학이나 수학과 달리 연구 절차가 항상 일정하지 않고, 같은 것을 대상으로 같은 연구 절차를 거친다고 해도 결과가 하나로 수렴하지 않는 특성을 갖는다. 특정한 상황에서 나온 결과를 일반화하는 것도 불가능하지만, 설령 역사연구에 효율적인 특정한 탐구 기술을 습득한다고 해도, 그것이 곧바로 역사이해로 연결될 수 있는 것도 아니다.(Partington 1980: 19-20) 그간 역사교육에서 탐구 수업의 문제점을 지적하거나(31) 학습자들이 경험해야 하는 사고의 의미와 기능이 명확하지 않은 문제를 지적하는 것(이영효 1997: 50)도 역사의 탐구 절차가 가진 유별난 특성 때문에 나온 것이라고 할 수 있다.

역사연구 과정에 개입되는 인식론을 이해하려면 철학적 접근이 필요하다. 인식론적으로 복잡한 국면은 역사 인식이 가진 특징이다.(Lee 1983: 22-25) 우리가 역사교육에 인식론적으로 접근해야 하는 이유는 역사가 객관적인 인식으로 이루어지는 것이 아니라, 구성적인 인식에 기초하는 학문(Meiland 1965: 189-199; Atkinson 1978: 39-50; Schaff 1982: 333; 林健太郎 1983: 70)이라는 점을 감안한 조치가 필요하기 때문이다.

인식주체가 능동적으로 인식대상을 구성하는 것이라는 칸트의(I. Kant) 구성적 인식론(1983: 36-37)은 역사 인식의 구성적인 성격을 잘 설명해준다. 결국 역사란 알 수 없는 과거를 대상으로 인식주체인 역사가가 자신의 기준을 적용하여 대상을 구성하여 서술하는 것이다. 이러한 역사에서의 구성주의(constructionism)는 과거는 본래 알 수 없는 것이라는 회의주의(scepticism)에 토대를 둔 것으로서, 과거는 발견되는 것이 아니라 구성되는 것이라는 입장이다.(Meiland 1965: 192)

이와 관련된 것으로 역사가 가지는 또 하나의 근본적 특성은 역사가의 인식 활동 자체를 매우 중요하게 여긴다는 점이다. 역사가가 역사를 인식하는 활동의 능동성을 강조하는 부류는 역사 자율론자 혹은 관념론자로 불리는 사람들로, 역사의 주관성을 강조하는 사람들이다. 그리고 인류 전체의 역사를 대상으로 역사를 일관하는 유형이나 법칙을 찾아내려 노력하는 보편사가들의 작업도, 어떤 면에서 전문 역사가의 작업과 거리가 있기는 하지만, 역사가가 능동적으로 인식하는 것이 필수적이라고 본다는 점에서 같은 부류로 볼 수 있다. 보편사가들의 인식론적 태도를 본다면 사변을 통한 인식 요소가 강하다. 보편을 전제로 개별성을 확인하는 사변(speculation)이란, 사실에서 결론을 추출한다기보다 인식주체가 설정한 결론을 사실을 통해 확인하는 것으로서, 역사의 구성적인 성격을 보여주는 인식의 방식이다.

역사가의 주관성을 강조하는 포스트모던 학자들이 주장하는 '담론으로서의 역사'도 이런 부류에 넣을 수 있다. 담론으로서의 역사를 주장하는 경우, 역사서술은 역사서사(historical narrative)로 이루어지는데, 역사서사의 속성에서 서사의 주체가 플롯을 구성한다는 점은 역사가의 능동적인 역할을 명백하게 보여준다. 이와 같이 인식론적으로 구성적 인식론을 반영하고 있는 연구자 부류는 자율론적 역사가, 보편사가, 역사서사가 등을 들 수 있다.

그간의 역사교육에 대한 연구에서 행위이론이나 상상의 측면, 이해(Verstehen)로서의 역사적 사고에 주목한 연구나(Burston 1972; 최상훈 1987; 김한종 1994; 송상헌 1997; 최상훈 1999) 역사철학적 입장에서 역사인식의 특성에 대한 연구도 있었다.(Dray 1957; Collingwood 1961; Walsh 1967a; Oakeshott 1983) 이들의 연구는 역사적 사고나 역사 탐구의 특성을 밝혀내고, 이를 역사교육에 활용하거나 이들이 가지는 역사교육에서의 의미를 검토한 연구이다.

그럼에도 불구하고 이들 연구는 역사내용을 탈가치화하거나, 인식론을 배경으로 하는 특성을 간과하고 있다는 점에서 한계가 있다.(양호환 2000b: 11) 그리고 정태적인 역사인식이 아니라, 역사를 인식하는 방식이나 절차가 포함된 역사지식의 성격에 대한 논의가 부족하다는 점에서도 한계가 있다. 역사에서의 사고나 역사만이 갖는 고유한 성격을 역사교육에 반영하기 위해서는 역사적 사고의 바탕을 이루는 인식론적 차원에서의 접근이 매우 중요하다.

교육학에서 체계를 잡아 제시하는 교과교육학은 학문의 개별적 특성보다는 교육 일반의 체계와 형식을 다룬다. 그런데 일반의 체계와 형식을 다루는 교과교육학은 역사 인식 교육론을 담아내기 어려운 구조이고, 역사교육의 논의 패러다임과도 잘 어울리지 않는다. 교과교육학에서 전제하는 모든 교과의 단일한 성격을 전제하는 데서 나온 통칭교과 개념은 역사교육의 교과적 성격과 어울리지 않는다.

역사 인식이 가지는 교육적 함의를 밝히기 위해, 우선 이런 역사학자들의 역사 인식 논리를 검토하는 것이 필요하다. 역사 인식 논리는 메타적인 관점으로 접근하여 규명하는 것이 유용하다. 이 책에서는 주관성을 강조하는 역사 인식의 논리를 자율론적 역사와 보편사, 역사서사로 나누어 살펴보려 한다. 각각의 역사 인식 논리가 갖는 특징적인 면모를 가려내고, 이런 특징이 역사교육에서 가지는 의미를 바탕으로 역사교육 일반의 과제와 방향을 논의해보고자 한다.

역사교육에서 무엇을 가르치며, 어떻게 가르칠 것인가를 논의하기 위한 전제로서 역사학의 본성에 대한 논의가 필요하다. 이런 점에서 역사학이 가지는 학문으로서의 본성 혹은 인문학으로서의 본성이 역사교육에 영향을 주는 요소를 규명하는 데 초점을 맞출 필요가 있다. 이 점을 염두에 두고 주로 역사 인식이 내용지식에 어떻게 관여하는가를 살피고자 한다.

역사 인식은 인식의 대상이 과거이기 때문에, 객관적인 대상을 인식하는 것과 달리 인식주체 스스로 역사를 구성하는 과정이자 결과라는 특성을 갖는다. 이런 특성에 유의하게 되면, 역사의 구성적 성격의 근본을 이루는 역사의 시간성(temporality)에 주목하지 않을 수 없다. 시간성을 통해 우리는 과거뿐 아니라, 현재와 심지어 미래의 입장에서 역사적 의미를 규정하는 회고(retrospection)와 전망(prospection)이라는 방식(mechanism)으로 역사를 인식한다. 회고와 전망은 학자에 따라 내다봄(foresight)과 돌아봄(hindsight)으로도 지칭되는데, 이 모두는 구성적 인식론의 범주에 해당하는 것으로 역사 인식의 두드러진 특징이다.

회고와 관련된 인식방식으로 주목되는 것은 사변(speculation)과 통찰(insight)이다. 이러한 역사 인식의 방식이 역사교육에 어떻게 적용되어야 하며, 어떤 함의를 갖는가를 규명하는 것이 이 책의 주요 목적이다. 역사 인식을 메타적인 관점에서 정리해보고, 역사 인식의 방식이 역사적 통찰력을 기르는 역사교육으로 기능할 수 있는지 검토하며, 자율론적 역사와 보편사, 역사서사의 역사 인식 논리가 어떤 역사교육적 함의를 갖는지 논의해보고자 한다.

구체적으로 역사 인식론이 어떤 인식의 방식인지를 밝히고, 그것이 가지는 역사교육적 함의를 밝혀, 역사 인식 문제를 어떻게 역사교육에 반영해야 하는지를 밝혀보고자 한다. 우선 역사의 인식론이 가지는 제 특성을 제시하고, 이어서 그 구체적인 실례를 바탕으로 각각의 역사교육적 함의를 규명하게 될 것이다. 이런 문제의식에서 이 책의 연구 과제를 제시하면 크게 세 가지이다.

첫째, 역사교육에서 무엇을 가르쳐야 하는가?

둘째, 인문학으로서의 역사학에서 역사 인식이란 어떤 것을 말하는가?

셋째, 역사학의 역사 인식 논리가 갖는 역사교육적 함의는 무엇인가?

제2장에서는 역사교육에서 '내용'의 중요성을 검토한다. '무엇'의 문제에 대한 본격적인 논의이다. 제3장에서 4장에 걸쳐 인문학으로서의 역사학에서 역사 인식의 문제를 다룬다. 제3장에서는 역사 인식론교육으로서의 역사교육의 문제를 논의하는데, 기존 역사교육 패러다임의 전환을 제안한다. 제4장에서는 역사 인식의 시간성 문제나 미래전망을 중심으로 하여, 역사 인식의 고유한 특성을 밝히고자 한다. 실제로 인식의 과정에서 나타나는 인식방식에 집중하여 논의하게 될 것이다. 제5장에서는 역사를 연구할 때 작동하는 인식론이 검토 대상이며, 예술가적 면모를 지니는 역사가의 인식방식이 규명될 것이다. 제6장은 진리론을 바탕으로 한 구성적 인식론의 실체를 살펴본다. 이상의 제2-6장에서 역사 인식에 대한 이론 및 인식방식에 대해 포괄적으로 검토하게 된다. 이를 바탕으로 제7장, 8장, 9장에서는 자율론적 역사와 보편사 및 역사서사의 역사 인식 논리와 역사교육적 함의를 각각 검토한다.

이 책은 문헌 연구로서 역사 인식의 논리와 이를 역사교육에 관련시키는 문제를 고찰한 것이다. 특히 역사교육에서 역사 인식의 문제를 분명하게 부각시키기 위하여, 학교역사교육에 대한 병리학적인 접근보다, 역사교육 일반을 염두에 두고 접근하는 것을 원칙으로 했다. 역사를 가르치고 배우는 공간을 상정하고, 그 속에서 일어나는 역사 인식의 문제를 집중적으로 살펴보았다. 따라서 이 책은 역사교육의 구체적인 현상에 대한 기술보다는 일종의 역사교육이론을 도모하는 것이고, 그런 점에서 논의가 매우 사변적일 수밖에 없었다. 이런 점이 이 책의 특징이자 한계이다. 앞으로 좀 더 구체적이고 현실적인 역사 인식의 면모에 대한 연구가 필요하다. 나아가 역사교육과 관련된 역사 본연의 바탕을 드러내는 작업이 다각도로 이루어져야 할 것이다.

제2장

교육내용의 중요성

역사학의 원리와 개념으로 구성된 역사교수학습론을 구성하기 위해 필요한 일은 우선 내용지식, 즉 역사학의 원리나 구조, 신념이 들어간 역사지식의 성격을 규명하는 것이다. 지식의 종류에 대해 넬러(George F. Kneller)는 계시적 지식, 직관적 지식, 이성적 지식, 경험적 지식, 권위적 지식 등으로 분류하고 있다.(1971: 36-42) 여기서 직관적 지식이란 관찰이나 측정, 실험에 의해 검증할 수 없는 지식으로서, 진리를 인식하는 수단으로 직관을 동원하여 얻는 지식을 말한다. 이성적 지식은 감각경험으로부터 연역되는 것이 아닌, 이성을 동원하여 확보한 보편타당한 지식을 말한다. 경험적 지식은 관찰과 감각에서 얻는 사실로 형성된 관념으로 이루어지는 지식이다.

이 분류에 따른다면 역사지식은 직관적 지식과 이성적 지식, 경험적 지식 등의 형태를 가진 지식에 속한다고 할 수 있다. 실제로 역사지식 가운데는 이성적 지식도 있고, 경험적 지식도 있지만, 가장 특징적인 면모라고 하면 직관적 지식을 들 수 있을 것이다.

역사교육에서 가르치는 내용지식은 그것이 역사학에서 온 것인 만큼 엄밀한 객관적 대상의 성격을 가진 지식은 아니다. 그것은 역사가의 의도와 관점, 세계관, 그리고 가치관이 들어 있는 매우 주관적인 지식일 뿐이다. 그러므로 역사지식은 인식주체에게 하나의 대상(object)으로 주어지는 객관적인 지식으로 보기 어렵다. 그것은 역사학 고유의 원리나 구조, 신념이 반영된 것이라서 일반 지식과 다를 뿐만 아니라, 다른 교과에서 다루는 내용지식과도 구별되는 성격을 갖는다.

그것은 일반적인 교과에서 다루는 객관적인 지식과 다를 뿐만 아니라, 지식으로 성립하는 과정에서 인식주체의 인식이 결정적인 변수로 작용하는 인식론을 배경으로 한 주관적인 지식이다.

구체적으로 역사지식은 직관을 통한 통찰, 사변과 같은 인식 방식의 결과가 포함된 지식이라는 점에서 독특한 지식이다. 역사교육 논의에서 이런 특성을 갖는 내용지식의 면모를 규명하여 드러내는 것은 역사학의 고유한 성격을 어떻게 역사교육에 반영할 것인가를 규명하기 위해 필요하다. 역사지식의 성격을 규명하는 것은 궁극적으로 역사교육의 본질을 밝히기 위함이다. 그리고 이러한 내용지식이 갖는 유별난 성격을 어떻게 역사교육에 반영할 수 있는가는 역사교수학습 논의의 핵심 과제이다.

1 내용지식의 특성

역사교육의 내용은 역사학에서 연구된 성과지만, 그것을 그대로 역사교육으로 가져오기만 하면 되는 것은 아니다. 역사학의 연구 성과에 교수방법적인 처치를 한다고 해서 그것이 곧 역사교육내용으로 구성된다고 보기도 어렵다. 역사교육이 특별한 배려와 조치가 필요한 교과라고 일컫는 이유는 다루는 내용지식의 독특한 특성 때문이다. 역사학에서 비롯된 내용지식의 특성을 고려하지 않고 역사교육이 잘 이루어질 수는 없다. 내용지식에 대한 연구는 역사학 고유의 특성을 품은 내용을 어떻게 역사교육의 내용으로 전환시키느냐에 관련된 여러 문제를 해결하기 위한 것이다.(송상헌 2005: 108) 교수학습에 대한 연구도 먼저 이 문제가 해명되어야 의미 있는 성과를 기대할 수 있다.

지금까지 이루어진 역사교육내용에 대한 논의는 역사학에서 유래된 독특한 지식의 성격을 규명한다는 차원에서 보면 아쉬운 점이 많다. 역사학을 모학문으로 하는 역사교육은 교수방법의 원리나 기법을 연구하더라도, 포괄적으로 모학문과의 연계를 전제해야 한다. 이런 점에서 논의는 역사지식이 가지는 독특한 성격을 최우선으로 고려해야 할 것이다.

이런 점을 염두에 두고 지금까지의 논의를 일별한다면, 교육 내용으로서의 역사학의 연구 성과를 다루기는 하였지만, 그것을 객관적 사실로 간주했다는 점과 그 결과로 역사교육을 객관적 사실로서의 지식을 전수하는 교과로 간주한 점이 가장 두드러진 문제로 보인다.(송상헌 2005: 107) 실제로 역사학계를 포함한 학계의 내용지식에 대한 논의는 허구적인 요소를 배제해야 한다거나, 개론서에 반영된 학문적 성과를 교과서로 만들어야 한다는 논지로 일관하는 등 학문상의 기준을 강조하고 고집한 측면이 있다. 그 결과 2003년 근현대사교과서가 검인정교과서로 등장하기 이전까지, 국정교과서는 해골과 뼈의 역사라는 평가가 나올 정도로 무미건조한 역사서술일 수밖에 없었다. 역사교육에 대한 비판적 의견은 교과서가 이러한 '단조로운 사실의 나열에 그치는 것'에 대한 문제를 제기하는 것이 대부분이다.(양정현 2002: 86-87) 이렇게 된 원인은 역사교육에서 다루는 내용지식의 성격을 규명하고 이를 가르치기 위한 방안에 대한 고민이 부족했기 때문인 것으로 보인다.

내용 문제에 대한 기왕의 논의는 내용을 구성하는 실질적인 문제에 집중해왔다. 역사학자들은 특정 내용의 선택 여부와 역사적 사실의 적절성이나 타당성 검토를 기조로 교과서를 검토하였다.[1] 역사교육학자는 주로 내용 선정과 관련하여 이론을 구성하거나 일반적인 내용 선정 기준 등에 관심을 보였다.(정선영 1986) 실

---

1 역사교육연구회에서 공동연구로 진행된 시대별 연구와 국사교과서 서술에 대한 검토가 대표적이다. 『역사교육』 39집에서 47집까지 연재된 바 있다.

제로 역사교육내용에 대한 연구는 역사학에서 연구된 성과의 반영 정도에 대한 비판이나 반영해야 할 내용에 대한 언급, 이설의 처리 문제, 그리고 내용 선정의 원리 제시 등의 갈래로 이루어져 왔다. 따라서 지금까지 논고의 관심은 구체적인 교과서 내용 선정을 둘러싼 문제나 내용 선정의 일반적인 원리를 밝히는 것 등에 있었다고 할 수 있다.

그런데 이런 논의는 본래 쉽게 결말이 나기 어려운 것들이다. 역사가들 사이에서 특정 시공간을 대상으로 한 역사파악에 대한 합의란 원래 어려운 일이기도 하거니와, 현실적으로 세계사는 물론이고 한국사의 경우라 해도 학설 간의 통일성을 유지하기는 매우 어려운 일이기 때문이다.(윤세철 1997: 661) 그렇기 때문에 역사교과서 서술은 어느 저자가 어떤 입장에서 서술한다 해도 비판에서 자유로울 수는 없다. 그리고 설령 내용 선정의 일반적인 원리가 제시된다 하더라도 실질적인 내용 선택의 문제에 당면하게 되면, 그것이 지침으로서 효력을 발휘하기는 쉽지 않다.

이런 문제점을 보여주는 대표적인 사례가 역사교과서 분쟁이다. 역사교과서를 비판하는 경우, 그 논지는 대개 역사교육을 둘러싼 통설의 반영 여부에 대한 비판적인 검토 결과를 제시하거나 특정한 역사관이나 이데올로기의 편향성 등을 지적하는 것이다.(김한종 1992: 23-24) 이런 비판은 보수나 진보 성향의 역사가 사이에, 혹은 특정 시대 연구자 사이에 존재하는 이견 문제가 중요한 논제이다. 그러나 역사에 대한 관점이라는 것은 아르키메데스의 기점과 같은 것이라서 쉽게 결론이 나기 어려운 속성을 갖는다.(Labron 2011: 23)

역사교육내용을 비판하는 연구는 대체로 교과서 서술을 중심으로 이루어진다. 학위논문과 학술지에 발표된 역사교육 논문 가운데 교과서에 대한 논문 비율이 매우 높다.(송춘영 1999: 2-7, 71) 이런 교과서 서술을 대상으로 한 연구의 대부분은 학계의 연구 성과를 기준으로 교과서 서술의 타당성을 판단하는 것이다.(김한종 1992) 그렇지만 이들 연구는 교과서 내용을 구성하는 역사지식이 가지는 주·객관성 문제, 즉 역사지식의 성격에 대한 고려가 부족하다는 점에서 한계가 있다.

교과서 분석은 결국 특정한 역사적 사실에 대한 견해를 다투는 문제로 귀결되게 마련이다. 역사교육에서 국가 간에 혹은 국내 정파 간에 특정 역사적 사실에 대한 견해나 관점을 다투는 상황은 비일비재하다. 문제는 이런 상황이 일어나더라도 학계의 의견을 제외하고 나면, 역사교육에서는 이들 특정한 견해가 가지는 타당성이나 객관성 정도를 평가해줄 주체나 기준이 존재하지 않는다는 것이다. 따라서 현실적으로 누가 어떤 교과서를 쓰든 반대 의견을 가진 사람은 반드시 존재할 것이고, 따라서 비판의 고리는 악순환될 수밖에 없다. 그런데다가 역사교육은 학계에서 학문적 토론을 통해 합의를 이루어내는 것과 무관하게, 정치 세력의 개입 유혹이 강한 교과이고, 실제로 빈번하게 개입하기 때문에 역사교육을 둘러싼 분쟁은 해결하기가 매우 어렵다.

예컨대 우리는 1592년에 일어난 조선과 왜의 전쟁에 대해 임진년에 왜가 일으킨 난리라는 의미로 임진왜란이라고 쓰지만, 일본에서는 문록이나 경장이라는 연호를 쓰던 일왕이 벌인 정벌이라는 의미로 '문록·경장의 역(文祿·慶長の役)'으로 표기하고 있고,

중국은 조선을 도왔다는 의미로 '항왜원조(抗倭援朝)'라는 용어를 사용한다.(한명기 2001: 377) 역사에서 이런 견해의 차이는 항상 있는 일이다. 이 경우 우리가 일본교과서 서술이나 중국의 주장에 대해 역사의 객관성을 내세워 그들의 견해가 잘못된 것이고, 우리의 견해가 올바른 것이라고 주장한다면, 아마도 끝없는 평행선을 달릴 뿐 해결의 가능성은 찾을 수 없을 것이다. 물론 경우에 따라서 증거도 충분하고 이론의 여지가 없는 역사적 사실도 있을 수 있다. 그러나 역사에서 다루는 사실은 이론의 여지가 없는 경우가 드물다.

따라서 이런 논의는 역사교육의 현장과 관련하여 매우 실질적인 문제이기는 하지만, 논의가 아무리 활성화된다 해도 현실성 있는 대책으로 귀결되기는 어렵다.(송상헌 2007: 277) 설령 머리를 싸매고, 숙고 끝에 내용 선정 기준에 관한 합리적인 근거를 제시한다고 해도, 여러 가지 권력의 작용으로 당대 역사담론에서 우위를 차지하는 담론이 반영되기 마련이라는 자조적인 결론을 넘어서는 기준을 정하기는 어렵다. 미국이나 일본, 유럽 등의 선진국가와 마찬가지로, 우리나라에서 역사학에서의 특정한 내용 가운데 어떤 것을 교과서에 반영할 것인가에 대한 논의는 결국 다양한 형태로 개입하는 현실권력과 학문적 양심의 대결로 귀결되는 경우가 많은 것도 뚜렷한 기준을 정하기 어려운 성격 때문이다.

역사적 사실에 대한 견해 다툼은 논의 패러다임 자체를 교체하지 않는 한, 학계의 보편적 학설에 기대는 것 외에 더 좋은 방법은 없다. 역사교육내용에 정치권력이 개입하는 데 대해 역시 그 의도의 선악에 관계없이 최악의 선택이라고 하는 이유는, 그럴 경

우 보편적인 학설에 기대지 못할 것이 분명하기 때문이다.(송상헌 2015: 34)

요컨대 역사교육에서 내용지식이 가지는 특성은 정치 세력의 입장에서 개입 유혹이 강한 지식이라는 점, 역사학의 연구 성과를 그대로 가져다 가르칠 수 있는 지식이 아니라는 점, 역사학에서의 이견 조정만큼이나 역사교육에서의 내용 선정은 합의가 어려운 지식이라는 점, 역사교육에서 올바른 내용 선정 기준을 정하는 것은 아르키메데스의 기점 같아서 학계의 합의 외에는 뚜렷한 방법이 없다는 점 등을 들 수 있다.

구체적으로 역사지식은 인문학적 상상을 바탕으로 비판과 사변, 통찰로 이루어진 지식으로서, 끊임없는 성찰의 결과이다. 역사교육의 내용에는 이런 역사지식뿐 아니라 역사를 인식한 결과로 구성된 역사담론도 포함되어 있다.(송상헌 2013: 11-12) 따라서 역사교육에서 가르치는 역사지식은 지식 형태면에서 여러 층위로 이루어져 있을 뿐만 아니라, 개별 지식의 종합인 담론이 포함되어 있고, 나아가 이 모든 것들은 인식론적 배경이 들어 있는 매우 입체적이고 주관적인 지식으로 이루어져 있다. 역사지식의 유별난 특성은 바로 이런 점에서 찾을 수 있다.

따라서 원칙 차원에서 볼 때, 내용지식의 논의 방향은 역사학에서 유래한 것인 만큼 역사의 본성을 참고해야 하고, 또 교육하려는 지식이므로 교육 현상이라는 맥락을 고려해야 한다. 아울러 역사학이 인간 세계에서 일어난 사태를 대상으로 인간답게 사는 것을 추구하는 대표적인 인문학이라는 점을 비중 있게 고려해야 할 것이다.

2 내용과 방법

지금까지 역사교육 논의는 교육학과의 관계를 중심으로 보느냐, 내용을 제공하는 역사학과의 관계를 중심으로 보느냐에 따라 갈래가 나뉘었다. 실제로 역사교육에 대한 논고는 '교수내용지식'에 대한 논의와 '내용지식'에 대한 논의로 대별할 수도 있고, 연구도 교육학적 원리나 이론의 적용을 다루는 연구와 역사학에서 제공하는 내용의 반영 여부를 검토하는 연구로 나눌 수 있다. 일률적으로 말하기는 어렵지만, 지금까지의 논의에서 대개 현장을 중심으로 '교수방법적 배려'의 측면에 대한 논의가 많이 이루어져 왔고, 역사학계를 중심으로 역사교육의 내용에 대한 논의가 많이 이루어져 왔다고 말할 수 있다.

역사교육에서 내용지식의 문제가 표면화하여 나타나는 주제는 '내용과 방법'의 문제다. 그런데 이 문제는 여러 가지 차원으로 거론되기 때문에, 지칭하는 대상에서 혼선이 빚어지기도 한다. 따라서 내용과 방법이 지시하는 대상이 약간씩 다르다는 점에 유의하면서, 그 지시대상이나 의미를 분명하게 규정하고 논의할 필요가 있다.

역사교육에서 내용과 방법에 대한 논의는 대개 세 가지 차원으로 이루어진다. 우선 가장 먼저 생각할 수 있는 것은 교사양성대학에서 예비 역사교사에게 가르치는 역사교육의 차원에서의 논의다. 다음은 학교에서 역사교사가 학생들을 대상으로 수업하는 현장에서 이루어지는 역사교육 차원에서의 논의다. 그리고 마지막으로 일반인들이 책이나 드라마, 영화 등을 보고 역사를 깨닫는 현상을 논하는 대중역사교육 차원에서의 논의다. 역사교육을 논의할 때 세 가지 차원 모두에 적용되는 주제도 있고 일부에만 적용되는 주제인 경우도 있다. 그러므로 어떤 주제를 다루든 이들 세 층위에 따른 대상의 차이에 유의하지 않으면 논의 대상의 혼선이 일어나기 쉽다.

교사양성대학의 역사교육에서 내용과 방법의 문제는 다양한 입장으로 나뉜다. 이 문제를 둘러싼 논쟁은 시비를 가리는 논쟁이 아니라서, 당위성 차원에서 어느 한 입장이 정당하다고 판정할 수 있는 성질의 것은 아니다. 그렇지만 현실적으로 사범대 역사교육과의 커리큘럼에 영향을 줄 수 있다는 점에서 내용과 방법의 문제는 대단히 중요한 주제이다. 나아가 이 문제는 이른바 사범대 존립 근거와 연결되는 문제라는 점에서 신중하게 고려해야 할 문제다.

우선 사범교육에서 역사교육을 '역사'와 '교육'의 요소로 나누어볼 때, 기본적으로 모학문으로 역사학과 교육학을 상정할 수 있다. 여기서 '역사교육은 '역사'의 교육이다'라고 역사에 강조점을 두는 입장은 역사를 가르친다는 원론적 입장으로서, 내용의 중요성을 강조한다는 점에서 '역사학 중심 역사교육'이라고 할 수 있다. 반면 '역사교육은 역사의 '교육'이다'라고 교육에 강조점을 두는 입장은 미리 설정한 교육 목표를 달성하기 위해 역사를 수단으로 삼는 교육 활동으로서, 교육의 중요성을 강조한다는 점에서 '교육학 중심 역사교육'이라고 할 수 있다. 여기서 역사를 강조하는 것은 본질론의 입장에 서는 셈이고, 교육을 강조하는 것은 도구론의 입장에 서는 셈이다.

학교역사교육에서 내용과 방법의 문제는 '역사학 중심 역사교육'이냐, '교육학 중심 역사교육'이냐에 따라 견해가 갈리게 된다. 우선 '역사학 중심 역사교육'에서 교사는 학생들에게 역사적 사실 위주의 지식(know-that)을 중시할 것인가, 역사 탐구의 절차지식(know-how)을 중시할 것인가로 견해가 갈리게 된다. 학문 중심 교육과정의 유행 이후에 대부분 절차지식을 가르쳐야 한다는데 동의하지만, 그렇다고 해서 실제로 이런 역사교육이 역사교육 현장에서 주류라고 하기도 어렵다.

또한 사실 위주의 지식을 중시하는 입장도 인식론을 포함한 실체로서 복합적인 역사지식이라는 것을 인정하지 않기 때문에 객관적 지식을 가르치는 교과교육학의 입장으로 환원되어버리는 문제점을 갖는다. 교육학 중심의 교과교육학에서 바라보는 입장에 서 있는 역사교사는 정해진 역사지식을 잘 가르치려는 교수법에 치중할 가능성이 크고, 그렇게 지식의 전수를 위주로 하는 역사교육은 효과적인 기억술을 가르치는 것에 그친다는 비판을 받을 수 있다. 어느 입장에 서든 역사교육의 내용지식이 가진 특성을 반영하려는 의지와 노력이 없다면, 제대로 된 역사교육은 어렵게 된다.

학교역사교육에서 내용과 방법의 문제는 결국 사범대학이나 교대와 같은 교사양성대학의 교육에서 교사에게 역사학의 구조를 알고 학문의 신념을 깨달을 정도로 역사학에 정통하도록 해야 하느냐, 혹은 교수법만 잘 실천할 수 있다면 역사학에 정통하지 않아도 되느냐 하는 문제로 환원할 수 있다. 이상형으로서의 교사는 내용지식의 역사학적 근거를 중시하는 것은 물론 지식의 주·객관성 문제, 학문적 타당성 여부, 지식의 잠정성 등에 주목하는 태도를 가지면서, 학습자의 상황(context), 교실 상황, 교재, 교육 환경 등 교육 조건이 주는 변수를 반영하는 능숙한 교수법을 구사하는 교사일 것이다. 하지만 현실적으로 이런 교사를 양성하기는 어렵기 때문에, 교사 양성의 방향도 내용지식의 특성을 성찰하는 것에서 시작하는 것이 도움이 된다.

역사교육 논의에서 제외되기 일쑤인 대중역사교육은 학교역사교육을 제외한 모든 역사교육이 해당된다. 대중역사교육에서 내용과 방법 문제는 내용으로서 역사 텍스트 문제는 있을 수 있지만, 원칙적으로 교수방법을 둘러싼 논란은 있을 수 없다. 대중역사교육은 가상의 교실을 가정하지 않는 한 교실 현장을 가지고 있지 않기 때문이다. 그러나 일반 독자는 학교의 학생이 아닌 것은 분명하지만 그가 역사를 깨닫는 과정을 거치는 인식의 주체라는 점에서 보면 학습자인 것은 분명하다. 그리고 학습자를 대상으로 한 역사서술은, 이해를 시키든 설득을 시키든, 자신의 메시지를 전하려는 목적으로 쓰인 것이다.(오종록 2000: 315) 아울러 그런 역사서술을 통해 일반인을 이해시키고자 하는 역사가는 나름의 전략이 필요하다. 따라서 대중역사교육에서 눈에 보이지 않지만 교수학습이 이루어지는 교육현상은 틀림없이 존재하고, 따라서 방법의 문제 역시 존재한다고 보아야 한다. 그러므로 대중역사교육에서도 내용과 방법의 문제는 있다. 다만 여기서 방법의 문제는 교수방법의 문제가 아니라 역사를 인식하는 방식의 문제라고 할 수 있는데, 그것 역시 크게 보면 방법(method)의 범주에 들어간다고 볼 수 있을 것이다.

교사양성대학의 역사교육은 자연스럽게 역사학과 교육학의 두 방향에서 논의가 이루어진다. 그리고 각각의 방향에 따라 접근하는 방식과 관심이 다르고, 다를 수밖에 없다. 예컨대 역사학자는 강독이나 연습, 각 분야별 시대사, 문화사 등 역사학 관련 교과의 중요성을 강조할 것이고, 교과교육 전공자는 교수법이나 지도법, 실습 관련 강의의 비중을 높이려 할 것이다. 그런데 사범교육에서 내용과 방법의 문제는 단순히 어느 과목의 설치나 비중의 증감 차원의 문제가 아니다. 사실 이 문제는 '역사교육이란 무엇인가?'라는 본질적 질문과 연관되어 있는 것으로서 깊은 성찰이 필요한 주제이다.

내용과 방법의 문제는 입장에 따라 다르게 규정된다. '역사학 중심 역사교육'에서 내용과 방법이란 역사지식과 역사학의 연구방법(know-how)에 대한 지식을 의미한다. 그리고 학교역사교육의 경우에도 내용과 방법이란 가르쳐야 할 지식과 학문중심 교육과정에서 강조하는 탐구방법을 의미한다. 반면에 '교육학 중심 역사교육'에서 내용은 가르쳐야 할 지식이고, 방법은 교사가 알아야 하는 교수 기술(teaching skill)을 의미한다.(양호환 2001: 27)

'역사학 중심의 역사교육학'에서 내용과 방법을 둘러싼 논쟁은 사실상 내용지식의 구성을 둘러싼 논쟁이라서 크게 문제되지 않는다. 학교역사교육에서도 내용과 방법이란 역사지식과 함께 학생들에게 탐구방법을 가르치는 것의 중요성을 강조하는 것인 만큼 문제될 소지는 적다. 그러나 교사양성대학의 역사교육과 커리큘럼을 둘러싼 내용과 방법은 매우 민감한 쟁점이다.[2]

이 문제는 실제로 교사양성대학에서 커리큘럼을 역사학을 중심으로 할 것인지, 교수법(pedagogy)을 중심으로 할 것인지 결정하는 문제로 나타난다. 이 문제의 본질은 역사교사가 가져야 할 지식을 둘러싼 문제로서, 교육학의 입장과 역사학의 입장이 부딪치는 지점이다. 이 두 입장으로 역사교육을 분류해본다면 내용과 방법이라는 두 극단 사이에 위치하게 될 텐데, 그 입장은 매우 다양하기 때문에 연속체를 이룰 것으로 예상된다. 그 연속체를 도표화하면 [그림 1]과 같다.

그림에서 ①과 ③은 내용(역사학) 위주 역사교육과 교수법(교육학) 위주 역사교육의 극단적 입장을 상정한 것이다. 여기서 바람직한 예비교사를 위한 역사교육이라고 하면 당연히 ②의 위치에 서 있는 역사교육으로 생각하기 쉽다. 상식 차원에서 역사학에서 논의되는 내용을 가르쳐 역사학의 소양을 기르게 하고, 교육학

---

2 교사양성대학 무용론의 논리는, 대체로 교사교육 커리큘럼은 관련 학문과 교육학으로 구성된다고 보고, 관련 학문교육은 인문대나 자연대에서 제공하고 교육학 관련 교육은 사회대에 설치한 교육학과에서 제공하면 된다는 논리에 근거하는 경우가 많다. 그렇지만 역사교사 교육의 경우에 인문대에서 제공하는 역사 관련 과목의 교육내용과 사범대에서 제공하는 교육내용이 달라야 한다는 점과 교육학과의 교육학 내용도 각 교과를 고려해야 한다는 점에서 교사양성대학 무용론의 근거는 약하다고 본다.

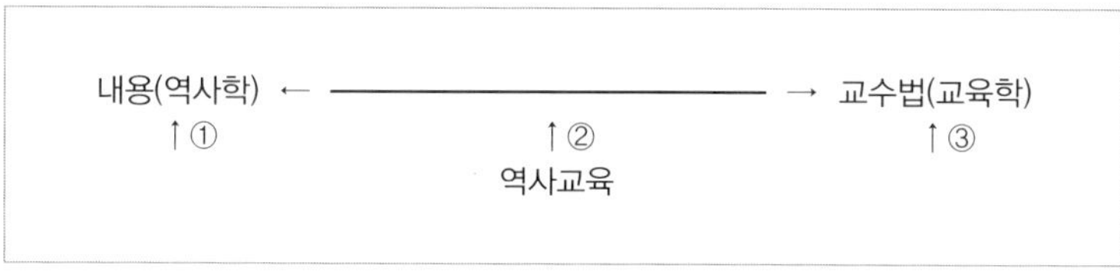

[그림 1] 내용과 방법으로서의 역사교육

에서 논의되는 교수방법을 가르쳐 교수법을 구사할 수 있게 하면 훌륭한 교사로 양성될 수 있을 것이라고 편의적으로 생각한 결과이다. 그러나 그런 경우 역사학의 내용지식과 교육학에서 보는 내용지식의 성격에 대한 견해의 차이 때문에, ②의 입장은 현실성이 없다는 문제점이 있어 수사적인 차원에 그칠 가능성이 크다.

교사양성대학의 역사교육과에서 예비교사들에게 앞으로 그들이 학생들에게 가르쳐야 할 내용지식을 가르쳐야 하는데, 그것이 역사지식인 한 그 배경에 여러 차원의 문제가 복합적으로 개입되어 있을 수밖에 없다. 따라서 이들 예비교사들에게는 특별한 성격을 가진 지식을 가르치는 교수법이 필요하다. 역사교육과 학생이 배워야 하는 교수법은 일반적인 교수법과는 달라야 한다는 것이다.

이런 점에서 역사교사가 되기 위해 일반적인 교수법만으로 충분하다는 생각은 매우 순진한 것이다. 역사지식의 성격이나 교수법에 대해 피상적으로 접근하게 되면, 역사학과 교육학의 도입이라는 당위론 차원으로 한정된 논의에 그치게 되고, 그것은 결국 양자의 기계적 중립을 지향하게 되어 역사교육의 문제를 명료하게 하는 데 별 도움이 되지 않는다.

실제로 교사양성대학에서 역사교육은 ①의 위치 또는 ③의 위치로 치우치는 입장을 취할 수밖에 없다. 여기서 ①↔②에 위치하게 되면 당연히 역사 자체의 다양한 특성을 중시하는 입장이 될 것이고, ②↔③에 위치하게 되면 교육학에서 출발하는 교과교육학을 중시하는 입장이 될 것이다. 이런 두 입장을 극명하게 대조하자면 ①↔② 입장에서 역사교사는 역사를 전공한 사람이 되어야 하고, 그래야 바람직하다고 주장할 것이다. 반면 ②↔③ 입장에서 역사교사는 전공여부가 중요한 것이 아니라, 교수법을 전공한 사람이라면 별 문제 없다고 주장할 수 있다. 다른 한편으로 ①↔②에서 교육을 받은 교사는 역사학의 연구 성과를 벗어나거나 허구적인 내용에 대해 엄밀한 역사교육을 강조하면서 비판할 가능성이 큰 반면, ②↔③ 입장에서 교육을 받은 역사교사는 역사교육에 도움이 된다면 역사소설 같은 엄밀하지 않은 자료도 교육에 이용하려고 시도하는 등, 비교적 느슨한 학문적 기준을 적용하려 할 가능성이 크다.

이상에서 살펴본 바와 같이 내용과 방법의 문제는 어느 한쪽이 더 중요하다고 단정하기 어렵다. 그렇다고 이 문제를 균형 있게 조화시키고자 기계적인 중립의 입장을 취하는 것이 바람직한 역사교육이 되는 것도 아니다. 이 문제에 대한 해답은 결국 내용지식의 복합적 성격을 반영하는 방법에서 찾아야 한다. 내용과 방법의 질적인 조화를 추구하는 것이 올바른 해결 방향이다.

3 역사교과학

역사학에서 생산된 객관적 사실을 전수하는 것이 역사교육이라는 관념은, 결과적으로 교육학에 기반을 둔 교과교육학의 입장에 동조하는 견해이다. 교과교육학은 교과의 실질적 내용으로 무엇을 담게 되든지 간에, 그것에 관한 학문적 활동의 일반적 체계와 형식이 있을 수 있다는 것을 전제한다.(이돈희 1994: 18) 이런 실용적 교과관에 따르면 '무엇을 가르칠 것인가'에 대한 고민, 즉 역사교육의 '내용'이 갖는 특성이나 문제점에 대한 고려가 미흡할 수밖에 없다. 모학문에서 생산한 지식은 교수방법적 배려를 통해 교육내용으로 전환시켜야 할 대상일 뿐 그 이상의 고려 대상이 아니다. 그럴 경우 문제는 역사교육을 단순한 역사적 사실을 교육하는 것으로 일반화할 수밖에 없다는 점이다. 그렇게 되면 교육내용을 집성하여 구성하는 역사교과서는 결국 '단순한 사실의 나열'로 귀결될 수밖에 없게 되거나 암기 위주의 교육이 되는 등 여러 가지 문제를 야기하게 된다.

교수방법(method)의 문제도 당연히 논란이 된다. 왜냐하면 내용지식 문제는 당연히 역사(학)의 본성에 대한 논의와 관련되어 역사학의 범주를 벗어나지 않지만, 교수방법을 강조하는 경우는 교육학에 뿌리를 둔 교과교육학이라서 내용지식의 성격에 대한 고려가 미흡할 수 있기 때문이다. 이것이 바로 교육학에서의 교과교육학 자체가 개별교과의 특수성을 고려하지 않는 통칭교과를 전제하는 데서 나온 문제다. 결국 교과교육학은 교육적 상황을 다루든 역사학의 내용 문제를 다루든, 교육이 이루어지는 현상 자체를 대상으로 한다는 점에서 내용지식의 문제를 상대적으로 소홀하게 다룰 수밖에 없다.

요컨대 역사교육에서 교수방법이 중심이 되는 교과교육학은 역사교육의 특성을 반영하기 어려운 틀이며, 그런 점에서 한계가 분명하다. 물론 교육학에서도 교과교육학은 교육방법 중심적인 것과 교육내용 중심적인 것으로 나누어 논의한다.(이돈희 1994: 10-11) 여기서 교육방법 중심적 교과교육학의 논의를 역사교육에 적용한다면, 비교적 단순한 절차나 원리로 쉽게 논의가 이루어질 수 있을 것이다. 교육학의 이론이나 원리는 애초부터 모든 교과에 적용 가능한 모델로 개발된 것이기 때문이다. 그렇지만 실제로 방법 중심의 교과교육학에서 권하는 일반적인 이론이나 원리를 역사교과에 그대로 적용하는 경우, 역사교육이 다른 교과와 구별되는 특성을 반영하기 어려울 수밖에 없다. 역사교육이 개별적인 특수성을 효과적으로 반영하는 데 한계를 가지게 되면, 교과의 특수성을 고려한 정밀한 교과학을 수립하는 데 어려움을 겪게 되는 것은 불가피하다.

한편 내용 중심적 교과교육학에서는 교육내용을 이해하는 일과 교육의 방법적 원리를 획득하는 일 양쪽에 동등한 관심을 두어야 한다고 말한다.(이돈희 1994: 1) 교육내용으로 이루어진 교과를 어떤 관점에서 이해해야 하느냐 하는 문제는 그것을 어떻게 가르칠 것이냐 하는 것에 못지않게 교과교육학의 중요한 요소라는 것이다. 이런 점에서 교과교육학은 교수방법적 배려는 물론 교과의 내용을 구성하기 위해 포괄적인 학문적 특성과의 연계를 중요시해야 한다고 주장한다.

그렇지만 교과교육학의 일반적 체계와 형식이 있다는 것은 통칭교과를 설정하기 위한 전제이다.(이돈희 1994: 15-16) 물론 모든 교과교육이 공통적으로 가진 교육학 원리나 일반적인 체계가 있다고 보는 것은 타당하다. 그러나 그런 입장에 서 있는 교과교육학은 그것이 비록 내용 중심 교과교육학이라 하더라도, 학교교육을 위해 만들어진 여러 교과를 아우르는 일반론을 토대로 한다는 점과 개별교과가 아닌 통칭교과를 바탕으로 논의할 수밖에 없다는 점 때문에, 개별교과의 특수성을 반영한 이론의 구성에 관심을 두기 어렵다.

그렇다면 역사교육이 이런 통칭교과의 일반 원리와 어울리지 못하는 특별한 이유가 무엇인지 의문이 들 수 있다. 앞에서 제시한 바와 같이, 그것은 역사교육에서 다루는 내용지식이 다른 교과의 지식과 다르기도 하거니와, 그 가운데 객관적이지 않은 것이 포함되어 있기 때문이다. 역사지식은 시공을 초월하여 진리치가 변하지 않는 지식이 아니다. '2+3=5'라거나, '화폐가 지나치게 많이 발행되면 인플레이션이 일어난다'와 같은 시공을 초월하여 적용되는 진리나 법칙은 역사에 존재하지 않는다.(Evans 1999: 88)

시공을 초월하여 존재하는 진리는 누가, 언제, 어디서 가르치든 그것이 가지는 진리치에 변함이 없다. 그렇지만 역사는 누가, 언제, 어디서 가르치느냐에 따라서 진리치가 달라지며, 달라지지 않는다 하더라도 최소한 같지 않다. 더구나 역사교육은 진리치를 따지는 문제와는 별개 차원의 가치를 따지는 교육이다. 그리고 역사를 가르치는 과정에서 가치에 대한 '판단'과 '평가'가 불가피하게 수반된다. 예컨대 역사교육을 통하여 학습자는 자신의 정체성을 파악해야 한다든지, 역사적 인물의 행적에 대한 포폄을 해야 한다. 나아가 역사교육은 국가나 사회가 처한 현재에 대한 이해의 폭을 시간적으로는 과거에서 미래로 확장하고, 공간적으로는 우리나라에서 세계로 확장하여 바라보는 안목을 가르치는 교과이다.(서의식 2000: 66) 역사교육은 객관적인 지식의 차원을 떠나 안목으로 표현되는 가치관이나 관점을 포함하고 있는 교과인 것이다. 역사는 이른바 해석의 학문이기 때문이다.(김한종 2015: 7)

역사가 가지는 이런 성격과 관련하여 역사교육의 과정에서 제기되는 또 다른 결정적인 문제는 어떤 판단과 평가가 이루어졌다고 하더라도, 학습자에게 부과된 문제 해결의 성공 여부를 판단할 기준이 존재하지 않는다는 점이다.(양호환 1995: 23) 역사교육에서 특정한 관점이나 안목을 갖는 것은 객관적 평가나 정오 판단의 대상이 아니기 때문이다.

요컨대 통칭교과를 전제로 한 교과교육학이 가진 약점은 특별한 성격을 가진 내용에 대한 배려가 부족할 수 있다는 점, 내용의 특성에 대한 고려가 없다면 적절한 교수법을 강구하기가 어려울 수 있다는 점, 역사교육을 시공을 초월한 진리로 가르치는 교육으로 규정하게 될 수도 있다는 점 등이다. 한마디로 역사교육학은 내용지식, 나아가 역사교육 자체가 가지는 특성을 포괄하는 역사교과학으로 거듭나는 노력이 필요하다.

4 역사교수학습론

역사의 특성을 고려한다면 역사교육은 객관적 지식을 전수하는 교육 혹은 기술이나 도구적 지식을 익히게 하는 교육과 다르게 접근해야 한다. 다른 말로 하면 역사교육에서 가르치는 내용의 문제는 일반 교과의 경우와 다른 패러다임에서 볼 필요가 있다. 그렇지만 여기서 역사교육의 유별난 특성을 강조하는 것이, 실용적인 교과관이 무의미하다는 주장을 하기 위한 것은 아니다. 실용적 교과관에서는 교육의 상황을 잘 반영하면서 교수방법 위주로 접근한다. 그러므로 실용적 교과관이 교육 현실에서 매우 유익한 것임에 틀림없다. 그렇지만 교수방법은 내용의 성격을 밀접하게 반영해야 하는 만큼, 먼저 내용지식의 문제를 깊이 있게 살펴보는 노력이 필요하다. 그것은 역사지식의 본성을 반영하기 위해서 매우 중요하다.

역사교사는 당연히 내용지식을 효과적으로 설명하기 위한 교수 전략을 가지고 있어야 한다. 역사로 이루어진 내용을 효과적으로 가르기 위한 교수 전략을 궁리하여 마련하는 능력은 교사에게 요구되는 능력 가운데 중요하고 핵심적인 것이다. 이러한 교수 전략 역시 당연히 가르치는 내용지식의 본성을 반영해야 한다. 그러기 위해서 가르칠 역사내용 혹은 역사지식의 성격에 대한 심층적인 검토가 이루어진 뒤에, 교수 전략을 짜는 것이 바람직하다.(양호환 1997: 14) 아울러 교수학습과 관련된 논의는 내용지식의 본성을 반영해야 한다는 원칙을 고수해야 한다.

이런 점에서 범교과적으로 통용되는 교수내용지식(pedagogical content knowledge) 개념(Schulman 1986: 4-14)도 내용지식의 본성을 제대로 반영할 수 있는 것인지 검토가 필요하다. 이 개념은 역사교육에서 가르치기 위한 내용지식을 의미(양호환 1993: 9)하는데, 내용지식에 교육적 상황에서 필요한 요소를 가미하여 변형한 것으로서, 가르치는 상황과 내용을 고려한 일종의 전략적 개념이라 할 수 있다. 여기서 교수내용지식의 원형인 내용지식은 교수방법적 배려 이전의 상태로서, 모학문의 학문적 구조와 신념을 포함한 원천 지식이 될 것이다.

역사교육에서 교수내용지식 개념이 얼마나 유용한가는 그것이 역사학의 구조와 신념을 포함한 내용지식의 성격을 얼마나 반영하고 있느냐에 달려 있다. 그런 점에서 교수내용지식 개념이 가지는 한계가 없지 않다. 우선 이 개념이 객관적인 지식을 가르치는 방법에 초점을 맞춘 개념이라면, 내용지식의 성격에 따라 교수방법을 찾아야 하는 역사교육의 경우, 피상적인 암기를 강조하는 방식으로 흐를 수 있다. 실제로 교수내용지식에서 많이 활용되는 것은 비유나 유추인데, 현실적으로 그것은 암기를 위한 교수법에 적합한 경우가 많다. 역사적 사실을 효과적으로 기억하는 비법을 가르쳐주거나 적절한 비유, 사례 등을 활용하여 알기 쉽게 수업하는 교사가 교수내용지식을 잘 활용하는 교사로 평가를 받는다. 현실에서 교수내용지식의 활용 사례는 적절한 비유와 알기 쉬운 수업으로 유명세를 타는 학원 강사의 수업에서 찾을 수 있다. 그렇지만 교수내용지식이 효과적인 암기나 흥미 유발 등을 능숙하게 동원하는 데 유용하다면, 이런 것들이 적어도 역사학의 주관적 내용지식을 가르치는 데 적용할 때 무조건 도움이 되는 개념이라고 단정할 수 없다. 요컨대 교수내용지식 개념의 적용이나 활용에 있어서 유의할 것은 역사지식의 본성을 반영하는 데 제한적이라는 점이다.

한편 교사들의 입장에서 역사교육의 특수성에 따른 교수학습방법론보다는 일반 교수학습방법론이 접근하기 쉬워 이를 활용하는 경우가 많은 것이 사실이다.(김한종 1999: 173) 학습자를 어떻게 가르칠 것인가에 관심이 많은 역사교사는 주어진 내용을 교육하는 방법을 개발하기 위해 골몰하게 되고, 그 과정에서 일반적인 교수학습론을 참고하는 것은 당연한 일이다. 일률적으로 말하기는 어렵지만 교사들이 가장 원하는 것은 학습에 도움이 되고 손쉽게 활용할 수 있는 자료나 학습자의 흥미를 자극할 수 있는 교수학습방법일 것이다. 역사교사모임이 발행하는 『역사교육』에 실리는 논고를 보더라도 각종 수업자료와 학습지도안, 다양한 수업 사례가 주종을 이루고, 수시로 발행되는 각종 자료집도 수업에 참고할 수 있는 것이 대부분이다. 최근 스마트 교실에서 활용할 수 있는 수업자료나 그와 관련된 지식의 보급도 늘어나고 있고, 그에 대한 관심도 커져가고 있는 추세이다. 이런 상황 속에서 교수학습론의 연구는 적용하거나 활용하기 쉽고 도움이 많이 되는 자료일 수록 역사교육의 본질에 어긋남이 없는지 따져보는 절차가 필요하다.

교수방법의 연구는 관심이 현장 실천인 만큼, 당연히 학교 현장의 상황을 반영하여 주로 수업 모형이나 학습지도 방법에 대한 연구가 많다. 따라서 학교 현장에는 각 시대별, 주제별, 수업 형태별, 각급 학교별 학습자료 등이 다양하게 개발되어 보급된다. 특히 최근에는 정보화를 위한 기술의 발전과 더불어 새로운 학습기자재 및 수업자료가 속속 개발되어 빠르게 보급되고 있다.

이처럼 정보화의 빠른 발전과 정보화 관련 기술의 도입으로 교사들의 수업 방식은 획기적으로 변화하고 있다. 이제 전통적인 교실 수업은 형식과 내용의 혁신이 불가피하고, 앞날을 예측하기 어려울 정도로 엄청난 변화가 일어날 것으로 예상된다. 그러나 이런 변화 속에서도 기본적인 논의 방향은 역사교육에서 어떤 경우라도 내용지식의 성격을 간과해서는 안 된다. 아울러 정보화와 기술발전에 대응하는 수업에 대한 연구가 현장에서 직접적으로 활용 가능한 실용성에 집중하는 경향을 보인다는 점도 우려스럽다.

교사들의 현실적인 욕구는 현장에 도움을 주는 논의를 선호하게 만들 수 있다. 교사양성대학의 커리큘럼이 시대에 뒤떨어진다는 지적도 있지만(조벽 2013), 현장의 변화를 염두에 둘 뿐 본질에 소홀할 수 있는 문제는 여전하다. 이런 논의의 틀은 과거에도 있었던 일이다. 과거에 교사들이 제기한 문제는 역사교육 연구자들의 연구나 교사양성대학의 교육과정은 물론 교사 연수와 같은 교사 대상 교육의 내용이 현장에 도움이 되지 않는다는 것이었다. 이른바 이론과 실천의 괴리에 대한 문제 제기이다.(양호환 2000b:

5-7; 김육훈 2001: 10) 이런 문제 제기는 당위적인 차원에서 있을 수 있고, 있어야 한다. 그렇지만 현장의 과도한 실용성 위주의 요구는 이론적인 논의의 가치를 제대로 평가하지 못한 결과일 수도 있고, 역사교육의 본질과 멀어지는 함정에 빠질 위험도 있다.(송상헌 1999: 163)

교수학습방법에 대한 연구에서 실용성에 집중하는 경향의 연구는 잘 선정되고 포장된 내용을 효과적으로 가르치는 방법의 개발에 집중하게 된다. 이런 연구가 가지는 문제점은 전통적으로 실증적인 역사학의 틀을 전제하거나 혹은 반영하는 교육의 틀을 벗어나지 못한다는 점이다.(양호환 2000b: 19) 그러므로 교수학습방법에 대한 연구는 궁극적으로 교육에서 효과적인 암기 수업을 최고의 수업으로 일컫는 교수내용지식 개념에 머무르는 것은 아닌지 끊임없이 반성해야 한다. 역사교육에서 교수내용지식 개념은 인식론적 배경을 포함하고 있는 역사지식 개념으로 보아야 하기 때문이다. 인기를 끄는 유명 학원 강사의 감동적인 수업을 예로 든다면, 그 수업이 단지 감동적이라는 이유만으로 훌륭한 수업이라고 할 수 있는 것이 아니라, 그것이 역사 인식의 교육인지, 그리하여 역사교육에 성공하고 있는 것인지 성찰해보는 자세가 필요하다는 것이다.

교수학습방법을 연구하는 목적이 내용의 본성을 반영하는 것에 대한 고민보다 교수방법 차원에 머무는 경우, 역사지식을 역사의 본성에서 나오는 인식론적 배경을 가진 지식으로 다루기보다는 객관적인 지식으로 다루는 것을 선호하게 될 가능성이 크다. 이렇게 되면 결국 역사를 사회과학으로 보는 역사교육이 가지는 문제와 유사한 상황에 직면할 수 있다. 같은 문제의식에서 바라보면, 최근 고도로 정보화된 기기로 장식된 스마트 교실 수업이 가진 문제점도 최첨단 기기를 기존의 수업을 대체하는 편리한 수단으로 활용하는 데 그칠 뿐, 내용지식 교육을 다루는 패러다임의 전환으로까지 나아가지 못하고 있다는 데 있다.

역사교육의 발전을 위해 현장 중심의 교수내용지식을 다양하게 개발하는 것이 바람직하기는 하다. 다만 그러다가 자칫 역사지식의 특성을 외면하면서 교수학습론에 매몰된다면 역사와 역사교육의 본질을 소홀히 할 수 있는 문제점이 있음을 경계할 필요가 있다. 현장 중심의 교수내용지식 개발 노력은 논의만 무성하고 공허한 결론으로 끝날 수 있다는 점을 유의해야 할 것이다.

요컨대 역사교육에서 교수학습론은 교육학적 원리에서 나온 개념과 전략만으로 다루기에는 한계가 분명하다. 그 이유는 교육학에서 제시하는 일반 원리에 해당되지 않는 역사지식만의 특성이 존재하기 때문이다.(양호환 2000b: 4-5) 그러므로 역사교육에서 교수방법적인 배려가 우선 고려해야 할 사항이기는 하지만, 이와 아울러 역사학의 원리와 개념을 반영한 교수학습론을 개발하기 위해 비판적인 입장에서 교수내용지식 개념을 적용하는 자세가 요구된다.

제3장

역사 인식론과 역사교육

역사가는 사료를 검토하는 것으로부터 연구를 시작한다. 그가 해야 하는 일은 여러 가지 자료들로부터 역사적 사실을 읽어내는 것이다. 그는 사건의 중요성을 가늠할 수 있는 기준을 가지고 자신이 대면하고 있는 사료 가운데 일부를 배제하기도 하고 선택하기도 한다. 그는 또한 선택한 사료 속에서 어떤 발생(occurrences)이나 사실(fact)을 가려내고, 이들을 활용하여 설득력이 있도록 역사적 사건(event)으로 서사를 구성하면서 역사를 서술한다. 그런 점에서 역사가가 밝혀낸 역사적 사실은 연구의 출발점이기도 하지만, 동시에 연구의 종착점이라고 할 수 있다.

그런데 문제는 역사가가 활용하는 하나의 사료가 하나의 역사적 사실만 품고 있는 것이 아니라, 매우 다양한 역사적 사실이 함께 들어 있을 수도 있다는 점이다. 그러므로 두 역사가가 같은 사료를 가지고 연구하더라도 각기 다른 역사적 사실을 읽어낼 수도 있고, 하나의 사실을 읽어낸다고 해도 그 속에서 다양한 역사 서사를 구성할 수 있다.(Schaff 1982: 333) 역사를 인식하는 과정에서 역사가가 가진 인식의 범주가 중요한 역할을 하는데, 그 인식의 범주에 따라 역사서사는 다양한 결과로 구성될 수 있다.

역사교육에서 이러한 인식의 결과가 포함되어 있는 내용지식은 인식이 가진 특성을 세심하게 고려하면서 다루어야 한다. 역사교육에 제공되는 역사지식은 객관적인 사실로서 주어지는 것이 아니라, 다양한 인식 배경과 과정을 지닌 총체로서, 즉 인식론을 포함한 하나의 포괄적 대상으로 주어지기 때문이다.

1 역사지식의 인식론적 배경

역사학에서 생산된 지식은, 역사교육의 장에서 가르치는 단계에 이르게 되면, 인식의 배경과 과정을 숨기고 있는 매우 주관적인 구성물로서 해독을 기다리는 일종의 블랙박스로 비유할 수 있다. 만약 역사교육에 시공을 초월한 객관적인 지식을 대상으로 하는 교육학의 일반 이론을 그대로 적용하려 한다면, 그것은 블랙박스를 해독하려고 시도하는 것이 아니라, 그냥 뜯어보려는 것과 같은 태도라고 할 수 있다.

역사학에서 생산된 지식은 인식론적 배경을 가진 역사학 고유의 지식 체계를 반영한 결과물이다. 따라서 역사교육은 인식론적 배경을 가진 지식을 다루는 교과 특성에서 기인하는 영역 고유한(domain specific) 특성을 가진다.(Downey & Levstik 1991: 403) 이런 특성 때문에 역사교육은 역사학과 교육학의 단순 혼합으로 규정할 수 없고, 역사학에서 객관적 대상으로 주어지는 연구 성과를 교육하는 것으로 규정할 수도 없다.

역사교육은 매우 복잡하고 다양한 국면을 가진 교육현상이다. 역사교육에서 복잡하게 얽혀 있는 문제를 푸는 실마리는 바로 역사학의 고유한 성격을 대변하는 역사 인식론에서 찾을 수 있다. 역사의 인식론적 성격과 관련하여 먼저 논의가 필요한 것은 역사학의 객관성과 주관성 문제다. 주·객관성 문제는 인문학으로 분류되는 학문에 공통으로 거론되는 문제로서, 역사와 같이 가치관이 강하게 개입되는 학문에서는 불가피한 논의 주제이다.

1) 주관성과 객관성

역사파악을 둘러싼 주·객관성의 문제는 논자에 따라 주장이 매우 다양하기 때문에 일치된 견해를 도출하기 어렵다. 그렇지만 역사의 본성과 관련하여 역사의 주관성에 대해서는 이견이 없다고 해도 과언이 아니다. 대부분의 주·객관성 논쟁은 사실상 주관성의 정도를 둘러싼 논쟁일 경우가 많다. 편의상 주관성과 객관성을 양 극단으로 하는 선상에 각자의 주장을 표시하면 [그림 2]와 같은 연속체가 만들어질 수 있다.

인식론적 배경을 가지고 있는 역사학에 대한 대조적인 관점은 두 가지이다. 하나는 역사학이 역사 해석을 반영하기 때문에, 주관적이고 임의적인 성격을 갖고 있는 인문학이라고 보는 입장이다. 다른 하나는 역사학도 엄연한 과학적인 학문으로서, 실증적이고 객관적인 연구를 추구하는 사회과학이라고 보는 입장이다. 상상(imagination)이 밀접한 인식의 방식으로 활용되는 '인문학으로서의 역사학'과 대상(objects)이 분명하여 실증이 학문의 방법으로 활용되는 '사회과학으로서의 역사학'을 양 극단으로 했을 때,

주관성(인문학) ← ————————역사학———————— → 객관성(사회과학)
↑①　　　　　　　　↑②　　　　　　　　↑③
역사교육

[그림 2] 역사의 객관성과 주관성에 따른 역사교육의 위치

논자에 따라 스펙트럼을 이루게 될 정도로 다양한 견해가 분포할 것이다. 이런 분포는 역사학의 학문 성격을 따지는 패러다임에 따라 여러 가지 형태로 나타날 수 있는 문제지만, 여기서 주·객관의 양극단을 상정해서 도표화해보는 것은 역사교육의 입장을 가늠하는 데 도움이 된다.

실제로 역사학은 성격을 둘러싸고 관념론과 실증론 혹은 자율론(autonomy)과 동화론(assimilation)으로 나뉜다. 이때 관념론, 자율론은 역사학을 인문학으로 여기는 입장이고, 실증론, 동화론은 역사학을 사회과학으로 보는 견해이다.(정선영 1993: 38)[1] 이들 각각의 입장을 [그림 2]에 표시한다면 미세한 입장의 차이를 가늠해볼 수 있을 것이다.

역사학이 객관적인 학문이고, 과학적인 절차와 방법에 따라

1 자율론자로 분류되는 학자로는 드레이(W. H. Dray), 도너간(A. Donagan), 갤리(W. B. Gallie), 밍크(L. O. Mink), 스크리븐(M. Scriven), 앳킨슨(R. F. Atkinson) 등이 있고, 동화주의자로 분류되는 학자로는 포괄법칙 이론가(covering theorists)로도 불리는 헴펠(C. G. Hempel)이나 포퍼(K. Popper)가 유명하며, 그 밖에 가드너(P. Gardiner), 화이트(M. White), 브로드베크(M. Brodbeck) 등이 있다. 월시(W. H. Walsh)와 단토(A. C. Danto), 리히트(G. H. von Wright) 등은 중간 입장을 가진 학자로 분류된다.

연구하는 사회과학이라고 규정한다면, 역사교육은 당연히 객관적 대상을 교육하는 교과로서 ②↔③의 사이 어딘가에 놓이게 될 것이다. 이런 입장에 선다는 것은 역사교육을 객관적인 대상을 가르치는 통칭교과와 별로 다를 것이 없는 교과로 간주한다는 의미이다. 이렇게 되면 역사교육은 일반적인 교육학 원리의 수요자로서 교과교육의 논리에 따르는 교과 가운데 하나이고, 따라서 역사교육에서 가르치는 내용지식의 유별난 특성에 대해 고민할 필요도 없다. 교수학습방법도 기존의 통칭교과에서 통용되는 교수학습 이론과 방법론을 도입하여 적용하면 된다.

그렇지만 역사지식을 가치관이 개입된, 관점이 다양한 인식 주체의 주관적인 구성물로 간주한다면(Rogers 1987: 7), 역사교육은 인문학교육으로서 ①↔② 사이의 어딘가에 놓이게 될 것이다. 이런 입장에 선다는 것은 역사교육을 주관성이 강한 내용지식을 가르치는 교과로서, 객관적인 대상을 가르치는 교과와 여러모로 다른 독특한 교육 현상으로 간주한다는 의미이다. 그리고 역사교육에서 가르치는 내용지식은 다른 교과의 내용에 비해 상대적으로 복합적 성격을 갖는 만큼, 역사교육은 객관적인 지식을 가르치는 교과와는 다른 교수학습방법을 찾을 수밖에 없을 것이다. 현실적으로 역사 인식론이 반영된 역사지식을 가르치기 위해 객관적 지식을 가르치는 교수학습방법과는 다른 방법이 요구된다. 일반적으로 역사는 주관성이 강한 인문학으로서 인정되고 있는 만큼, 역사교육은 이런 역사의 성격을 고려한 교육이론이 필요하다.

2) 역사교육의 입론

역사의 인식론적 성격과 관련하여 앞에서 살펴본 주·객관성의 변인과 함께 인문학과 사회과학의 변인을 한 그래프에 표현하면 역사교육의 입론에 대한 재미있는 결과를 얻을 수 있다. 역사학문의 성격으로 인문학적 성격과 사회과학적 성격을 한 축으로 삼고, 내용지식의 성격으로 주관성과 객관성을 다른 한 축으로 삼아 각각의 입장을 그래프의 각사분면에 위치를 배정해보면 [그림 3]과 같은 분류 영역으로 나눌 수 있다.

이 그림을 보면 x축에서 오른쪽은 역사학의 성격이 사회과학이라고 보는 것을 나타내고, 왼쪽은 인문학이라고 보는 것을 나타낸다. Y축에서 위로는 내용지식의 주관성을 나타내는 것이고, 아래로는 객관성을 나타낸다. 이렇게 하여 각 면에 역사교육을 배치하면 역사교육의 성격을 일목요연하게 비교해볼 수 있다. 비록 이런 분류가 엄밀한 것이 되기는 어렵지만, 역사교육의 입론을 한 눈에 들어오게 하는 효과를 얻을 수 있다.

[그림 3]에서 I사분면은 x, y축의 두 가지 변수를 고려할 때, 주관성이 강한 내용지식을 사회과학교육의 입장에서 가르치는 역사교육을 말한다. 이런 교육은 자체가 형용모순이지만 현실적으로 존재한다. 예컨대 시를 가르치면서, 시인의 은유나 상징의 대상을 특정하여 외우게 하고, 이것을 시험으로 출제하는 상황을 생각하면 이해하기 쉽다. I사분면에 속하는 역사교육은, 역사의 본질과는 거리가 있지만 실제로 주관성이 강한 역사지식을 법칙처럼 만들어 가르치는 역사수업이다. 흔히 베테랑 교사라고 불리는

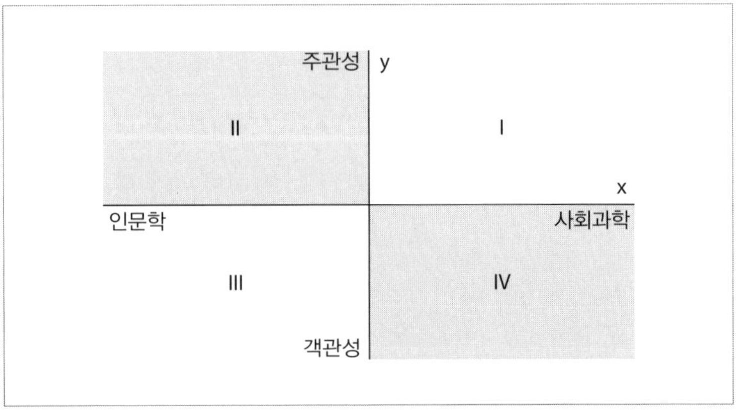

[그림 3] 역사학의 성격과 내용지식의 주·객관성에 따른 역사교육의 위치

노련한 교사(역사학자)가 입시를 앞두고 하는 역사수업이 이에 해당하는 수업으로 볼 수 있다. 주관적인 역사이지만 객관적인 대상으로 이루어진 정답을 찾아야 하는 역사수업이나, 국정교과서로 가르치는 역사수업의 형국이 I사분면에 해당되는 역사수업의 예이다.

II사분면에 속하는 역사교육은 주관성이 강한 내용지식을 인문학교육으로 가르치는 수업이다. 이것은 역사학의 인문학적 성격을 반영한 교육을 의미한다. 실제 수업에서 역사적 상상을 활용한 역사하기(doing history) 수업이나 사변적 역사철학자들의 보편사를 가르치는 수업이 여기에 해당되는 예일 것이다. 현실적으로 교사(역사가)가 자기의 역사적 견해의 배경이 되는 인식론을 학습자에게 드러내는 역사수업이나 역사의 허구적인 요소에 구애받지 않는 역사수업도 이에 해당된다. 역사교육은 감동의 눈물을 흘

리게 하는 이른바 '감루(感淚)의 역사'(송상헌 1999: 174)를 가르쳐야 한다고 하는 경우도 여기에 어울리는 역사교육이다.

그런데 감정이입이나 정념을 통한 역사교육이 역사교육의 본질적인 특성임에 틀림이 없지만, 이런 역사교육은 자칫하면 강력한 국가주의와 결합할 수 있다는 점에서 매우 위험한 면도 있다. 실제로 과거에 일본 군국주의하에서의 역사교육이나 독일 나치하의 역사교육은 감정이입과 같은 정념 위주의 역사교육으로 유명한데, 그것들이 바로 이런 역사교육으로서 II사분면에 해당한다.

III사분면은 인문학으로서의 역사학을 객관적인 지식으로 구성된 내용으로 만들어 가르치는 역사교육을 나타낸다. 이 역시 형용모순이지만 현실적으로 존재한다. 이것은 역사학의 인문학적 상상이나 그것을 통한 연구 결과를 내용지식으로 받아들이되, 그런 내용지식을 객관화하여 가르치는 역사교육을 말한다. 일반적으로 역사내용의 중요성을 강조하면서도, 교육방법은 객관적 지식 전달 교육으로 생각하는 역사교육이다.

이런 입장에 서는 교사는 내용지식을 객관적인 것으로 생각하기 때문에, 인식론적 배경을 가진 주관적 지식을 가르치기 위한 배려를 하지 않은 채, 객관적 대상을 가르치는 것처럼 가르치게 된다. 현실에서 이런 사례는 우리나라에서 위력을 발휘하고 있는, 학원의 유명 강사가 제공하는 수업에서 찾을 수 있다. 이 수업은 문제도 많지만, 나름의 장점 때문에 현실에서는 대단히 선호하는 역사교육이다.

IV사분면은 역사학을 사회과학으로, 역사를 사회과목으로 생각하는 역사교육으로, 원칙적으로 역사교육은 사회과학을 교육하는 원리와 같은 것이라고 보는 역사교육이다. 이른바 '사회과 역사'로서의 역사교육으로, 역사를 통해 사회과학의 주요 개념을 가르칠 수 있고, 사회과학을 가르치기 위한 자료의 저장고로서 역사를 활용하고자 하는 역사교육이다.(송상헌 2003: 90; 2005: 84-90)

역사교육의 사회과학적 성격에 대한 연구는 당연히 역사학의 사회과학적 특성에 주목한 것이다.(Krug 1967; Marwick 1970; Landes 1971; Chaffer 1973: Heater 1974; Banks 1977; 양병우 1987; Ravitch 1987; 길현모 1988; Gifford 1988; Schunke 1988; Braudel 1990; 정선영 1991) 이와 관련된 연구는 사회과교육 논의와 마찬가지로 탐구수업의 논리나 개념학습, 일반화와 의사결정 교육에 대한 논의 등이 이루어졌다.(정선영 1979; 1982; 1984; 김창성 1991; 윤세철 1993; 김한종 2000) 이런 경향의 연구는 대체로 사회과 속에 편제되어 있는 역사교과가 갖는 사회과와의 상호보충적인 성격을 밝히거나, 역사의 사회과에서의 공헌을 명료화하고자 하는 연구이다.(윤세철 1989: 233)

그렇지만 역사학을 사회과학으로 규정하는 것은, 역사학이 가진 본성의 한 측면만을 반영하는 것이기 때문에 그에 따른 한계가 있을 수밖에 없다. 특히 사회과 역사에서의 논의는 역사를 단순히 과거 사실이나 그것의 집합으로 여긴다는 점에서 문제점을 가지고 있다.(송상헌 2005: 106-107) 역사의 일면만을 톺아보아 사회과학이라고 하기 때문에 일면 타당한 면도 있지만, 본질적으로 역사를 가르치는 것이 사회과학을 가르치는 것과 같을 수는 없다. 사회과 역사를 주장하는 것은 '김부식은 사대주의자였다'라는 것과 '수요공급의 법칙'을 가르치는 것이 같은 원리에 근거한다고 주장하는 것과 같은 논리에 지나지 않기 때문이다.

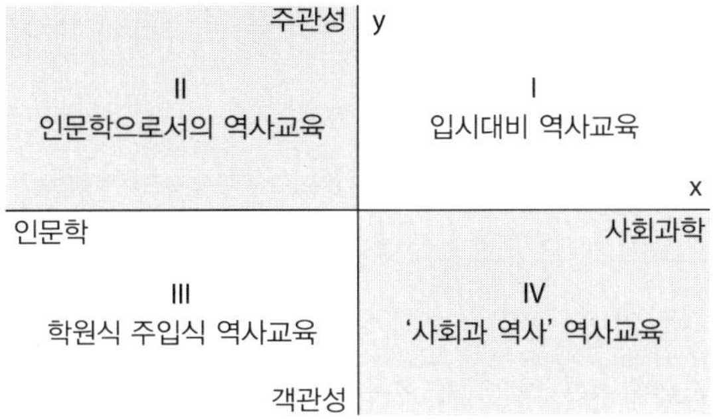

[그림 **4**] 역사교육 입론에 따른 분류

이런 여러 가지 종류의 역사교육을 정리하여 제시한다면 대개 역사학자인 교사가 입시를 앞둔 학습자를 능숙하게 가르치는 역사교육, 인문학으로서의 역사학을 강조하는 역사교육, 외우기 쉽고 이해하기 쉽게 어려운 역사내용을 주입하는 학원 강사의 역사교육, 사회과학적 개념을 가르치기 위한 역사를 강조하는 '사회과 역사' 역사교육 등이 각 사분면에 배정될 수 있다. 이를 [그림 3]에 의거하여 배징한 결과를 제시하면 [그림 4]와 같다.

[그림 4]에서 I사분면과 III사분면에 위치하는 역사교육은 교사의 처지와 입장에 따라 구분되기는 하지만, 현실에서는 큰 차이가 있는 것 같지 않다. 논리상 형용모순인 이런 역사교육이 현실에서는 가장 많이 행해진다는 점에서 역설적인 상황이라고 할 수 있다.

전형적인 역사교육은 II사분면에 위치하는 역사학의 인문학적 특성을 배려한 역사교육과, IV사분면에 위치하는 '사회과 역사' 역사교육이라고 할 수 있을 것이다. 지금까지 II사분면에 해당하는 연구는 상대적으로 많지 않았던 것으로 생각되는데, 그 원인은 아마도 나치 독일이나 군국주의 일본의 역사교육이 '감루의 역사'를 가르치는 역사교육이었다는 것에 대한 반성이나, 자민족에 대한 찬양이나 위인의 위대성을 중심으로 기술하는 역사교육(Elmer 1994: 270-311)의 문제, 소련에서의 역사왜곡 같은 편향된 역사교육에 대한 부정적인 인식 등에서 찾을 수 있을 있을 것이다.

일찍이 이런 편향된 역사나 지나친 자국 중심의 역사교육에 대한 비판이 제기된 바 있다. 예컨대 국내에서의 계급적 편향성 문제에 대한 비판(이순권 1983: 309-314)이나 유럽 중심주의나 과도한 국가주의적 입장에 대한 비판 등이 있었다.(西川正雄 1987: 264) 이런 비판은 역사가 가지는 자의적이고 주관적인 측면을 이용하여 역사를 호도하는 교육의 문제점을 지적하는 내용이다. 주관적인 역사교육은 교육방법 자체가 대중성을 갖기도 어렵고, 무엇보다 냉전 시기를 거치면서 이데올로기가 횡행하는 시대 배경 속에서 경험했던 자의적이고 편향된 역사교육에 대한 비판 때문에 보편적인 역사교육으로 자리 잡기 어려웠을 것이다.

그럼에도 불구하고 바람직한 역사교육은 II사분면에 위치한 역사교육이다. 흔히 편향적인 역사교육은 잘못된 것이며, 객관적이고 공정한 역사를 가르쳐야 한다고 주장한다. 그렇지만 그것은 역사의 본성에 입각한 역사교육을 오해한 주장일 수 있다. 역사는 본질적으로 주관성을 피할 수 없다는 점을 고려할 때, 역사교육은 주관성의 함정을 피할 수 없다는 결론이 나오지만, 해결책은 이를 회피하지 않고 오히려 적극적으로 그것을 인정하고 그 위에서 바람직한 역사교육을 모색하는 데서 찾을 수 있다.

역사교육을 연구하는 입장에서, 비록 전체주의 국가에서 국민동원을 위한 국가주의 이념교육이라는 아픈 기억 때문에 멀리해왔지만, 감정이입을 비롯해서 통찰에 이르는 인문학적 인식을 반영하는 역사교육 자체가 잘못된 것이라고 매도할 필요는 없다. 인문학으로서의 역사교육은 역사의 특성을 잘 가르칠 수 있는 바람직한 입장으로서, 오히려 적극적으로 추구해야 한다. 인류의 보편적 가치를 구현하는 미래전망을 바탕으로, 인간의 역사를 정감있게 가르친다는 의도만 있다면, 올바른 역사교육은 II사분면에서 찾을 수 있다.

2 역사 인식론교육

1) 새로운 교사관과 학생관

역사 인식론에 따른 역사교육에서 교사는 단순한 지식의 전달자가 아니라, 주어진 역사내용의 인식주체로서의 역할을 수행해야 하는 역사가이다. 교사가 인식주체로서의 역할을 적극적으로 수행한다는 것은 역사가와 학습자 사이에서 역사지식을 전하는 전달자라는 전통적인 교사관을 벗어나, 교사가 역사가로서의 역할을 감당해야 한다는 의미이다. 교사가 학습자에게 드러내 보여주는 역사 인식은 역사를 인식하는 주체의 인식을 그대로 보여주기 위한 것이다. 물론 이것이 교사는 반드시 역사가여야 한다거나, 역사교육의 현장에서 제시되는 모든 내용의 실제 인식의 주체가 교사여야 한다는 의미는 아니다. 교사는 역사가여도 좋고, 대행자라고 해도 좋다.

모든 역사에는 인식의 주체가 있기 마련이고, 그 주체가 행하는 인식의 틀이 역사서사에 반영되어 있으며, 거기에는 자신의 주장을 정당화하는 역사 인식이 포함되어 있게 마련이다. 그리고 교사도 자신의 역사를 서술하는 경우라면 당연히 역사가로서 역사 인식의 주체가 된다. 자신이 역사를 서술한 것이 아닐 경우에는 역사서술의 주체를 대행하는 역할을 해야 한다. 즉 교사는 스스로의 역사 인식을 학습자에게 제시하기도 하고, 다른 인식주체의 역사 인식을 대행하여 학습자에게 제시하기도 한다. 역사교육의 내용을 제시하는 교사는 자기의 역사 인식을 제시하는 경우는 물론이고, 다른 역사가의 역사 인식을 제시하는 경우에도, 그 인식주체의 역할을 그대로 드러낼 수 있어야 한다. 다시 말해 교사는 항상 역사교육의 내용으로 제시되는 역사 인식의 주체와 동일한 주체로 학습자에게 보이도록 역할을 수행해야 하는 것이다.

이런 면은 교사가 사실의 전달자가 아니라 역사가의 역할을 해야 한다는 것이며, 학습자에게는 역사가, 즉 역사 인식의 주체로 보여야 한다는 것을 의미한다. 이런 점에서 교사 자신이 역사가라면 매우 바람직하다. 보다 중요한 것은 교사가 다른 역사가의 역사 인식을 대행하기 위해, 그 역사가의 인식을 잘 이해해야 한다는 것이다. 인식론을 바탕으로 역사를 가르치기 위해서, 교사는 수많은 역사가의 연구 성과를 잘 알아야 하는 상당한 전문가여야만 한다. 역사교사의 이런 전문성은 교사양성대학의 커리큘럼 구성이 역사가가 되기 위한 것이면서, 동시에 수많은 역사가의 역사 인식을 알 수 있도록 구성되어야 한다는 것을 시사한다.

교사의 역할에 대해서 이와 같은 인식의 전환과 함께 학습자도 교사가 전수하는 지식을 수동적으로 전수받는 빈 그릇(empty vessel)이 아니라, 스스로 지식을 구성할 수 있는, 인식의 과정을 직접 수행하는 존재라고 보는 인식의 전환이 필요하다.(Bruner 1996:

57) 인식론 자체가 구성적이기도 하지만, 역사인식은 인식주체가 능동적으로 수행해서 얻은 결과이다. 사람은 환경과의 상호작용을 통해 능동적으로 지식을 재구성하는 존재이며, 역사가도 사관이나 관점 혹은 신념을 가지고 사실이나 사건을 능동적으로 구성하여 인식한다.(정선영 외 2001: 259) 이와 마찬가지로 학습자도 자신의 인식 틀을 가지고 역사지식을 능동적으로 구성하는 존재로 보아야 한다.

학습자를 능동적인 인식주체로 본다는 것은, 교사가 역사지식을 학습자에게 가르치는 것이 아니라 학습자 스스로 구성하도록 도와야 한다는 것을 의미한다. 이는 교사가 지식을 학습자에게 가르치는 것이 교육이라는 기존의 관념을 대체할 새로운 교육관, 학습자관의 필요성을 의미하는 것으로, 당연하면서도 획기적인 일이다.

2) 바람직한 목적성

일반적인 통념상 역사교육은 누가 주도하든 결국 특정 역사를 가르치게 마련인 교육활동의 하나이다. 그런데 그 특정 역사가 가지는 적연성(適然性, plausibility)의 정도를 따질 때 유의해야 하는 것은 그렇게 역사를 인식한 인식론적인 배경이다. 이런 역사의 인식론적 배경에 유의할 경우, 배우는 사람으로서는 인식주체의 의도에 따라 인식하는 모습을 체험할 수 있다면 매우 유익하다. 그러므로 역사를 인식론적 배경을 포함한 것으로 가르친다는 것은, 결국 인식주체의 역사 인식을 그대로 체험할 수 있게 해주는 것이다. 그런 점에서 자의적인 역사교육이라는 비판을 받을 수 있고, 실제로 인식주체의 역사인식을 주입하는 것으로 비칠 수도 있다. 나아가 강한 목적성을 띤 역사교육을 관철하는 수단이 될 수 있다는 비판을 받을 수도 있다.

그럼에도 불구하고 역사의 인식론적 배경에 유의해야 하는 이유는 두 가지이다. 하나는 주관성을 강조하는 역사교육이 오히려 역사의 본성을 충실하게 반영하는 교육이라는 점 때문이다. 역사를 인식한다는 것은 본래 주관성이 강한 일이고, 그것이 바로 역사의 본성이다. 역사가 가지는 인식론적 배경을 고려한다면, 역사교육은 불가피하게 주관성을 강조할 수밖에 없고, 인식 자체가 구성적인 성격을 가진 특성을 외면해서도 안 된다.

다른 하나는 이렇게 강한 목적성이나 주관성을 띠는 것이 오히려 바람직한 역사교육이 될 수 있다는 점 때문이다. 강한 목적성을 띤 역사교육은 일반적으로 바람직하지 않은 것으로 보지만, 대체로 그런 경우는 목적 자체가 보편적인 가치를 벗어난 경우에 한정된 것이다. 만약 인류의 보편적인 가치를 추구하는 것이 목적이라면, 목적성을 강하게 띠는 것이 나쁘기만 한 것은 아니다. 그리고 그런 목적을 가진다면 역사학이 가진 주관성은 오히려 적극적이고 긍정적인 의미로 해석할 수 있고, 그런 면을 살리는 역사교육이 바람직하다고 할 수 있다.

어쨌든 역사 인식론에 따른 역사교육이 강한 주관성을 가지는 것은 불가피한 일이다. 그렇다면 역사교육에서 역사가 가진 인식론적 성격 때문에 주관성이나 강한 목적성을 갖게 되는 데서 나오는 문제를 해결하는 방안은 어디서 찾을 수 있을까? 그것은 의외로 문제를 평범하게 수긍하는 것에서 찾을 수 있다. 우리가 역사를 주관적인 학문이라고 인정한다고 해서, 그것이 곧 역사교육은 자의적인 교육임을 인정하는 것이라고 단정할 필요는 없다. 또한 이러한 주관성을 과장하여 역사교육이 제멋대로 가르치는 교육이라고 비방하는 것도 바람직한 태도는 아니다. 왜냐하면 역사가는 다른 학문 종사자 못지않게 나름대로 엄격한 객관성을 확보하기 위해 노력하는 학자일 뿐만 아니라, 편향성이나 자의성을 방지하는 절차와 방법을 연구하고 실천하는 존재이기 때문이다. 마찬가지로 역사교사는 역사가의 주관성을 반영하는 것이 곧 자의적이거나 허구적인 역사를 가르치는 것으로 귀결되지 않도록 고민하고 노력하는 존재이기 때문이다. 그러므로 나쁜 목적성이 아니라 바람직한 목적성, 나쁜 편향성이 아니라 좋은 편향성을 적극적으로 모색한다는 긍정적인 자세를 갖는 것이 올바른 역사교육의 방향이다. 아울러 역사학이 인간의 행위를 연구하는 학문으로서 역사를 인식하는 주체와 대상이 합치된 통찰의 학문(조동일 1997: 302)이고, 그만큼 인식론적 특수성을 가지고 있다는 점에서 이를 가르치는 역사교육은 다른 교과와 다르다는 점에 유의해야 할 것이다.

3) 인식론교육

역사학의 연구 성과가 구성적인 인식론의 산물이기 때문에, 역사교육은 교육내용이 하나의 객관적인 실체로 주어질 수 없다는 점을 적극적으로 고려해야 한다. 역사교육의 '내용'은 객관적으로 고립된 하나의 대상이 아니라, 인식과정의 총체로서 간주되어야 한다. 따라서 역사교육은 역사가가 학문의 연구 과정에서 경험하는 인식 자체를 적극적으로 교육의 대상으로 끌어와 가르쳐야 한다. 역사교육의 내용은 역사가가 생산한 역사지식, 즉 객관적으로 주어지는 사실만이 아니라, 역사가가 역사를 인식하는 과정, 그리고 역사지식을 생산한 맥락을 가르쳐야 한다는 것이다.

이것은 물론 앞서 지적한 바 있는 절차지식을 가르쳐야 한다는 주장과 유사한 측면이 있다. 그러나 여기서 말하는 절차지식이라고 하는 것은 연구방법을 나타내는 단순한 절차가 아니라, 역사가의 통찰을 포함하는 총체적 인식이 포함된 것을 의미한다. 따라서 총체적 인식이 포함되어 있는 내용을 가르치는 역사교육은 일률적으로 적용할 수 있는 탐구 과정을 통해 일반화하는 교육과 다르다. 역사교육은 수학적 원리나 과학적 법칙을 가르치는 것과는 다른, 역사교육에 적합한 원리를 적용해야 하기 때문이다.(양호환 2000b: 14)

그렇다면 인식의 과정이 포함된 역사를 가르치는 데 적합한 역사교육은 무엇인가? 첫째, 역사교육은 학습자에게 객관적으로 주어지는 사실만을 가르치는 것이 아니라, 인식의 배경을 가진 실체로서, 사실에 접근하는 태도나 사고도 함께 가르치는 교과이다.

인식론적으로 제시된 역사는 개별적인 사실로서 주어진 것이 아니라, 역사가의 역사 인식론이 포함된 총체로서 주어지는 역사라고 보아야 한다.

인식의 문제에서 중요한 것은 인식주체이다. 역사교육에서 중요하게 취급되는 역사교과서는 서술의 주체가 일인칭 대명사인 '나'로 나타나지 않으며, 서술 내용은 실증적인 논리를 기조로 한다는 특성을 갖는다. 학습자나 독자는 이런 교과서 서술을 객관적 진리로 받아들이는 경향이 있는데, 그 이유는 인식주체인 서술주체가 나타나지 않기 때문이다.(양호환 1996: 4-11) 학습자는 교과서 서술 속에 감춰진(latent) 내용이나 어조(tone)를 통해 표현하는 방식처럼 저자의 의도가 개입되어 있다는 점을 모른 채 수용한다는 것이다.

여기서 서술주체, 즉 주어가 없다는 것이 역사교과서 서술의 문제로 지적되고 있다. 그런데 이를 뒤집어 보면 모든 역사서술은 저자의 의도가 반영된다는 것을 오히려 교과서 서술이 입증하고 있다고 볼 수 있다. 인식의 주체가 명시적으로 드러나느냐 드러나지 않느냐 하는 것은 문제의 핵심이 아니다. 역사교육의 내용으로서 주어지는 것 속에는 어떤 형태로든 이미 인식주체가 포함되어 있다. 말하자면 교과서 서술을 포함한 역사교육의 내용에서 인식주체가 명시적으로 드러나야 한다는 것은 부차적인 문제일 뿐이며, 정작 중요한 것은 어떤 역사서술이든 저자의 의도가 어김없이 반영될 수밖에 없다는 사실이다.

마찬가지로 인식론이 포함된 총체로서 내용을 제시할 때 서술에서의 수사적인 문제나 해석을 명시적으로 드러내는 문제는 부차적인 것에 불과하다. 서술에 주어가 명시된다거나 잠재된 해석의 의도를 드러내는 것이 인식론이 포함된 총체로서의 내용이 되기 위한 충분조건은 아니라는 것이다.

그렇다면 중요한 것은 무엇인가? 그것은 역사교육은 교과서로 상징되는 교육내용을 학습자에게 가르쳐주는 교육이라는 관점으로부터, 학습자가 교육의 내용을 스스로 구성하여 깨닫는 교육이라는 관점으로의 획기적인 전환이 필요하다는 점이다. 문제는 역사교육내용으로 제시된 서술 자체에 있는 것이 아니라, 그 서술을 읽는 독자나 학습자의 태도에 있기 때문이다. 어떤 서술이든 그 내용을 대하는 독자의 접근 태도나 인식의 방식이 문제의 핵심이다.

이런 의미에서 학습자나 독자는 역사서술이 본래 인식론이 포함된 총체라는 것을 깨닫는 것이 중요하다. 달리 말하면 역사교육에서 독자나 학습자는 역사적 사실만이 아니라 인식의 방식을 포함해서 역사를 인식하는 과정 자체를 학습해야 한다. 역사교육에서 애초부터 주어지는 내용은 과거를 그대로 기술(description)한 것이 아니라, 인식주체가 능동적으로 구성한 역사이기 때문이다. 그러므로 역사를 인식론적으로 교육하기 위해서는 교육에 대한 관점의 획기적인 전환과 학습자가 스스로 지식을 구성하려는 태도가 핵심과제이다.

둘째, 역사교육은 기능적 사고에서 다루지 않는 종합적 통찰과 같은 인식의 방식에 유의해야 하는 교과이다. 예를 들어 역사적 사고 속에 역사가가 사용하는 전망(前望, prospection)과 회고(retrospection)(Topolski 1987: 82) 혹은 내다봄(foresight)과 돌아봄

(hindsight)(Rogers 1984: 22)과 같은 인식방식에 유의할 필요가 있다. 지금까지 논의된 역사적 사고에 머물 것이 아니라. 회고를 통하여 수많은 사실 가운데 동일구조(isomorphism)를 찾아내어 지각하는 종합적 통찰로서의 역사적 사고(Rogers 1984: 27, 30; 조동일 1997: 303, 313)에 주목하자는 것이다. 종합적 통찰로서의 사고란, 역사를 인식할 때 필요한 어떤 부분적인 기능만을 의미하는 것은 아니다. 콜링우드는 역사 인식의 특징을 과거 사건에 대한 의미 있는 질문을 하는 것으로 보고 있는데(Collingwood 1961: 281), 이 또한 역사적 사고가 기능적 사고 이상의 성격을 갖는다는 점을 시사한 것이다.

역사적 사고는 대체로 다른 교과와는 구별되는 역사에서의 고유한 사고로 보아야 한다.(김한종 1997b: 316-318, 333-341) 기왕의 역사적 사고에 대한 연구는 사고 과정 자체의 분석을 통해 그 사고기능을 촉진시키기 위한 방안을 모색하는 것에 치중하는 경향이 있었다. 그러나 그런 연구는 사고의 기능을 순서화하거나 분류하는 것에 불과한 것이기 때문에 그렇게 순서화하거나 분류할 수 없는 인식론적 측면에 대한 연구가 보완되어야 한다.(양호환 2000b: 11) 사고를 기능적으로 분류하는 것은 역사학습의 목표와 내용을 체계화할 수 있는 근거를 마련해주어 학습영역을 다양화할 수 있다는 장점을 갖고 있는 반면에, 그것이 역사적 사고의 고유한 성격 모두를 나타낸 것은 아니라는 점에서 한계가 분명하다.(13) 그러므로 인식론으로서의 역사교육을 위해서는 역사적 사고에 대해, 기능으로서의 사고뿐 아니라 종합적 통찰로 일컬어지는 사고 방식이나 성격에 대한 고찰이 필요하다.

역사적 사고와 관련하여 절차지식을 강조하거나 탐구학습에 대한 논의도 보완해야 할 필요가 있다. 탐구절차나 사고 과정을 절차지식으로 간주하는 탐구학습이 과연 역사적 사고 과정을 그대로 반영하고 있는가 하는 점은 여전히 의문이다. 그리고 탐구학습이 과정을 중시한다고 하지만 다루는 내용지식의 성격을 무시하는 것은 문제다.(이영효 1997: 64) 인지발달이론에 대한 논의가 한 방향으로 수렴되는 것이 아니라 확산되는 양상을 보이는 것도 역사이해의 과정이나 양상이 그만큼 복잡하기 때문일 것이다.(양호환 1995b: 37) 여러 가지 점에서 역사적 사고의 인식론적 측면을 면밀하게 규명해야 할 필요가 있다.

셋째, 인식론교육으로서 역사교육은 학습자가 역사서술을 처음부터 인식론이 포함된 것으로 보고 접근하도록 안내해야 하는 교과이다. 이 경우 역사교육의 내용을 제공하는 역사서술은 구성적 인식론의 입장에서 인식론이 반영된 총체로서 제시되어야 한다. 그리고 그것을 가르친다고 하는 것은 학습자의 사고 속에 일반적인 사고 절차나 능력을 길러주기 위해 노력하는 것이라기보다, 학습자가 스스로 사고 능력을 계발(cultivation)하게 도와주는 것이다. 그러므로 학습자가 인식론이 반영된 내용을 통하여 학습하는 방법은 객관적 지식을 배우는 과정과 달리 학습자 스스로 터득할 수 있게 하는 것이 중요하다.

결국 역사교육은 학습자가, 교사나 역사가가 드러내는 역사인식을 보고, 스스로 통찰력을 계발하게 안내하는 교과라고 할 수 있다. 그렇게 해야 하는 이유는 원칙적으로 역사가가 역사를 인식하는 것은 정해진 일정한 절차를 따르는 것이 아니며, 다양한 역사적 사실 속에서 나름대로 의미 있는 역사를 구성해내는 과정으로서, 애초부터 정형화될 수 없는 것이기 때문이다.

따라서 같은 원리에서 보면 학습자의 역사 인식과정도 교사가 통제할 수 있는 대상이 아니다. 학습자가 통찰력을 배운다는 것은 교사나 역사가의 역사 인식과정을 내면화하여 통찰력을 얻는 과정일 뿐, 교사나 역사가의 역사인식을 일방적으로 받아들여 통찰력을 배우는 것이 아니기 때문이다. 학습자는 교사의 역사인식을 받아들이는 것이 아니라, 교사가 제시하는 역사 인식의 방식을 받아들일 뿐이다. 역사교육의 과정에서 학습자는 제시된 인식과정과 그 결과로 생긴 역사설명에 대해 적연성을 스스로 판단하게 된다. 그는 다른 사람이 인식을 통한 결과로서의 역사를 그대로 인식하면서, 그 적연성 판단은 학습자 각자의 몫으로 남게 되는 것이다.

결국 인식론으로서의 역사교육이란 교사(역사가)가 종합적 통찰로서의 사고와 그 결과물을 총체적으로 드러내면, 학습자나 독자는 그것을 전범(canon)으로 삼아 인식의 과정을 따라가 봄으로써, 스스로 역사구성 능력과 종합적 통찰력을 계발(cultivation)하는 것이라고 정의할 수 있다.

이와 같이 역사교육은 인문학의 성격을 갖는 역사학의 학문적 특성을 반영해야 하며, 그러기 위해서 인식론적 배경에 유의해야 하는 것이다. 따라서 역사 인식론에 따른 역사교육은 주관성이 강한 역사학이 가지는 인문학으로서의 본성을 고려하는 것이며, 객관적인 과학의 특성이나 정형화된 절차지식을 가르치는 교과와 다르게 이루어져야 한다. 그래서 역사 인식론을 중시하는 역사교육이란 역사가나 교사가 그들의 역사인식을 친절하게 드러내고, 학습자나 독자는 그것을 전범으로 삼아 스스로 역사를 구성하는 과정을 내면화하는 과정이 세련되게 이루어지도록 하는 것이 중요하다.

학습자의 능동성을 강조한 구성주의에서 학습자가 가진 선행 개념을 제거하는 것이 가능하지 않다는 연구가 있었지만(Wineburg 1991: 509), 그보다 중요한 것은 교사의 역할에 대한 것이다. 교사가 인식의 전범을 드러내는 인식주체의 역할을 해야 한다면, 구성적 인식론에 따라, 통찰력을 계발하는 과정은 학습자 스스로 알아서 모든 것을 하게 되는 과정이므로 교사의 역할은 필요 없는 것이 아닌지 의문이 생길 수 있다. 역사교육에서 교사의 역할을 매우 소극적이고 제한적인 것으로 규정할 가능성이 있는 것이다.

그렇지만 역사교육에서 교사의 역할은 여전히 중요하다. 과학 교과를 가르칠 때, 과학자가 연구 과정에서 수행하는 사고 과정이나 연구의 계기와 같은 이야기는 결정적인 요소로 제시하지 않는다. 특별한 경우를 제외하고는 실제로 그것을 제시할 필요도 없다. 과학 수업에서 중요한 것은 연구 결과로서의 법칙이나 실험 결과, 그리고 그것에 대한 과학적 설명의 과정일 것이다. 이에 비해 역사교육은 학습자가 스스로 인식하도록 연구결과만 제시하면 모든 것이 저절로 이루어지는 것은 아니다. 역사교육은 전문가의 연구 결과도 중요하지만, 그에 못지않게 그 결과가 산출되기까지의 사고 과정이나 연구의 계기와 같은 인식에 관계된 정보를 제공하는 것이 매우 중요하다. 여기에 교사의 역할은 대단히 중요하다.

인문학의 특성은 대자적인 것이어서, 인문학의 연구 성과를 독자 한 사람 한 사람에 이르기까지 이해하도록 하지 못하면 무용지물이다. 인문학교육은 비유컨대 자연과학처럼 제품을 이용하고 조작할 수 있게 만드는 데 목적이 있는 것이 아니라, 학습자 개개인이 적극적으로 이해할 수 있게 되지 않으면 무의미한 것이다.(김영민 1996: 281) 역사도 인문학인 이상 한 사람 한 사람이 모두 이해할 수 있게 해야 하는데, 문제는 '대중이 역사가'라고는 하지만, 상식의 차원에서 일반인이 전문가와 같이 역사를 스스로 인식할 능력을 가지고 있다는 것을 인정할 수 있느냐 하는 점에 있다. 여기서 전문가가 인식하는 역사의 인식과정은 일단 일반인의 일반적인 사고와 구별되는 사고일 것이다. 다른 말로 하면 역사를 인식하는 과정은 자연스럽거나 저절로 깨우치게 되는 것은 아니다.(Wineburg 2001: 7; Drake & Nelson 2005: 45) 요컨대 전문가로서의 역사가가 수행하는 역사적 사고는 적어도 일반인이 미처 몰랐거나, 알고 있다 하더라도 깨닫지 못하고 있는 것으로 보고, 이를 적극적으로 드러내는 조치가 필요하다. 이것이 역사교육에서 교사가 방관자로 머물 수 없는 이유이고, 교사의 역할이 중요한 이유이다.

또 하나 유의해야 하는 것은 인식주체가 스스로 역사를 구성하는 것이기는 하지만, 그 사고가 항상 같은 결과에 이르는 것으로 객관화하거나 일반화할 수 없다는 점이다. 달리 말하면 역사가의 인식과정은 객관적인 것으로 간주할 수 없는 것이고, 따라서 결과가 일정하게 도출되는 학문을 가르치는 것과 같은 방식으로 가르칠 수 있는 것이 아니라는 점에 유의할 필요가 있다.

넷째, 역사교육에서 가르치려고 하는 역사가의 사고는 역사가에 따라 개별적이고 특별한 방식을 통한 사고로서, 원리상 일반적인 사고 과정으로 일반화하여 가르칠 수 없는 것이다. 설령 일반적인 사고 과정으로 제시하려 노력하여 그것을 가르친다 해도, 그것으로 역사교육의 목적이 달성된다고 말하기 어렵다. 인식의 과정을 가르치는 방식도 그 과정을 일반화하여 가르치는 것이라면 의미가 없다. 역사교육에서는 근본적으로 그렇게 사고하는 태도를 길러주는 방법을 모색해야 하는데, 그것은 우선 역사지식을 인식론적 배경을 가진 것으로서 취급하는 태도를 갖게 하는 것이고, 가르치는 것도 일반화된 인식과정이 아니라 인식 자체가 되어야 한다.

이렇듯 역사교육은 학습자가 스스로 인식을 구성하는 과정을 인식해야 하는데, 이를 가르치는 아주 획기적인 방안이 따로 있을 수 없다. 최선의 방법이라고 해봐야 인식과정이 인식주체가 스스로 행하는 것임을 감안하여, 학습자에게 능동적인 인식과정을 촉진시키는 방법을 강구하는 정도이다. 그 방법은 전문가나 교사의 구성적 인식 자체를 학습자에게 드러내는 것이다. 왜냐하면 인식은 말로 설명해서 습득되는 것이 아니기 때문이다. 학습자는 드러난 인식 자체를 보고 스스로 내면화해야 한다.

인식론교육으로서의 역사교육은 지식구성이론에서도 그 기반을 확인할 수 있다. 구성주의 교육관에서 지식을 구성하는 방식에 대한 이론은 두 가지가 있다. 하나는 피아제(J. Piaget)가 생각한 것으로, 지식은 이전 지식의 변형, 조직화, 재조직화로 구성된다고 보는 견해이다. 다른 하나는 비고츠키(L. Vygotsky)가 생각한 것으로, 지식은 교수, 모델링, 지도 등을 통해서 학습을 시켜야 한다고 보는 견해이다.(Woolfolk 2003: 380)

이 가운데 인식론교육으로서의 역사교육에서는 계열의 선택이나, 직관과 통찰 등을 내면화하기 위해 적절한 도움이 필요하다. 이런 점에서 역사교육에서는 비고츠키의 견해가 적절해 보이는데, 특히 그의 근접발달영역(ZPD) 개념은 역사교육에 아주 잘 어울리는 인식의 방식이다. 학생들에게 도움을 주는 지도(scaffolding)는 역사 인식론교육에서 필수이기 때문이다. 아울러 이런 견해에 영감을 주는 교수학습이론은 교사의 인식 시범을 행동주의 관점이 아니라, 관찰학습이론의 관점에서 보는 인지적 도제이론(cognitive apprenticeship)과 같은 이론이다.(송상헌 2013: 25-29)

제4장

시간성과 통찰력

일반적인 시간 진행 과정은 과거와 현재, 그리고 미래의 범주로 구분된다. 역사는 기본적으로 과거를 다루는 학문이기는 하지만, 현재와 미래를 포함하는 세 가지 시간 범주로 이루어져 있다. 역사에서의 시간에 대한 문제를 다룬 데이비드 카(D. Carr)는 현상학에서의 시간개념을 차용하여 시간성의 개념으로 과거, 현재, 미래의 문제를 설명하고 있다.(1986: 22) 그는 의식(consciousness) 속에서 현재를 중심으로 미래와 과거라는 세 가지 시간대로 형성되는 시간지평(horizon)으로 시간성을 설명한다.

그는 공간적인 대상이 시각영역(visual field)에서 지각되는 것과 마찬가지로 시간은 과거, 현재, 미래로 형성되는 일종의 시간영역(temporal field)에서 경험되는 것이라고 설명한다. 그리고 이런 시간지평에서의 경험은 과거와 미래로 연결되어 있는 현재로서 경험되는 것이다. 이렇게 시간지평에서 역사를 인식하게 되면 과거와 미래가 현재를 중심으로 상호작용하는데, 이를 시간성(temporality)이라고 한다. 역사가는 시간성 속에서 회고와 전망이라는 인식방식을 통해 통찰력을 발휘하게 된다.

1 역사에서의 시간지평

1) 과거지향과 미래지향

시간을 의식한다는 것은 단순히 과거를 기억(remember)하거나 미래를 기대(expect)하는 것과 다르다. 후설(E. Husserl)의 현상학에 따르면, 미래지향과 과거지향이라는 개념을 도입하여 설명하는데, 시간을 의식한다는 것은 현재를 중심으로 과거지향(retention)으로 과거와 연결되어 있고, 동시에 미래지향(protention)으로 미래와 연결되어 형성되는 시간영역 내지 시간지평으로 설명할 수 있다고 한다.(1988: 119-120) 여기서 미래지향이란 미래사건을 계획하거나, 걱정하거나, 기대하거나, 생각하는 등 나타나지 않은 미래의 사건을 미리 당겨서 상기(call to mind)하는 것을 말한다. 과거지향이란 경험에 귀속되는 것으로서, 단순한 회상(recollection)과는 달리 과거 사건이 시·공간상에서 의미를 가진 대상으로 현재와 연결되어 나타나는 것을 말한다.

여기서 미래지향과 과거지향이 하는 역할은 시간지평을 형성하는 것인데, 우리가 공간 속에서 어떤 구체적인 대상을 볼 때, 대상만을 보는 것이 아니라 대상의 배경과 함께 인식하는 것과 마찬가지로, 우리가 시간적인 대상을 인식할 때 미래지향과 과거지향으로 형성된 시간지평을 배경으로 함께 인식한다는 것이다. 그리고 형상화(configuration)라는 개념을 도입하는데, 그것은 실제로 일어난 사실을 가지고 역사가가 의도한 대로 구성하여 형상을 갖추게 한다는 의미이다.(송상헌 2007: 23) 이렇게 본다면 과거, 현재, 미래는 서로 연관되어 있으며, 특히 과거와 미래는 현재의 배경을 이루고 있다는 것을 알 수 있다.

앞서 언급한 데이비드 카가 말하는 미래는 결정론적이면서도 개방적인 것이라는 점에 유의할 필요가 있다. 그의 개방적인 미래란, 시간지평에서 인식하는 미래의 경우는 현재에서 미래로 지향되어 있지만, 만약 지향되어 있지 않은 미래가 나타났을 때, 과거·현재·미래로 구성된 시간지평 자체가 수정된다는 것을 의미한다. 다시 말해 만약 미래지향의 시간지평에서 예상하지 않고 있던 미래가 나타난다면, 우리는 놀라거나 좌절할 수 있다는 것이다.

여기서 중요한 것은 미래와 현재 그리고 과거로 이루어지는 형성체의 성격이다. 만약 미래로서 상기하지 않은 것이 나타난다면, 시간지평 위에서 이루어진 형성체가 변화하게 되는데, 그것은 결국 과거를 변화시키는 것으로 귀결된다. 지금까지 과거지향으로 형성된 과거가 미래지향의 변화에 연동되어 변화하기 때문에 또 다른 시간지평이 만들어지고, 따라서 그 과거가 가지는 유의미성(significance) 역시 변화된다는 것이다. 그리고 과거지향에서 과거가 변화한다면 이번에도 역시 미래지향이 연동되어 변화하게 되고, 또 다른 시간지평이 만들어지게 된다. 그것은 당연히 새로운 형성체의 구성으로 연결되고, 새로운 미래지향이 나타나게 된다.

이와 똑같은 원리가 과거지향에서도 적용되는데, 만약 과거지향에서 과거가 변하는 계기가 주어진다면, 미래지향이 그에 연동되어 변화하게 되고, 결국 그것은 시간지평의 변화를 초래하여 지금까지와는 다른 전체의 일부분이 되면서, 역시 과거가 가지는 유의미성이 변화하게 된다. 이처럼 우리가 시간지평에서 인식하는 과거 혹은 미래는 과거지향 혹은 미래지향이 순환하면서 상호작용하여 결국은 전체 시간지평을 새롭게 변하게 한다는 점에 특징이 있다.

이런 사실에 비추어 우리는 한 시간지평 위에서 미래를 내가 만들어간다는 의미로서 기투(企投, project)의 성격을 갖는 '미래지향'과, 과거를 의미 있는 현재로 끌어당긴다는 의미의 '과거지향'으로 형성되는 시간성 개념을 바탕으로 역사를 인식한다는 것을 알 수 있다. 달리 말한다면 역사를 인식한다고 하는 것은 시간성의 범주에서 미래 쪽으로는 전망(前望)을 통해(prospectively), 그리고 과거 쪽으로는 회고를 통해(retrospectively) 조직하여 인식하는 것이다.(Carr 1986: 168) 현재를 중심으로 과거와 미래로 형성되는 시간지평은, 현재가 과거나 미래로 둘러싸이거나, 현재를 드러나게 만드는 일종의 배경으로 구성되어 있다.

요컨대 시간지평은 만약 투사한 미래가 충족되지 않게 된다면, 거슬러 올라가 과거를 개정하여 다른 어떤 의미를 가진 것으로 이해하게 만들며, 과거지향으로 과거가 가진 의미가 개정되면, 미래전망에 따른 미래가 변화하여 이것 역시 시간지평 자체를 변하게 만든다. 이와 같이 시간성의 범주에서 과거지향과 미래지향

개념을 통해, 우리는 과거·현재·미래가 밀접하게 연관되어 있고, 현재와 미래는 과거의 인식에 중요한 의미를 가지며, 아울러 과거는 현재와 미래의 인식에 중요한 의미를 가진다는 사실을 알 수 있다.

2) 시간성

토폴스키(J. Topolski)는 시간성(temporality)을 시간전망(展望) 개념으로 설명한다. 그가 말하는 시간전망(temporal perspective)이란, 역사가가 고려하고 있는 사건보다 앞서 일어난 사건과 뒤에 전개된 결과를 모두 알고 있을 때 가질 수 있는 전망을 말한다. 그는 특정 시점의 역사적 사건을 서술하기 위해서는 그 사건 이전의 것을 알아보는 '회고적인 전망(retrospective perspective)'과 이후의 것을 알아보는 '전망적(前望的)인 전망(prospective perspective)'을 가져야 하며, 이를 시간전망이라고 종합하여 표현하였다.(1987: 81) 밍크(L. Mink)도 역사적 설명에는 어떤 전망이 요구되는데, 그것은 미래에 대한 내다봄(foresight)과 과거에 대한 돌아봄(hindsight)으로 형성된다고 보았다.(1987: 72)

토폴스키가 말하는 시간전망 개념을 통해 알게 된 지식은 역사서사에서 사건을 선별하여 배열할 수 있게 해주는 역할을 한다. 이러한 시간전망 아래 역사를 정리하게 되면 그만큼 역사서술은 정합성(coherence)이 높아진다. 아울러 역사에서 이러한 시간성의 문제가 중요하게 취급되는 이유는 역시 역사가가 가지고 있는 현재의 처지와 미래에 대한 전망이 과거의 파악에 영향을 주고, 또한 과거에 대한 회고가 미래에 대한 전망에 영향을 주기 때문이다.

에드워드 카(E. H. Carr)도 과거, 현재, 미래라는 3개의 시간 범주를 포괄하여 사고하고 있는데, 그 역시 이런 시간 범주 속에서 미래의 중요성을 지적하고 있다. 그의 표현에 의하면 역사에서의 절대자(the absolute)는 과거 속에 있는 어떤 것이 아니고, 현재 속에 있는 어떤 것도 아니다. 그것은 아직 완성되지 않은 생성도상에 있는 어떤 것이며, 우리가 나아가는 미래 속에 있는 것이다. 그것은 우리가 향해서 전진해나감에 따라 비로소 모양을 갖추기 시작하는 것이며, 그에 따라 과거에 대한 해석도 점차로 형성되는 것이다.(Carr 1961: 121) 한마디로 미래가 과거를 해석하는 열쇠를 제공한다고 보는 것이다. 결국 그가 보기에 역사를 설명한다는 것은 과거로서 미래를 조명하고, 미래로서 과거를 조명하는 것이다. 그러므로 그는 "역사는 과거의 여러 사건들과 점차적으로 출현하게 될 미래의 여러 목적들과의 대화이다"(Carr 1961: 123)라고 표현한 것이다.

에드워드 카가 미래가 영향을 주는 방식에 대해 설명한 것에 따르면, 역사가가 과거 가운데 의미가 있다고 보거나 적절하다고 보는 것을 선택할 때, 그가 가진 목표가 작용하게 되는데, 이 목표에서 새로운 목표가 출현하게 되면, 그에 따라 역사가의 선택 기준은 부단히 수정되고 진화되어간다. 이런 속에서 역사가는 넓고 깊은 통찰을 하는 것이고, 그러기 위해 과거에 대한 나름의 견해를 구성해야 하는데, 그것은 바로 미래에 대한 견해로부터 나오게 된다는 것이다.

딜타이(W. Dilthey)는 과거와 현재를 역사로 만들어주는 것이 결국 미래라는 점을 부각시킨 대표적인 인물로 평가된다.(이상신 2001: 324-325) 그에 의하면 우리의 삶에서 현재는 과거에 관한 관념을 기억 속에 가지고 있는 것이면서 미래에 관한 관념도 상상 속에 포괄하고 있는 것이다. 역사 속 개별 순간들의 의미는 미래와의 관련 속에서 파악되는 것으로서, 미래와 결속되는 순간에 비로소 역사적 의미를 부여받는다. 따라서 중요한 것은 미래이다. 달리 말하면 부분의 관계가 파악될 수 있는 전체를 조망하기 위해서는 역사의 목적이라고 표현될 수 있는 미래가 필요한 것이다.

뢰비트(K. Löwith)는 역사는 시간적인 운동이므로, 그 목적은 이룩되어야 할 바로서, 미래에 놓여 있다는 사실을 들고 있다. 개별 사건이나 일련의 사건들이 가지는 자체로서의 의미와 목표는 목적이 알려질 때만 가능한 일이다. 그러므로 사건의 의미를 말하기 위해서는 먼저 미래의 목적이 명확하게 규정되어야 한다. 그리고 최종 목표를 위한 시간지평은 종말론적 미래이며, 오직 기대와 희망에 의해서만 존재하는 것이다.(Löwith 1949: 5-6)

이와 같이 역사의 인식에서 시간성이란 미래가 바탕이 되어 과거와 현재에 영향을 주는 것이라고 정리할 수 있다. 물론 역사 이해는 일반적으로 현재로부터 과거로, 지난 시대로 거슬러 올라가면서(regressively) 이해된다.(Löwith 1949: 2) 그렇지만 역사의 의미는 현재에서가 아니라 미래에 가서야 채워질 수 있는 것이고, 따라서 역사이해의 기점은 현재가 아니라 미래가 된다. 시간성의 관점으로 볼 때 미래는 역사의 특징으로 지적되는 회고의 출발점이 된다는 점에서 역사인식에서 매우 중요한 의미를 갖는다.

2 미래전망의 역할

1) 지나간 미래

역사가가 가진 미래는 단순히 미래라는 의미만 있는 것이 아니라, 지나간 미래와 다가오는 미래라는 두 종류가 존재한다. 과거 사람들이 미래를 지향했을 때, 그들이 전망하면서 지니고 있던 미래의식은 현재 사람들에게는 지나간 미래가 된다. 과거의 역사는 이 지나간 미래가 작용했던 영역을 포함하고 있다.

역사가들의 미래의식은 인식이론에서 보면, 과거 사실들을 선택하고 해석하는 데 영향을 준다. 역사가들이 서술한 과거 사실은 그 역사가들이 가지고 있는 미래의식에 의해 영향을 받은 것이고, 하나의 역사적 사실은 역사가가 자신의 미래를 어떻게 전망하여 의식하고 있는가에 따라 다르게 서술될 수 있는 것이다.(이상신 2001: 320-321)

그러므로 우리는 사료 속에서 서술되거나 해석되어 있는 과거 사실에 대한 면밀한 분석을 통해, 과거 행위자(agent)들의 미래의식을 파악해야 하고, 또한 그런 미래의식을 갖게 된 당시의 역사적 상황을 파악할 필요가 있다. 그것은 과거 행위자들이 과거와 현재에 대해 어째서 그러한 의미를 부여했는가를 파악하는 작업인데, 그들이 전망했던 미래에서 실마리를 찾을 수 있다. 이와 같이 지나간 미래는 과거에 접근하여 역사를 파악하는 데 기여하는 바가 매우 크다.

실제로 지나간 미래는 오늘의 역사가에게 과거이므로, 현재 역사가는 과거인이 미래에 대해 아는 것보다 더 많이 알 수 있는 유리한 위치에 있는 존재이다. 현재에 서 있는 역사가는 지나간 미래에 대한 경험과 연구를 통해, 그리고 자신의 현재인식을 가지고, 과거 사람들이 모호하게 전망하고 있었거나, 그들이 미래지향으로 가지고 있던 것과는 다르게 전개되어온 미래를 구체적이고 사실적으로 파악할 수 있는 것이다.(Erdmann 1964: 46. 이상신 2001: 321 주 37에서 재인용)

물론 과거에 살았던 당대인들이나 역사가들이 그들의 미래를 항상 명확하거나 정확하게 전망한다는 것은 아니다. 역사의 진행은 행위자의 의도와는 다르게 전개되는 경우가 많이 있기 때문이다. 예컨대 오늘의 역사가가 16세기 종교개혁가들의 기대와 미래전망을 그들이 오직 근대사회를 기대하고 전망하면서 행동했던 것으로 이해할 수도 있다. 그러나 오늘의 역사가는 하나의 미래를 전망했던 과거를 해당시대로부터 파악하는 일과, 그 후로 전개되었던 것들을 참고하여 파악하는 일이 가능하다. 즉 그 이후의 역사에 관한 지식을 근거로 해서, 그들이 기대하거나 전망했던 것이 얼마나 현실적이거나 비현실적이었는지, 이상적인 것이었는지 함께 파악할 수 있는 것이다. 그러므로 오늘의 역사가는 16세기 종교개혁가들이 근대를 전망했다는 이해가 잘못된 것임을 알아낼 수 있다.

만약 당대인이 역사가였다면 이러한 작업은 역사가들의 시대의식과 사상을 해명해보는, 사학사 연구의 대상이 될 것이다. 역사학의 역사는 역사가들의 미래전망이 시대전환 속에서 어떻게 변화되었는지 잘 보여준다.(Erdmann 1964: 56. 이상신 2001: 323 주 43에서 재인용) 이러한 지나간 미래에 대한 인식은 현재에 서 있는 역사가가 미래를 전망하는 데 중요한 참조를 제공한다. 지나간 미래에 대한 인식의 경험을 통해서 마련된 문법은 현재로 그대로 옮겨 적용할 수 있고, 그렇게 되면 미래를 인식하는 데, 즉 미래전망에 큰 도움을 받을 수 있는 것이다.

2) 미래전망

역사가의 미래전망은 현재를 인식하는 기능 못지않게 중요한 역할을 한다. 에드워드 카는 자신의 전망을 미래에 투사할 수 있는 능력을 지니고 있는 역사가는 자기 위치에만 안목이 국한되어 있는 역사가에 비해 과거에 대해 더 깊고 더 영속적인 통찰력을 발휘할 수 있다는 점을 지적한 바 있다. 그래서 그는 과거를 취급하는 역사가라 할지라도, 그가 미래에 대한 이해에 접근할 수 있어야만 비로소 객관성에 접근할 수 있다고 보았다.(Carr 1961: 194) 이처럼 미래에 대한 이해가 미래의 가능성에 대한 전망으로서, 과거와 현재를 보다 더 잘 해명할 수 있는 전제조건이 된다. 미래전망은 과거이해를 위한 하나의 필수적인 수단이자 방법인 것이다. 역사란 인간이 미래를 의식하고 전망하면서 준비하는 가운데 형성되는 것이고, 미래가 의식되는 만큼 역사서술도 보다 더 명확해질 수 있다. 그러므로 역사가에게는 미래전망이 중요하며 이를 명확히 할 필요가 있다.

미래전망은 미래가 과거와 현재와의 연속성 속에서 사고될 수 있도록, 현재인식의 위에 세워야 한다. 이러한 미래전망은 현존재로서의 역사가의 한계를 줄여주고, 과거 연구를 보다 더 풍부하게 만들어줄 수 있다. 미래전망과 현재인식은 소급을 통해 과거이해의 문을 열어주는 작용을 하고, 또한 과거이해를 돕는 작용을 할 수 있기 때문이다. 역사가는 모든 연구 대상을 해당 시대에서의 과거와 현재, 그리고 미래를 한꺼번에 사고하면서 분석함으로써, 과거와 현재에 대한 역사서술의 방향을 안내받을 수 있다.(이상신 2001: 332-333)

그렇다면 구체적으로 미래전망은 어떻게 구성되는가. 역사에서의 미래는 종교적인 것이거나 예언과 같은 것은 아니며 (Hobsbawm 1997: 79), 그렇게 생각해서도 안 된다. 미래전망은 역사적 사고 속에서 '구성'되어야 하는 것이기 때문이다. 과거로부터 형성되는 현재에 대한 인식은 현재를 사는 역사가의 미래의식을 역사적인 것으로 만들어 줄 수 있다. 뒤로는 과거에 대한 기억을 통해, 그리고 앞으로는 미래에 대한 희망으로 우리들 현존재의 한정된, 제한적인 사고 능력을 확대할 수 있게 해주기 때문이다.(Erdmann 1964: 46. 이상신, 2001: 321 주 37에서 재인용)

인간은 자신의 과거와 미래와의 긴장관계 속에서 현재의 자신을 의식한다. 이것은 인간이 자신을 역사적 인식의 대상으로 삼을 수 있는 존재라는 것을 의미한다. 그리고 현재와 미래와의 통일성 속에서 현재인식을 근거로 미래의식을 세우는 역사가가 과거를 해명하는 데 있어 보다 더 많은 가능성을 펼칠 수 있다. 미래는 우리가 기대할 때만 존재하는 것이며, 우리가 의식하지 않을 때는 기대도 전망도 되지 않는 그런 것이다. 과거에 대한 해석과 판단이 단순히 미래의식에 의해 결정되어서는 안 되지만, 미래가 기대도, 전망도 되지 않을 때, 역사연구는 의미가 없는 것이다. 역사라는 세계는 우리가 미래를 의식할 때, 비로소 발견될 수 있는 그런 것이기 때문이다.

현재인식이 이루어지는 곳에서는 미래전망이 형성되어 있고, 또한 현재인식이 과거에 대한 이해를 내포하고 있는 한, 미래전망은 이미 역사적 사고 속에 위치하고 있으면서 인식행위에 참여하고 있는 셈이다. 현상학에서는 인간을 미래로부터 그 자신으로 오는 존재이며, 자기의 목표에 의해 정의되는 존재라고 본다. 내가 스스로에게 부과한, 또는 내가 계획한 목적들이 거꾸로 내 현재 상황으로 되돌아와, 그 상황을 밝혀주고 변형시킨다는 것이다.(Thévenaz 1982: 69) 이와 같이 미래전망에 참여하는 것은 인식을 더욱 확대하고 풍부하게 만든다.

역사가의 연구영역은 과거이지만, 연구의 진행은 그 양식과 방법에 있어서 그에게 공명되고 있는 미래에 대한 질문을 통해 결정된다.(이상신 2001: 317-318) 실제로 역사가가 미래를 의식하게 되면, 그가 해명하고자 하는 바를 과거와 현재와의 연속성 속에서 설정할 수 있게 하며, 따라서 그의 작업을 더욱 풍부하게 만들어준다. 또한 미래를 의식하게 되면 현재인식이 과거이해를 회고적으로 가능하게 하듯이, 마찬가지로 현재인식의 한계를 허물어주고, 과거에 대한 역사학적 질문들을 풍부하게 설정할 수 있도록 만들어준다. 역사서술이란 이런 미래를 의식하는 것이 작용하여 이루어지는 것이다. 아울러 지나간 미래를 인식해본 경험에서 생기는 문법을 통해서 미래전망은 역사가에게 익숙하게 다가올 수 있다. 그런 점에서 역사가는 과거 속에 있는 지나간 미래의 인식을 미래로 확장하는 존재이기도 하며, 실속 있는 미래의 역사상을 그릴 수 있는 존재이기도 하다.

3 역사가의 통찰력

역사서술의 대상은 과거이지만, 현재나 미래라고 해서 역사서술의 대상에서 제외되는 것은 아니다. 특히 격변의 시기에 역사가들은 현재를 역사적으로 인식하려 노력하기 때문에, 현재 일어나고 있는 바를 역사로 취급하려는 것은 당연한 일이다. 그렇지만 현재는 과거와 달리 자료가 충분하지 않기 때문에 상대적으로 인식가능성은 낮다. 그럼에도 불구하고 역사연구란 어떤 의미에서 현재 인식으로부터 출발하여 과거를 이해하는 것으로 나아가는 것이라는 점에서 현재의 인식은 매우 중요하다. 드로이젠(J. G. Droysen)이나 크로체(B. Croce), 에드워드 카 등은 물론이고, 객관주의적 역사가로 분류되는 랑케(L. Ranke)까지도, 현재를 모르고서는 과거에 대한 지식은 불완전하며 과거에 관한 지식 없이는 현재에 관한 이해도 있을 수 없다고 본다. 이처럼 역사이해는 현재를 관찰하면서 출발하며, 역사가의 이해과정도 현재로부터 시작하여 과거로 나아가는 것으로 볼 수 있다.(이상신 2001: 309-313)

역사의 특징 가운데 가장 두드러진 면은 그 입각점이 미래이든 현재이든 회고(retrospect)를 통해 과거 쪽으로 바라본다는 점이다. 그래서 역사는 사후적인 평가이고 판단이라고 하는 것이다. 이런 특징은 역사의 한계이면서도 역사학의 가능성을 여는 단초이다.

역사가가 유리한 입장에 있는 이유는 과거 사건의 참여자가 아니라 관찰자이기 때문이며, 취급하는 사건의 이전은 물론이고 이후에 일어난 사건을 모두 알고 있기 때문이다. 따라서 역사가는 당대인에 비하여 월등한 통찰력을 가질 수 있는 것이다.(Burston 1972: 138) 역사가는 회고 혹은 돌아봄 등을 통하여 통찰력을 높일 수 있고, 한편으로는 그것들을 통하여 그가 가진 통찰력을 발휘할 수 있다. '모든 역사는 현재의 역사', '역사가는 자기가 사는 당대의 역사적 맥락의 소산'이라는 말은 과거의 역사는 끊임없이 재해석되고 새롭게 의미가 부여되는 것이라는 의미이다. 역사의 이런 측면은 본질적으로 역사의 회고적 성격에서 비롯된다고 말할 수 있는데, 이는 역사학의 가장 두드러진 특징이고 역사학이 가진 본성의 일단이라고 할 수 있다.

그렇지만 회고적 성격은 역사학에 대해서 약점이나 문제점으로 작용하기도 한다. 회고란 엄밀하게 말하면, 현재인의 관점에서 과거를 보는 것이다. 당대인의 관점에서 당대의 역사를 보아야 올바른 것인데, 현재인의 관점을 가지고 지난 시대의 역사를 보는 것은 불합리한 일이다. 아울러 역사가는 현재 진행 중인 사건에 한정한다면 남다른 안목을 가지고 있는 것도 아니다.

문제는 시간전망을 가지고 있느냐 하는 것인데, 시사 해설가와 역사가를 비교해보면 시간전망이 가지는 의미를 잘 알 수 있다. 현재에 살고 있는 시사 해설가가 현재의 경향을 해설할 수 있는 이유는, 이전의 사건을 참고하면서 문제된 사건의 진행을 잘 볼 수 있기 때문이다. 그러나 그는 사건의 기원과 발전 과정을 거슬러 올라가 추적할 수는 있으나, 그 사건이 결과적으로 어떻게 작용할지는 알 수 없다. 결과에 대한 정보를 가지고 있지 못한 것이다.(Walsh 1967b: 66-67) 예컨대 현대의 시사 해설가는 뉴욕의 동시다발적 테러가 왜 일어났으며, 어떻게 전개될 것인지는 해설하고 예측할 수 있으나, 그것이 3차 대전으로 비화될지, 종교 간의 충돌로 비화될지, 새로운 세계질서의 수립으로 이어질지는 알 수 없다. 역사의 탐구나 역사가의 지식은 과거의 사건뿐만 아니라 그 사건의 결과를 안 연후에 가능한 것이기 때문에, 이 문제에 관한 한 역사가도 시사 해설가와 다를 바가 없다.(Rogers 1984: 22)

그러나 그것이 현재 일어나는 일이 아니라 과거에 일어난 일이라면 처지가 달라진다. 역사가는 과거에 일어난 일을 당시 상황을 충분히 이해하면서 말할 수 있는 위치에 있으며, 관심을 가진 사건의 과정(process)이 어떻게 전개될 것인지 확실히 의식하면서, 역사의 제 관계를 추적할 수 있다. 역사가는 과거에 어떤 일이 일어났었다는 것을 알 뿐만 아니라, 그 후에 어떤 일이 일어났는지 알고 있다는 이점을 가지고 판단한다. 그러기 때문에 역사가는 합리적인 근거 위에서 과거를 기술할 수 있는 것이다.

현재의 사건인 경우에도 지나간 미래를 통해 얻은 문법을 활용하는 역사가는 역사적인 전망으로 미래를 바라보기 때문에, 시사 해설가보다 정확하고 의미 있는 해설을 할 가능성이 크다. 무엇보다도 역사가는 과거는 물론 미래의 경우라도 회고를 통해 접근한다는 점에서 아주 유리한 입장에 있으며, 그것이 역사가가 가진 두드러진 장점이자 특성이기도 하다.

역사가는 역사 속의 행위자 입장이 되어보려고 하는 노력이 필요한 것은 사실이지만, 엄밀하게 따진다면 그것은 이상이나 희망사항에 불과할 수 있다. 오크쇼트(M. Oakeshott)의 주장과 같이, 과거는 나의 과거(my past)와 일반적인 의미에서의 과거(the past)로 구분되지만, 순수한 과거라는 의미의 역사적 과거(historical past)는 성립하기 어려운 것이기 때문이다.(1962: 142-146; 1983: 20) 또한 역사를 알려고 할 때, 본질적으로 추구하는 목표가 순수하게 당대의 모습인 역사적 과거를 재현하는 것에 있는 것도 아니다. 그런 의미에서 역사가의 기술이 반드시 당대인의 입장에서 당대인이 이해할 수 있는 것이어야 한다고 주장할 필요는 없다.(Walsh 1967b: 79-80)

언어의 문제를 예로 든다면, 역사를 서술하기 위해 언어를 사용해야 하는데, 현재의 언어에서 사용하는 어휘로 과거를 설명하는 것은 불가피하다. 예컨대 우리가 로마의 한 시대를 심각한 재정적 위기를 겪은 시대라고 말하거나, 소피스트 시대를 그리스의 계몽주의 시대라고 말할 때처럼, 과거의 한 시대에 대해 요약 기술하는 경우, 현재의 우리만이 이해할 수 있는 어휘와 개념으로 표현한 것은 심각한 문제가 되지 않는다.(Walsh 1967b: 75) 역사적 과거를 주장하는 것은 역사학의 이상(ideal)을 표현한 것에 불과한 것이라는 지적도 있지만(76), 역사를 학습하려는 처지에서는 이런 이상에만 머물 필요는 더더욱 없다고 할 수 있다.

현재에 서 있는 역사가는 과거에 대한 이해를 바탕으로, 인식의 범위를 미래로 얼마든지 확장할 수 있다. 역사가가 회고와 전망을 동시에 사용하는 탐구방식을 구사할 수 있는 것은 과거·현재·미래로 형성되는 시간지평을 통하기 때문이다. 앞서 살펴보았듯이 시간지평 위에서 현재와 미래는 과거의 이해에 영향을 준다. 동시에 현재와 과거는 미래에 영향을 준다. 이를 다른 말로 표현하면, 역사는 현재와 미래의 기대나 희망을 염두에 두고 과거를 파악하는 것으로서, 객관적인 과거 사실을 파악하는 것으로 끝나지 않는 것이다. 이런 점에서 역사는 과거에 관한 이야기와 상당한 거리가 있는 이야기인 것이다. 따라서 시간지평을 형성하고, 그 지평 위에서 시간성을 거론하는 것 자체가 역사가가 가지고 있는 통찰력의 기원인 셈이다.

제5장

역사연구와 인식의 방식

역사에서는 앞으로 내다보는 전망과 뒤로 돌아보는 회고의 인식 방법이 활용된다. 여기서 전망은 회고를 하기 위한 토대가 되고, 회고는 전망을 토대로 과거를 파악하기 위해 거슬러 올라가서 과거를 시야에 넣어 판단하고 평가하는 것이다.

실제로 역사가의 회고는 역사연구의 유용한 수단이다. 회고는 그가 역사적 사실을 선택하고 해석하며, 과거의 사실들을 계서화(階序化)하는 근거를 제공하기 때문이다.(Rogers 1984: 23) 아울러 회고를 통해 정리된 역사는 미래에 대한 전망과의 상호 작용을 통하여 정리된 결과이다. 역사연구에서 인식의 방식으로 거론되는 것은 이러한 회고 이외에 회고와 관련되는 계속성이 있는 계열의 설정 문제, 과거에 생기를 불어넣는 예술가로서의 역사가의 면모, 그리고 중요성 판단 기준 등이 있다.

1 계열의 설정

역사가는 작업을 시작하기 위해 우선 역사적 사건이나 인물(의 행위) 등을 선택해야 하고, 선택 이후에는 그들을 어떤 순서로 배열할 것인가, 즉 어떤 계열(sequence)을 기반으로 서술할 것인가를 결정해야 한다. 그런데 선택과 배열의 순서를 결정하기 이전에 그는 이미 사건을 계기성 있게 서술하기 위한 계속성(continuity) 있는 계열에 대한 아이디어를 가지고 있어야 한다.[1] 그래야 그것에 맞게 연관된 사건을 선택하고, 사건이나 사실이 가지는 중요성이나 유의미성(significance)을 판단하여 배열할 수 있기 때문이다. 물론 이 과정에서 통상적으로 역사가는 개인의 행위만을 검토하는 것이 아니라 개인, 집단, 정당, 기구, 그리고 사상과 같은 복합적인 측면을 가진 세계를 대상으로 놓고 연구한다. 따라서 계속성에 대한 아이디어는 역사가가 의미 있는 역사연구를 하기 위한 출발점

1 계속성을 찾아내기 위한 아이디어를 일컫는 개념은 매우 다양하게 제시되었다. 로저스(P. J. Rogers)가 말하는 준거기준(frame of reference)이나 월시(W. H. Walsh)가 말하는 전제(presupposition), 레몬(M. C. Lemon)이 말하는 계열(sequence) 등이 그것이다.

이자 필요 불가결한 것이다.

역사연구의 이런 측면은 역사가가 연구 결과를 산출하는 과정을 보면 잘 드러난다. 통상 역사가는 자료를 검토해보고 나서 그것의 적용 가능성을 가늠해보고, 그것을 이용하여 역사를 서술한다고 말한다. 그렇지만 사실은 자료가 출현하더라도 그 자료가 자신이 이미 가지고 있는 계속성의 아이디어에 얼마나 참조성이 있는지 먼저 판단하고 나서 역사를 서술하는 경우가 많다. 어떤 역사가도 가공되지 않은 자료(raw material)에서 곧바로 연구를 시작하지 않는다. 역사가는 이미 자신의 셈법(accounts)을 가지고 있다고 보아야 하고, 그 셈법에 의거하여 역사연구를 시작하는 것이 일반적이다.(Mandelbaum 1980: 43)

그럼에도 불구하고 흔히 역사가들은 자료를 보고 나서 자신의 연구 주제를 정했으며, 그 결과로 역사를 서술했다고 말한다. 그리고 논문 형태로 제시되는 역사가의 연구 성과를 보면 자료에서 연역하거나 추론한 결과를 가지고 역사를 설명하고 서술한다. 그러나 그런 경우도 많지만, 오히려 반대의 절차를 밟는 경우가 더 많다.[2] 어쩌면 역사가는 자료를 대하기 이전에, 이미 어떤 계열에 대한 아이디어를 가지고 있다고 보는 것이 정확한 지적일 수 있다. 역사가는 자료를 섭렵할 때 자신이 주장하려는 것의 윤곽이

2 역사적 사고에 대한 논의에서 역사적 사고를 역사가의 사고라고 규정하는 것이나 역사탐구 순서를 일반화해서 가르치는 것이 가지는 문제점은, 논문에 나타난 사고나 탐구 순서는 역사가의 진정한 사고나 탐구 순서가 아닌데도 그것을 역사가의 사고나 탐구 순서로 생각하고 적용하려 하기 때문에 발생한다. 역사가의 사고는 역사가가 연구의 아이디어를 내고 이에 이어지는 사고로서, 일반화하기 어려운 성질의 것이며, 탐구 과정 역시 실제 연구 과정으로 일반화할 수 없는 것이다.

이미 머리 속에 있고, 자료 가운데 자신의 주장을 뒷받침할 수 있는 증거나 사실을 찾고 있는 경우가 흔하다. 역사가가 자료를 모아야겠다 혹은 찾아야겠다고 생각했을 때는 이미 연구 결과로서 제시할 내용이 그려져 있다는 뜻이다. 그런 상태에서 만약 자신의 아이디어에 맞는 자료를 찾았다면, 자신이 설정한 계열로 수집한 자료를 정리하여, 자신의 논지를 담은 역사를 비로소 서술할 수 있게 되고, 자기가 설정한 계속성이 있는 계열에 대한 아이디어를 충족할 자료를 못 찾게 된다면, 그는 자신의 아이디어를 포기하거나 바꿀 수밖에 없어서 새로운 연구 주제를 고민해야 될 것이다.

이때 대부분의 역사가는 자신의 아이디어가 먼저 있었다는 사실을 밝히지 않고, 자료를 통해 아이디어를 얻은 것처럼 논문을 작성하거나 역사를 서술하는 경우가 많다. 그렇지만 역사가가 자신의 연구 과정을 드러내는 형식의 서술이 없어서 드러내지 않을 뿐, 대부분 자신의 이론을 가지고 자료에 접근하며 그 결과로 역사를 서술한다는 것은 지극히 일반적인 사실이다.

여기서 중요한 것은 역사가가 설정한 계열에 대한 아이디어인데, 그것은 발생이나 사건을 연관시키고 상호작용할 수 있는, 일종의 전제(presupposition)이다. 역사가는 그의 연구를 시작할 때 이미 자기의 관점과 관계되는 전제를 가지고 시작하며, 따라서 역사가는 발생이나 사건의 혼돈 속에서 출발한다기보다 그것들의 분류가능성을 보고 연구를 시작하는 것이다.(Lemon 1995: 109)

역사가는 연구 과정에서 자신의 '아이디어'에 관련되지 않은 사실이나 발생을 만나게 되면, 그것들을 제외하거나 판단을 유보한다. 그리고 그런 자료를 포섭할 수 있는 새로운 '아이디어'를 찾아내기에 골몰할 수밖에 없다. 이런 과정은 계열에 대한 '아이디어'에 따라 사실의 선별 기준이 달라진다는 것을 잘 보여준다. 이처럼 역사연구의 특징은 계속성이 있는 계열을 설정한다는 것이며, 그것이 연구의 출발에 중요한 계기가 된다는 점이다.

2 생기를 불어넣는 예술가

역사연구에서 역사가가 계속성이 있는 계열이라는 일종의 전제를 가지고 시작하는 이유는 인식가능성(intelligibility)을 높이기 위한 것이다. 무질서하고 잡다한 과거 사실은 일관성이 있게 정리해야 인식 가능하게 되기 때문이다. 역사가는 주어진 자료나 사실과 스스로 생각해낸 계열에 대한 아이디어 사이에서 끊임없는 순환 참조를 통하여 역사를 설명함으로써 역사서술의 정합성을 높이려고 노력한다. 이 과정에서 전제를 가지고 자료나 사실에 접근하는 인식의 방식이 다름 아닌 회고이다.

역사가는 과거의 사건을 놓고 역사를 이해하려 노력하는 사람이다. 역사가가 접근하는 자료나 사건은 그가 연구 주제나 영역을 정하기 전까지, 갖가지 발생과 사건의 혼돈으로 존재한다. 역사가가 하는 일은 먼저 각자의 관심 영역에 따라 각기 해당 영역에서 의미가 있다고 생각하는 자료를 모으는 일이다. 예를 들어 정치사나 예술사, 전쟁사, 과학사, 종교사 등의 전문가는 각각 자신의 영역에 주의를 기울여서 자료를 찾고, 그 의미를 숙고한다.

그러면서 역사가는 관심 영역 내에서 역사적 의미가 있는 자료가 있는지, 혹은 획기적이든 점진적이든 발전이 있었는지에 주의를 기울이면서 자료를 신중하게 검토하게 된다. 이 과정에서 역사가는 의미가 있는 자료를 찾아내고, 사건을 발견하며, 심지어 없는 자료를 엮어서 만들어내기도 한다. 자료의 처지에서 볼 때, 역사가가 주목하지 않거나 주목할 수 없다면 그 자료는 어둠에 묻혀 있게 되는 것이고, 빛을 보기 위해서는 그 자료에 눈길을 줄 다른 역사가를 기다리는 수밖에 없다. 이런 사실을 비유하여 크로체는 "라틴인과 그리스인들은, 르네상스가 그들을 다시 일깨울 때까지, 무덤 속에 누워 있었다"거나, "원시의 야만적이고 환상적인 문화 형태들은 낭만주의가 그들을 '동정'할 때까지 망각되거나 주의를 받지 못하면서, 또는 잘못 이해되면서 잠들어 있었다"고 서술하였다.(Croce 1978: 22) 객관적인 과거 사실이나 문헌, 일차 사료는 역사가가 알기 시작하여 해독해서 의미를 부여할 때까지, 아무런 의미가 없는 채로 남아 있는 것이다.(Carr 1961: 10-12) 이처럼 역사의 연구에서 자료는 역사가가 그것을 해독하여 역사적 의미를 부여하기까지, 의미 없는 것 혹은 원료로서 존재한다고 말할 수 있는 것은 회고의 중요성이 그만큼 크다는 의미이다.

역사가의 연구 주제가 정해지고 난 뒤에는, 각각의 자료나 사건은 유의미성이나 중요성에 대한 판단을 받게 되고, 그것을 근거로 선택과 배제의 과정을 거쳐 질서 있게 정리된다. 이 과정에서 역사가는 자료를 만들어내기도 한다. 이 경우는 몇 개의 자료를 연관시켜 새로운 자료를 만들어낼 수도 있고, 통계 자료를 분석한 결과를 이용하여 어떤 경향이나 추세를 찾아낼 수도 있다. 특히 통계학의 상관도 조사 같은 것은 말 그대로 새로운 자료를 만들어내는 전형적인 예이다. 그것은 통계 분석을 거치지 않았다면 전혀 알 수 없었던 사실이기 때문이다.

역사가는 이렇게 새롭게 밝혀진 사실에 역사적 의미를 부여하는 활동을 해나간다. 이런 모든 활동은 역사서술의 정합성이나 설득력을 높여주는 역할을 한다. 그렇다면 우선 수많은 자료나 사건, 사실 가운데 선택되는 기준은 무엇인가. 그 기준은 어떤 관례나 선호 같은 무작위적인 것이 아니라 역사가의 계열에 대한 아이디어이다. 여기서 계열은 다루는 시기 또는 정해진 시기 동안 발생한 것 모두를 연대기화하여 그 속에서 구성하는 것이 가장 이상적이다. 그러나 현실적으로 모든 것을 연대기화하기는 불가능하고, 설령 연대기화한다고 해도 그 자체가 의미 있는 형식이 되는 것은 아니다. 그렇지만 가능한 범위 내에서 역사가는 발생 모두를 염두에 두고 자신의 계열에 대한 아이디어를 찾아내고자 노력한다. 그렇게 한번 찾아낸 계열은 불변하는 것이 아니라 해당 시기의 발생이나 사건에 비추어 합당하게 수정할 수 있는 유연한 것이다. 그리하여 종국에는 자신의 계열을 궁리하고 수정하면서 마지막 단계에서 확정하게 되면 역사서술의 계열이 확정되었다는 것을 의미한다.

레몬(M. C. Lemon)은 "계열(sequence)은 역사가가 모든 발생이나 사건들을 하나로 일관되게 묶을 수 있는 보다 상위의 아이디어"라고 하였다.(1995: 143) 그것은 많은 발생이나 사건 가운데서 이들을 일관성 있게 설명할 수 있는 계속성의 구조를 찾아내어 구성하는 것이다. 일단 계열이 확정되면, 이 모든 발생이나 사건들은 하나의 역사서술 구조로 응집될 수 있게 된다. 그리고 그 계열에 의해 역사적 사실이나 사건은 그 역사적 의미가 부여될 수 있게 되고, 해당 시대가 가진 역사상의 일단이 밝혀지게 된다.

이런 모습은 모두가 역사연구에서의 회고라는 인식방식에서 나온다. 회고는 역사란 역사가에 의해 구성된 실체라는 것을 명확하게 알려준다. 그리고 회고를 통해 역사가가 하는 활동 속에서 적용하는 경험은 당대 행위자의 경험과는 거리가 있을 수밖에 없다.(Dray 1993: 107)

중요한 것은, 역사로 구성되는 이런 자료들은 역사가가 서술하거나 사건으로 연관시킬 때까지는 의미 없는 사태로 뒤섞여 존재한다는 사실이다. 만약 역사가가 계속성이 있는 계열을 모색하고 추구하면서 연관성이나 중요성을 잘못 판단하게 된다면, 설정한 계열하에 의미 있는 연관을 이루는 역사를 구성할 수 없게 될 것이다. 그리고 계속성이 없는 사태 속에서 계열을 억지로 추출하려 하면, 비역사적 서술이 되거나 어색한 서술이 될 수밖에 없다.(Lemon 1995: 110)

이처럼 비교적 한정된 범위 안에서, 그리고 선택한 주제 영역 안에 존재하는 사실의 혼돈 속에서, 중요한 발생을 가려내고 입증해나가는 것이 역사가의 역할이다. 따라서 역사가는 관련되는 시기의 모든 장면에, 그리고 중요한 변화나 발전을 나타낼 수 있는 것들에 주의를 집중하여, 그것에 생기를 불어넣는 창조적인 예술가라고 할 수 있는 것이다.

3 중요성 판단

사건이나 의미를 선택하고 결정하는 기준인 계열은 역사가의 통찰력에서 나온다. 역사가가 사건을 선택하고, 분류하고, 분별하여 역사상을 훌륭하게 설명할 수 있게 하는 의미 있는 계열을 잘 찾아냈다면 그는 훌륭한 역사가이다. 그런 사람을 우리는 통찰력을 가진 역사가라고 일컫는다. 만약 그런 계열을 찾아내지 못한다면, 그 역사가는 더 이상 앞으로 나아갈 수 없다. 우리가 역사가에게서 배워야 하는 것이 있다면 그것은 바로 이런 통찰력이다.

역사에서 중요한 사건은 역사가의 통찰력으로 드러나는 경우가 많다. 그렇다면 역사에서 중요성의 의미는 무엇인가. 일반적으로 역사에서의 중요성은 다양한 의미를 갖는다. 우선 역사적 의미가 크다는 의미에서의 '유의미성(significance)' 혹은 비중이 크다는 의미에서의 '중요성(importance)'이라는 용어가 사용된다. 정선영 교수는 역사교육에서의 중요성 문제를 논의하면서 타바(H. Taba)나 프레이저(D. M. Fraser), 프라엔켈(J. R. Fraenkel)의 견해를 종합하여 ① 논리적으로 교과에 기본이 되는 지식, ② 타당한 지식, ③ 지속되는 지식, ④ 학습자의 필요, 흥미, 발달단계에 맞는 지식, ⑤

사회적·현실적 요구에 맞는 지식, ⑥ 넓은 범위와 여러 목적에 적용될 수 있는 지식 등으로 중요한 지식의 종류를 나누고 있다. 이를 다시 분류하여 논리적으로 기본이 되고 타당하며, 오래 지속될 수 있는 지식은 본질적 중요성을 가진 것으로 분류하고, 학습자의 필요, 흥미 및 발달단계에 맞고 사회적 요구에 적합하며, 적용 가치가 큰 지식은 도구적 중요성을 가진 것으로 분류하고 있다. 본질적 중요성과 도구적 중요성으로 분류한 것은 다분히 역사교육을 염두에 둔 분류이다.

역사에서도 중요성은 본질적으로 혹은 도구적으로 중요한 것을 일컫는다. 월시(W. H. Walsh)는 본질적 가치에 따른 중요성과 이후 사건에 영향을 미치는 정도에 따른 도구적인 중요성으로 나누어 제시한 바 있다.(1996: 64) 버스톤(W. H Burston)도 상대적인 중요성에 대한 판단과 사건의 영향력을 기준으로 중요성을 논하고 있다.(1972: 170; 정선영 1986: 882-889)

여기서 우리는 이런 일반적인 중요성의 개념이 아니라 한 계열 속에 사건이나 사실을 위치시켰을 때, 비로소 드러나는 유의미성에 유의할 필요가 있다. 다른 말로 하면 과거를 회고할 때 의미있게 보이는 것을 중요하게 보아야 한다는 것이다. 이것이 진정한 사실이나 사건의 중요성 판단 기준이라고 할 수 있다.

가령 어느 전설적인 권투 세계 챔피언이 있다고 가정해보자. 역사가가 이 권투 선수의 생애를 조명하는 역사서술을 하고자 한다면, 그는 그 선수의 생애에 있었던 많은 사건을 회고를 통해 점검하게 될 것이다. 그리고 역사가는 당연히 이 선수가 첫 선을 보인 시합을 살펴보았을 것이다. 그런데 그는 그 시합장 한 구석에 유명한 프로모터가 참석한 것을 확인하였다. 나중에 알고 보니 그 프로모터는 우연히 시합을 보게 되었고, 거기서 그 선수의 재능을 확인한 뒤, 이 선수에게 권위 있는 시합을 주선했던 것이 드러났다. 그 프로모터가 주선한 시합에 출전한 것이 계기가 되어 그 선수는 세계 챔피언에 이를 수 있었던 것이다. 따라서 이 권투 선수의 생애를 서술하는 역사가는 수많은 발생과 사건 중에서 프로모터의 참석을 특히 주목하게 될 것이고, 그것이 유의미성을 갖는 중요한 사건이 되는 것이다. 이것이 역사연구에서 중요성을 판단하는 기준이다.(Lemon 1995: 116)

다른 예를 든다면 빌 클린턴(Bill Clinton)이 미국 대통령에 당선되고 나서, 한 기자가 옛날 자료더미 속에서 고등학생이던 클린턴이 당시 대통령이었던 케네디(J. F. Kennedy)와 악수하는 장면의 사진을 찾아냈다. 기자는 이 사진을 신문에 보도하였고, 이를 본 클린턴 대통령은 옛날 일을 회상하면서, 케네디 대통령과 악수하면서 대통령이 되기로 결심했었다고 밝히기도 했다. 여기서 만약 클린턴을 모르는 사람이 이 사진을 발견했다면, 그는 이것이 대통령과 악수하는 학생들의 모습을 담은 사진일 뿐 중요한 사실이라고는 생각하지 않을 것이다. 왜냐하면 그것은 대통령 집무실을 방문하는 학생들과 대통령이 만나는 일상적인 행사로, 흔히 벌어지는 의례적인 일에 불과한 장면이기 때문이다. 그러나 클린턴의 생애를 잘 알고 있는 사람이, 그것도 그가 대통령이 된 뒤에 이 사진을 본다면, 이 사진은 대단히 의미 있는 것이 되고 그만큼 중요성이 커진다.

이처럼 과거 사실이나 사건의 중요성에 대한 판단은 시간이 흐른 뒤 당대의 역사적 맥락을 볼 수 있는 처지에 있는 역사가가 나오고 나서야 가능한 것이다. 중요성 판단에 대한 이런 사례는 역사에서 회고가 중요성을 어떻게 판단하는지 그리고 회고가 하는 역할과 성격이 어떤 것인지 명료하게 보여준다.

이 사례들에서 회고에 의한 중요성 판단 가운데 주목해야 하는 사항은 첫째, 권투 선수의 생애 가운데 있는 발생(occurrence)이나 사건(event) 중 어느 것도, 그 자체만으로는 유의미성이나 중요성을 드러낼 수 없다는 점이다. 과거 사실의 중요성이 지각되는 것은 어떤 계열(선수의 생애)과 관련이 되었을 때이기 때문이다. 그가 챔피언이 되지 않았다면, 유명한 프로모터가 참석했다는 사실은 아무런 의미 없는 사건에 불과한 것이다. 마찬가지로 만약 클린턴이 대통령이 되지 않았다면, 그의 생애라는 계열에서 대통령과 악수하는 장면은 중요한 사건이 될 수 없다. 이처럼 중요성이란 해당 사건이 어떤 계열과 관련될 때 부여되는 것이지, 사건 스스로가 중요성을 나타내는 것은 아니다.

둘째, 중요성과 관련하여 또 하나 주목해야 하는 것은 당대의 참여자는 눈앞에서 벌어지는 발생이나 사건의 역사적 의미를 알기 어렵다는 점이다. 예컨대 앞서 살펴본 권투 선수는 시합에 프로모터가 참석한 사실을 알지 못했을 수 있고, 본인임에도 불구하고 그 시합이 선수 생활에 전환점이 되리라는 사실을 당시에는 알 수 없었다. 역사서술에서 당대인으로서는 도저히 알 수 없는 역사적 의미를 역사가이기에 부여할 수 있는 경우는 아주 흔하게 나타난다. 특히 인물사 서술에 많이 나타나는 것으로서, 예컨대 사육신이 후대에 신원이 된다거나, 이완용이 대대로 매국노로 비난을 들게 된다는 것은 당대인들은 알 수 없는 사실이다. 이런 예에서 우리는 사건이나 인물의 유의미성이나 중요성은 역사가의 회고를 통해 판단된다는 사실을 잘 알 수 있다.

셋째, 중요성 판단은 계속성이 있는 계열이 구성되고 나서 이루어진다는 점이다.(Lemon 1995: 119) 역사적 의미 부여나 중요성에 대한 판단은 회고적인 접근을 통해 이루어진다. 중요성 판단의 기준은 역사가가 찾아낸 계열이기 때문이다. 회고적 접근으로 중요성을 판단하는 것은 역사의 특징적인 면모이자, 역사의 구성적 성격을 나타내주는 일면이다. 아울러 그것은 역사가의 통찰력이 당대인보다 월등할 수 있는 근거이기도 하다. 계속성이 있는 계열을 통한 회고적 접근은 역사에 대한 어떤 '판단'의 정확성을 높여준다. 이런 사실은 계열의 설정이 역사서술의 출발점으로서 매우 중요하다는 것을 시사하고 있다.

넷째, 역사가가 사건의 중요성을 판단하는 것은 역사가가 임의로 판단하는 것이기는 하지만, 자의적인 것이라고 보기 어렵다는 점이다. 역사가가 어떤 계열을 설정하고 그것을 통해 내리는 판단은 역사의 객관성을 해치는 것이라고 단정할 수 없다. 여기서 역사가의 계열은 임의로 설정하는 것인데 객관성을 주장할 수 있는가 하는 의문은 당연히 생길 수 있다. 그러나 여기서 임의로 구성한다는 것이 곧 자의적인 것으로 연결되는 것은 아니다. 그 이유는 다음과 같다.

우선 역사가가 설정한 계열은 객관성 판별의 대상이 되지 않는 것이다. 역사가가 임의로 구성한 계열에 따라 역사를 서술했을 경우, 그 서술의 판별 기준은 인식가능성(intelligibility)의 정도이다. 인식가능성의 정도는 객관성의 정도를 의미하는데, 만약 서술된 역사의 인식가능성(객관성)이 약하다면, 그 계열 자체는 폐기되는 수순을 밟을 수밖에 없다. 그러므로 역사가가 실정한 계열을 설정하는 것 자체가 객관성 시비의 대상이 되는 것이 아니라 설정 결과로 서술된 역사의 인식가능성에 의해 판단되는 것이다. 그러므로 어떤 계열을 가지고 구성한 역사서술은 역사서술을 통해 계열 자체의 적합성을 판별하는 절차를 거쳐 객관성을 판단할 수 있기 때문에 자의성이라는 잣대로 그 자체를 시비할 필요는 없다.

다른 각도에서 본다면 역사를 서술하기까지의 과정에서 자의적인 서술을 방지하는 장치가 작동한다고 볼 수 있다. 우선 역사는 거기에 그렇게 존재하고 있을 뿐, 현재 누가 어떻게 생각하든 영향을 받지 않는 실재이다.(Walsh 1996: 73) 그렇지만 일단 역사가가 계열을 찾아낸 이후에는 자의적으로 역사를 왜곡하거나 축소 또는 과장하는 것이 가능하지 않다. 계열에 의거하여 역사를 서술하기 때문이다. 여기서 역사를 왜곡한다거나 자의적으로 서술한다는 것은 계열에 어울리는 역사를 서술하지 못한다는 것이며, 그렇게 되면 그것은 결국 인식가능성의 정도를 약하게 만들 뿐이다. 따라서 자의적 역사서술은 가능할 수는 있을지 모르지만, 그럴 경우 타당성이나 적합성을 인정받기 어려워 퇴출당하게 된다. 예컨대 앞서 제시한 권투 선수의 생애라는 계열에서, 프로모터의 참석은 객관적으로 중요한 것이지, 역사가가 자의적으로 중요성을 부여하여 중요해진 것은 아니다.

다섯째, 한 계열 속에 중요한 사건은 또 다른 사건의 계열에서 중요한 사건이 될 수도 있고 무의미한 사건이 될 수도 있다.(Carrol 1998: 41) 회고로 구성되는 계열에 따라서, 사후에 중요성을 인정받는 사건은 다른 계열에서도 유의미성을 인정받을 수 있는 면모가 그 사건 속에 잠재되어 있을 수 있고, 아닐 수도 있다. 예컨대 진시황제의 가혹한 전제정치 속에는 중국이 통일국가로서 역사가 전개될 단서가 잠재되어 있고(나종일·민석홍·윤세철 1986: 127), 십자군 전쟁에는 종교분쟁의 측면과 함께 근대로의 이행의 시초가 잠재되어 있는 것이다. 진시황제의 통치는 어느 계열에서 선택되느냐에 따라 중요성의 판단이 달라질 수밖에 없다. 통일국가의 유지라는 계열에서는, 그의 악명 높은 통치에도 불구하고 문자나 도량형 통일, 중앙집권화된 정치체제의 확립이 중요성을 갖겠지만, 민본주의나 왕도정치의 계열에서는 그만한 중요성을 가질 수 없는 것이 된다.

대학살처럼 본질적인 중요성을 가진 사건(Walsh 1996: 64)이라고 하더라도, 고려하고 있는 계열에 비추어 중요하지 않은 사건이 될 수도 있다. 예컨대 대학살에 대한 평가에는 학살 자체를 부정하거나 살해당한 유대인의 수가 과장되었으며 '역사의 부분적인 일(detail)에 불과하다'는 이른바 '수정주의' 주장이나, 대학살이라는 표현이 문제가 있다는 주장, 혹은 구 유럽 질서의 붕괴라는 역사적 맥락에서 보았을 때 하나의 에피소드에 불과하다는 주장까지 존재한다.(Callinicos 1975: 67) 이런 주장의 배경에도 그들이 구성한 계열에 따라 사건의 중요성을 판단하는 역사적 사고의 과정이 들어가 있기 마련이다. 다만 그런 판단 과정이 역사서사의 적연성의 정도를 높일 수 있느냐 하는 것은 역사가의 중요성 판단과는 별개의 문제다.

여섯째, 위와 유사한 사항이기는 하지만 이미 잘 알려진 사건이라도 이전에는 결코 인식될 수 없었던 그 사건의 다른 국면이 새롭게 드러나 유의미성이나 중요성을 획득할 수도 있다. 이전에 주목하지 않았던 사건도 또 다른 계열을 찾아낸다면, 새롭게 부각될 수도 있다. 아울러 몰랐던 사실이 새롭게 드러나거나 발굴되어 역사적 사실로서의 중요성을 얻을 수도 있다. 이처럼 회고를 통해 중요성을 판단하는 과정은 역사에 대한 끊임없는 재평가와 재해석의 과정이다.

요컨대 역사 인식은 회고를 통해 과거 사건이나 사실의 중요성이나 유의미성을 판단하는 생각의 작용이다. 역사가의 회고에서 가장 중요한 것은 역사가의 통찰력이다. 역사학이 불가피하게 가지게 되는 주관성 문제를 해결하는 열쇠 역시 역사가의 통찰력에서 찾을 수 있다. 역사가의 통찰력이 부족하면 그가 내놓은 주관성은 자의적인 것에 가까운 주관성이 되고, 통찰력이 풍부하면 그만큼 객관적인 것에 가까운 주관성이 될 것이기 때문이다.

역사가는 회고를 통해, 사건이 종결되고 난 이후의 역사 전개를 알면서 그 의미를 모색하기 때문에 당대인이 가지지 못한 통찰력을 가질 수 있다. 동시에 역사가는 넓고 깊은 통찰력이 있어야 자료 더미 속에서 인식가능성이 높은 계열에 대한 아이디어를 찾아내고, 적절한 의미를 부여하여 훌륭한 역사서사를 완성할 수 있다. 이처럼 역사가의 통찰력에 의해 역사는 구성되는 것이고, 재해석되고, 재평가되는 것이다.

이런 의미에서 역사는 시간지평으로 형성되는 시간성 속에서 미래나 현재를 기점으로 과거로의 회고를 통해 역사적 의미를 찾아내는 것이라고 규정할 수 있다. 역사가는 유의미성 판단을 위해 통찰력을 기르기도 하고, 발휘하는 기회를 잡기도 한다. 역사는 역사가가 가진 통찰력의 정도에 따라 적연성이 높아서 결과적으로 객관적인 서술이 될 수도 있고, 적연성이 떨어져 결과적으로 자의적인 서술이 될 수도 있다. 그러므로 역사서술의 객관성은 과학적 실증성 정도가 아니라 역사가의 통찰력에 의존하는 역사서사의 인식가능성의 정도에서 찾을 수 있는 그런 것이다.

제6장

진리론과 역사 인식

인식론은 인간의 앎에 대한 것을 탐구하는 철학의 한 분야이다. 그것은 앎의 내용 자체에 대한 것이라기보다는 어떻게 앎이 이루어지는가에 대한 논의이다. 인간의 인식은 대상을 인식하는 데 그치지 않고 대상인식 그 자체를 문제 삼는 자기 반성으로서 '인식의 인식'을 다루는데, 그것이 인식론이다.(Bunge 2003: 87)

우리의 마음속에서 어떻게 지식이 이해되는가 하는 것은 심리적인 현상으로 볼 수 있다. 심리 현상에서 인과적인 관계를 다루는 것이 심리학이다. 그런데 심리학은 인식의 진위를 다루지 않는다. 이에 비해 인식론은 참된 인식의 성립 과정에 대해서 묻는다. 이런 점에서 인식론에서 다루는 분야는 교육심리학이나 인지과학에서 다루는 분야와 다르다.

인간의 사고 속에는 인지과학에서 다루는 사고의 순서나 기능적인 사고로 설명되지 않는 총체적인 과정으로서 사고가 존재한다. 역사학도 역사가이든 일반인이든 어떤 사람이 인식주체가 되어 과거로 이루어진 역사를 대상으로 인식하는 것이다. 따라서 역사학의 본성은 인식론을 통해서 그 일단이 밝혀질 수 있다.

우리는 일상생활이나 학문에서 참과 거짓, 진리와 허위를 가리려고 하며, 진리 파악을 인식의 목표로 하고 있다. 모든 지식은 판단으로 되어 있고, 또 명제로서 언표된다. 따라서 지식의 진위는 곧 판단과 명제의 진위가 된다. 아리스토텔레스 이후에 판단이 객관적 실재를 있는 그대로 파악하는 경우에는 참이요, 그렇지 않으면 거짓이라는 주장이 성립되었지만, 참된 진리의 기준은 무엇이며 또한 진리는 어떻게 얻어지느냐 하는 것은 여전히 문제로 남아 있다.

이런 문제를 해결하기 위해서 인식주체와 대상의 구분이라는 이원론을 전제로 주체와 대상의 성격에 대한 탐구가 불가피하다. 따라서 판단으로 이루어지는 지식의 인식가능성과 진위에 대한 진리의 기준 문제는 인식주체와 대상 간의 관계와 진리론으로 전개된다. 구체적으로 인식주체와 대상 간의 관계를 중심으로 한 인식론은 경험론과 합리론으로 전개되고, 이와 관련한 진리론은 대응설(correspondence theory)과 정합설(coherence theory), 구성적 인식론으로 불리는 비판론(critical theory)으로 전개된다.(Walsh 1967a: 73-74)

1 대응설

인식론에는 보통 경험론과 합리론, 구성적 인식론이 있다. 경험론은 인간의 선천적 지식을 부정하며 실재(reality)에 대한 지식은 '감각경험', 즉 후천적인 경험을 통해서 얻을 수 있다고 주장한다. 그러나 경험적인 습관에 의해 성립한 주관적 신념은 일상생활에는 통용되지만, 절대적 필연성은 갖지 못한다. 그러므로 경험론으로는 모든 지식의 필연성을 주장하기가 어렵다는 문제가 있다. 이러한 경험론은 감각에 의한 판단이 진리라는 것을 주장하며, 그런 주장을 위해 진리론으로 대응설을 취한다.

대응설은 판단 또는 명제는 객관적 실재와 일대일로 대응한다고 보는 이론이다. 언어와 세계와의 관계로 설명한다면, 언어와 세계는 동형적(isomorphic)이고 지시적(ostensive)이어서 언어를 구성하는 요소와 세계를 구성하는 요소가 일치한다고 보는 것이다.(김여수 1997: 16)

월시는 진리로서의 대응설이 가지는 문제점을 사실과 이론의 문제로 고찰한다.(Walsh 1967a: 74) 그는 이 문제를 비유적으로 안과 의사와 진찰 받는 내가 한 경험과의 관계로 설명하고 있다. 안과 의사는 나의 시력에 관해 어떤 이론을 형성할 수 있다. 내가 나의 눈을 통하여 무엇인가를 본다는 사실은 의사가 이론을 구성하기 위한 재료로서 기능할 수 있다. 그런데 안과 의사는 내가 보고 있는 것을 직접 볼 수 없고, 나의 진술을 토대로 알 수밖에 없다. 그러므로 나의 경험을 이론의 토대로 삼기 위해서는 먼저 경험이 기술되어야만 한다. 이때 나의 경험이 기술되기 위해서는 먼저 해석되어야 하고, 그런 과정에서 경험은 개념 형식으로 표현되어, 판단의 수준으로 높여져야만 한다. 그런데 개개의 지각 경험은 해석되면 필연적으로 변형이 수반되게 된다.(Walsh 1967a: 75-76) 경험이 개념적 형식으로 표현되어 판단의 수준으로 높여지게 되면, 내 경험의 본래 모습은 알 수 없게 되는 것이다. 따라서 대응설에 의하면 사실과 이론의 구분은 불가능한 것이 되어버린다. 그리고 진리를 사실과의 대응에 의하여 설명한다는 것은 부분적인 설명에 불과한 것이 된다.

이러한 사실과 이론의 관계는 역사에서도 마찬가지이다. 대응설에 따른다면 역사는 이론으로서 성립하는 과거 사건의 기록과 사실로서 '일어난 일(res gestae)'이 일치하여야 한다.(Walsh 1967a: 79) 그런데 이 주장이 가능하기 위해서는 과거는 재구성이 가능한 것이라는 명제가 인정되어야 한다. 그리고 사실에 관한 진술과 정확하게 우리가 안다고 생각하는 명제를 찾아낼 수 있어야 한다. 그러나 역사가가 인정하는 사실들은 과거 사실 그대로가 아니라, 역사가의 사유 과정을 거쳐 도달된 결론이며, 증거로부터 구성된 것에 불과하다. 따라서 역사가의 사실과 과거 사실의 일치여부를 판단할 이론과 사실의 구분이 어렵다. 그렇게 되면 대응설의 입장에서 역사서술 내용의 진위는 가릴 수 없게 된다.(양호환 1996: 10) 만약 사실이 순수한 기억이라고 주장한다면 가능한 일이겠으나, 역사에서 순수 기억은 불가능하다. 어떤 기억 진술도 사실의 순수한 모사라는 주장은 성립하기 어려운 것이기 때문이다.(Walsh 1967a: 84) 아울러 기억에 관한 진술은 우리가 구성하는 것이고, 구성하지 않고 순수하게 사실을 전달하기는 사실상 불가능하다. 결국 대응설에서 주장하는 감각 지식과 역사에서 말하는 순수기억 지식은 모두가 정확하고 확실한 것이라고 말할 수 없다. 요컨대 역사에서 대응설은 성립하기 어렵다.

그렇지만 그렇다고 해서 대응설의 일반적인 효용 가치가 전혀 없는 것은 아니다. 일반적 효용 가치란 역사적 진실의 탐구 과정에서 우리에게 주어진 감각재료를 면밀히 검토하여 진실을 추구하는 데 유용하다는 것을 말한다. 이론과 사실이 대응한다는 전제가 있어야 인식의 출발점에서 사실을 면밀히 검토할 수 있기 때문이다. 그러므로 역사적 실체(entities)가 가지는 의미가 학문적으로나 철학적으로 문제가 있다 하더라도, 역사 인식의 출발점을 제공한다는 점에서 효용 가치는 매우 크다.

역사의 특성은 본질적으로 과거 사실을 다루고 감각적으로 직접 대할 수 없는 것을 다룬다는 것에 있다. 그렇지만 역사를 처음 접하는 사람의 입장에서 본다면 형태야 어떠하든 제공되는 과거 사실을 접촉해야 역사에 대한 모든 사고가 시작될 수 있다는 점을 인정하지 않을 수 없다. 그러므로 과거에 대한 접촉으로서의 직·간접적 경험은 우선 그것이 과거에 실재한 것이라는 가정하에 출발하는 것이 여러모로 유리하다.

역사가의 과거에 대한 진술이나 판단은 실재가 아니며, 역사가의 관점에 의해 구성된 것에 불과하다거나, 언어적 전환(linguistic turn)으로 구성된 담론에 불과하다는 등의 역사이론적 판단은 있을 수 있다. 그렇지만 그런 판단은 일단 실재로서 간주되는 사실을 접촉하고 난 이후에 깨달아야 하는 과제이다. 역사에서 대응설에서 말하는 실재로서 일어난 일을 인식해야 하는 것은 첫 번째 과제인 것이고, 역사 인식 전체의 과정은 또 다른 문제다.

이런 점에서 역사를 인식하기 위한 하나의 과정에서 대응설의 주장은 매우 유용하다. 대응설은 역사를 진정한 역사로서 사고하기 위한 출발점에서 유용한 이론이다. 역사를 학습하기 위해서도 대응설에서 말하는 실재로서의 과거 사실을 습득하는 것은 역사 인식의 출발에서 매우 의미 있는 과정이다.

2 정합설

합리론(rationalism)에서 사람은 선천적으로 주어진 지식을 최소한 몇 개 정도는 가질 수 있다고 본다. 그리고 실재는 합리적인 것이며, 인간의 사고 속에서 따르는 논리적 원칙과 똑같은 논리적 원칙에 자연이 따르고 있다고 가정한다. 인간은 논리적인 기본원칙이 무엇인가를 직관적으로 알 수 있기 때문에, 경험적 증거에 의존하지 않고도 진리를 알 수 있다는 주장이 합리론의 핵심 주장이다.

합리론자는 인간의 인식 능력을 감성과 이성으로 나누고, 이성만이 인간을 합리적인 진리로 이끄는 것으로 본다. 이들은 감각의 기만 가능성을 우려하기 때문에, 감각을 전적으로 무시하고, 이성만을 절대적으로 신뢰한다. 이성을 통한 사유는 선천적으로 개인의 주관을 넘어서서 보편성을 띠고 있기 때문에, 이성의 논리적 사유와 통찰력을 통한다면, 진리와 허위는 자명(Evidenz)하게 드러난다고 본다.(김여수 1997: 28)

이처럼 합리론자는 감각 경험과는 관계없이, 그들 상호 간의 정합성을 진리의 기준으로 삼는다. 이것이 정합설인데, 하나의 판단이 기존의 판단 체계와 모순됨 없이 그 체계 안에 정합적으로 포함될 수 있을 때 참이요, 그렇지 못하면 거짓으로 보는 견해다.(Leher 1974: 46-47) 우리의 인식체계를 구성하는 진술들은 마치 독립적으로 존재하는 것 같지만, 모두 전체 진술체계의 한 요소에 불과한 것이며, 이들은 상호 함축하는 순수 수학의 명제들과 마찬가지로 넓은 의미의 논리적 함축 관계로 엮여 있다. 따라서 하나의 진술은 그 진술체계 속의 모든 다른 진술을 함축하고 있게 마련이다. 또한 어떤 진술의 진위는 그 진술이 속해 있는 진술체계가 다른 모든 진술들과 정합한다는 것이 밝혀질 때까지 결정될 수 없다.(김여수 1997: 18) 진리는 참인 공리로 이루어진 공리체계(axiomatic system)에 속하는 것으로서, 정합설이 추구하는 것은 지식의 체계적 성격(systematic character)이다.(Walsh 1967a: 76)

그렇지만 진리론으로서의 정합설이 가지는 문제점이 없는 것은 아니다. 논리적으로 모순이 되지 않는다는 것은 진리를 위한 필요한 조건이기는 하지만, 충분조건이 되지는 못한다. 논리적으로 모순되지 않는다고 모두 참된 인식일 수 없다는 것이다. 예컨대 '모난 동그라미'와 같은 경우에 그것은 사유 속에서는 논리적으로 모순되지 않지만, 실제로 존재한다고 주장할 수 없다. 따라서 합리론은 정합설을 진리론으로 취함에 따라 사고와 존재의 일치를 주장할 수 없다는 문제점을 가진다. 아울러 전체 체계와의 정합성을 따져서 진리를 확정하기 때문에, 전체 체계는 정합성을 따질 근거가 없다는 것도 문제다.

따라서 역사에서 정합설을 취하게 되면, 진리는 하나가 아니며 모든 진리는 상대적이 되어버리는 문제로까지 확대된다. 역사가는 예컨대 빅토리아 여왕이 1837년에 즉위하여 1901년에 죽었다는 것과 같은 확실한 사실들에 기초하여 모든 설명을 해나간다.(Walsh 1967a: 85-86) 따라서 역사가가 설명의 출발점으로 삼는 확실한 사실 자체를 인정하지 않는다면, 역사 인식이나 역사서사는 시작될 수 없다. 그러므로 확실한 사실을 확정할 수 없다고 보는 정합설은 역사에 적용하기 어렵다.(차하순 1989: 201)

그렇지만 보통 역사가는 자주 확실한 사실조차 의심하기도 하며, 그런 자세는 역사가의 덕목이기도 하다. 이런 점에서 역사에서 정합설이 가지는 가치가 없다고 할 수 없다. 콜링우드(R. G. Collingwood)는 역사가를 탐정에 비유하고 있는데, 그는 탐정의 비유를 통해 정합설의 유용성을 거들고 있다. 탐정은 사건을 해결하기 위해서 우선 확실한 사실부터 확정하고 수사를 시작한다. 그 이유는 그가 만든 가정에 맞추어 이론을 구성하기 위해서이다. 그런데 그 이론이 유효하여 사건 해결에 도움이 된다면 문제가 되지 않지만, 도움이 되지 않을 때가 있다. 이런 경우에는 다시 사건의 처음으로 돌아가서 애초의 사실부터 다시 의심하게 마련이다. 그리하여 그는 새롭게 확정된 사실을 가지고 전체 사건을 다시 구성해야 수사 진행에 성공할 수 있게 된다.(Collingwood 1961: 266-274)

역사가도 이와 마찬가지로 가장 확고한 신념까지 의심할 수 있고, 의심해야 한다. 역사에서 확실성이란 수학적 확실성이 아니라 실제적 확실성이기 때문이다.(Walsh 1967a: 87) 한번 확실하다고 인정받고 나면, 다음부터는 다른 진술체계나 개념 도식과의 정합성을 따져나간다. 이처럼 정합설은 전체적인 체계와 어긋나지 않는 사실 진술의 필요성을 일깨워준다는 점에서 역사연구에는 매우 시사적이다.

역사에서 정합성만을 추구할 경우 생기는 또 다른 문제는 역사적 진실에 대한 설명이 실재와 필연적 연관이 없는 것으로 귀결될 수 있다는 점이다. 역사에서 실재를 인정하지 않는 견해는 많이 있다. 예컨대 오크쇼트(M. Oakeshott)는 과거에는 일어난 일의 세계와 과거 사건에 대한 현재 지식의 세계라는 두 개의 세계가 존재하는 것이 아니라, 현재의 경험 세계만이 존재한다고 보았다.(1933: 108) 크로체 역시 "모든 진정한 역사는 현재의 역사다"(Croce 1978: 11)라고 말하는데, 이런 견해 역시 역사는 실재와 필연적 관련이 없다는 점을 시사한 것으로 볼 수 있다. 이처럼 역사가 실재와는 관계없는 상대적인 주장에 불과한 것이라는 점을 정합설의 입장에서는 부인하지 않는다.

그렇다면 이런 정합설은 역사에서 어떤 의미를 갖는가. 역사에서 정합설의 가치는 앞에서 살펴본 탐정의 비유에서 정확하게 나타난다. 즉 탐정은 사건을 해결하기 위해서 확실한 사실을 바탕으로 이론을 구성하지만, 만약 그 이론으로 해결되지 않는다면 다시 원점으로 돌아와, 이미 확정한 사실 자체를 의심하여 다른 이론을 구성하여 사건을 해결하려고 한다. 마찬가지로 역사에서도 어떤 과거 사실이 확정되는 것은 어떤 체계에 대한 정합성을 따져, 그 진리 여부를 결정하는 과정을 거치고 난 이후이다. 만약 역사가나 학습자가 상정하고 있는 이론으로서의 어떤 체계가 과거 사실과 정합하지 않는 경우에, 그들은 다시 그 사실을 의심해야만 한다는 것이다. 이와 동시에 확증된 과거 사실을 바탕으로 체계 자체를 의심해보는 것도 가능하다. 이처럼 역사에서 정합설은 사실과 이론의 부단한 상호과정을 유발하게 된다는 점에서 가치가 있다. 이런 상호작용 과정은 객관적인 역사에 접근할 수 있는 절차로서의 의미가 매우 크기 때문이다.

정합설이 역사에 적용 가능하다는 것은 그것이 역사 인식의 과정과 일치한다는 점에서 알 수 있다. 역사 인식에서 사실의 의미는 보다 큰 계열이나 역사적 맥락에 비추어보아야 정확히 알 수 있고, 반대로 사실이 역사적 맥락에 부합하지 않는 경우 역사적 맥락 자체를 사실에 맞게 바꾸어 인식하는데, 이러한 과정은 정합설의 주장과 같은 원리이다.

요컨대 역사에서 인식론을 메타 이론적 입장에서 바라본다면, 경험론은 역사를 인식하기 위한 출발점에 유용하고, 합리론은 전체적 체계라 할 수 있는 역사상과 개별 사실의 정합성을 검토하는 데 유용하다. 역사가는 정합설의 입장에서 과거에 대한 어떤 절대적으로 확실한 지식을 알 수는 없지만 모든 역사적 진술은 관계적이라고 주장한다. 그러면서 동시에 대응설의 입장에서 역사는 지각과 마찬가지로 독립적인 실재의 특성을 설명할 수 있다고 믿는다.

역사적 판단의 기초는 특별한 종류의 경험인데, 그 경험은 사람이 과거에 접근할 수 있게 해주는 중요한 요소이다. 그 경험은 바로 기억이고, 그것을 통하여 과거에 접근하지만 직접 볼 수는 없다. 우리가 주장할 수 있는 것은 과거 사건이란 어떤 접근의 실마리를 갖고 있고, 그것이 어느 정도 과거의 참모습을 간파할 수 있게 해준다는 정도이다. 그렇지만 우리가 재구성한 것의 정확도는 그것을 과거와 비교하여 확인할 수 있는 것은 아니다. 따라서 역사에 있어서 우리에게 허용된 진리의 기준은 기억을 통해 접근한 과거 사실과 그것을 기초로 만들어진 신념의 내적 정합성이라고 할 수 있을 것이다.(Walsh 1967a: 92)

3 구성적 인식론

인식론에서 경험론과 합리론은 칸트의 비판론을 통해서 종합된 것으로 평가된다. 칸트의 비판론은 구성적 인식론이라 일컬어진다. 구성적 인식론(constructive theory of knowledge)은 선천적 형식으로서 직관 능력을 갖는 감성과 사유 능력을 갖는 오성으로 설명된다.(Lamprecht 1992: 497-504)

칸트에 의하면 우리가 사유하기 위해서는 사유의 소재가 있어야 하는데, 이 소재를 제공하는 것이 선천적으로 주어진 감성이다. 우리가 경험할 수 있는 외부 세계는 현상계로서 존재하며, 그것은 감성을 통해 지각으로 주어진다. 감성이 갖는 형식(Form)은 시간과 공간이고, 감성은 바로 그 시공을 통하여 잡다한 상태의 질료를 인식 가능한 지식으로 정리하는 능동적인 기능을 지닌다. 즉 감성은 잡다한 질료에 질서를 부여하여 해석하는 역할을 하는 것이다. 이렇게 형성된 감성적 지식은 모두 시간과 공간의 제약하에서 성립된다.

오성 역시 선천적인 것으로서 감성이 질서를 부여한 지식을 인식주체가 인식할 수 있게 구성하는 기능을 한다. 오성이 가지고 있는 형식이 범주(Kategorie)인데, 범주는 유동하는 감각, 즉 감성적 지식에 작용하여 객관적인 물체성을 성립시켜 통일작용을 하는 기능을 갖는다. 오성은 인식주체가 인식 가능하게 만들기 위한 보편타당성을 얻어내는 작용을 하는 것이다.(Kant 1983: 37, 128-129)

보통 코페르니쿠스적 전환이라고 하면 지구와 태양의 관계를 뒤집어 보는 것을 말한다. 칸트는 인식의 대상과 인식의 주체를 뒤집어서, 대상은 고정되어 있는 것이 아니라 인간의 정신 속으로 들어와 정신이 정한 조건에 따라 구성되는 것이라고 주장하면서, 이를 코페르니쿠스적 전환이라 비유하였다.(Kant 1983: 36) 코페르니쿠스적 전환의 요체는 진리란 인식 주관과 독립하여 존재하는 객관적 실재를 모사한 것이 아니라, 그 반대로 인식을 통하여 대상이 결정된다는 것이다. 대상은 혼돈된 상태로 주어지지만 감성을 통해 직관으로 형성되고, 이 직관이 다시 오성의 형식인 범주에 의해 감각소여(data)에 질서를 부여함으로써 대상으로 구성되어 인식이 가능하게 된다. 이른바 인간은 자연을 보는 사람이 아니라, 그 자연을 만드는 입법자가 되는 것이다.

요컨대 칸트의 인식론은 객관적 대상을 그대로 인식할 수 있는 것이 아니라, 오성에 의해 대상을 구성해야 인식할 수 있게 된다고 보는 것이다. 여기서 대상을 구성한다는 것은 인식주체의 주관적인 구성 과정을 나타낸다. 그러나 그 주관성은 관념이 아니라 밖에서 주어진 질료를 바탕으로 구성되는 것이어서, 순수 주관론과는 차이가 있다. 칸트는 실재론의 입장을 받아들여 객관적 실재를 인정하면서, 다른 한편으로 그것을 인식하는 것은 관념론의 입장을 받아들여 인식주체가 스스로 만드는 것으로 보아, 이 둘을 종합한 인식론을 주장한다.

칸트의 인식론은 인식주체가 주관적으로 대상을 구성하는 인식과정을 설명하는 것이기 때문에 구성적 인식론이라 일컫는다. 구성적 인식론의 특징은 인식주체와 대상을 구분하는 이원론을 취하면서도 인식주체의 능동성을 상정한다는 점에 있다. 이것을 역사에 적용한다면, 인식주체인 역사가는 과거를 대상으로 받아들여 자기의 범주를 가지고 능동적으로 과거를 재구성하는 존재가 된다.

실제로 역사 인식론에서 이원론적 입장과 역사가의 능동성을 수용하여 역사를 파악한 경우로는 에드워드 카를 들 수 있다. 그는 역사에 존재하는 세 가지 사실을 구분하였는데, 그것은 과거 사실(basic facts)과 과거에 대한 사실(facts about the past), 그리고 역사적 사실(historical facts)이다.(Carr 1961: 10-13) 그는 본질적으로 알 수 없는 '과거 사실'은 '과거에 대한 사실'로 전환되어야 인식의 대상이 될 수 있다고 본다. 그러면서 역사를 '현재와 과거의 끊임없는 대화'라고 규정하였다. 인식주체인 역사가는 현재와 과거의 대화를 통해 인식이 가능해지고, 그 결과는 '역사적 사실'이 된다는 것이다.

하야시(林健太郎)도 칸트의 인식론을 역사연구에 적용하고 있다. 그는 단편적 지식을 얻는 것을 감성적 파악에 비유하고, 이들 지식을 종합하는 작업을 오성적 인식에 비유한다.(1983: 70) 셸링(F. W. Schelling)도 역사가가 사건을 순수하게 수용하고 발견하는 측면과 오성적 동일성에 의해 경험적 재료를 연결하는 측면을 지적하였는데, 여기서 오성적 동일성이란 주관에 의해 설정된 하나의 목적에 응해서 사건을 정리하는 것을 말한다.(林健太郎 1983: 71 주 17에서 재인용) 에드워드 카의 '과거와 현재와의 끊임없는 대화'라는 것도 결국은 역사가가 그의 사실을 그의 해석으로 주조하고, 그의 해석을 그의 사실로 주조하는 끊임없는 과정으로서 오성의 작용을 연상케 한다.(Carr 1961: 29)

결국 역사에서의 구성적 인식론은 역사가의 전제와 역사적 사실 사이의 상호작용을 통하여 객관적인 역사를 구성해가는 과정임을 재확인해주고 있다. 이것은 역사를 인식할 때 먼저 사료 비판 등을 거쳐 사실을 결정하고 나서, 이를 바탕으로 이성을 작용시켜 역사이론을 구성하는 것이 아니라, 사료 비판을 할 때 이미 이론적 사고가 관여한다는 것을 말하는 것으로서, 역사 인식에서 이런 부분이 칸트의 감성과 오성의 형식이 작용하는 지점이라 할 수 있다.(林健太郎 1983: 74)

샤프(A. Schaff)가 설명하는 부분과 전체의 문제도 같은 과정을 보여주고 있다. 부분은 전체구조 내에서만 이해되며, 전체는 부분을 통해서만 인식 가능하다는 설명을 놓고 볼 때, 전체는 칸트의 범주로 볼 수 있고, 부분은 인식의 대상이라 할 수 있으며, 이 둘 사이의 관계가 '무한한 과정'이라는 지적은 오성을 통해 대상을 구성하는 인식의 과정을 말하는 것으로 볼 수 있다.(Schaff 1982: 334) 이것은 부분적 지식의 누적이 역사관의 질적 변화를 야기하는 변증법적 과정이자 절대적 진실을 획득하기 위해 끊임없이 노력하는 과정임을 나타낸 것으로 볼 수 있다.

샤프는 보다 구체적으로 구성적 인식론을 역사 인식론에 도입하고 있다.(Schaff 1982: 70-91) 그는 인식론을 인식주체(cognitive subject)와 인식대상(object of cognition) 및 인식과정의 결과로서의 지식(knowledge as the product of the process of cognition)이라는 세 가지 요소로 나누어 고찰하면서, 세 가지 모델로 인식론을 설명하고 있다.

제1모델은 인식대상이 주체의 지각기관을 작용시키며, 주체는 이를 수동적·관조적·수용적으로 받아들이는 요소로 간주하는 것이다. 이런 인식의 수동성을 일컬어 포퍼(K. Popper)는 '마음의 기형론(bucket theory of mind)'이라 명명한 바 있다.(1971: 214) 이런 과정을 거친 결과로서의 인식 또는 지식은 인식대상의 반영이며 모사라는 특징을 갖는다. 이것은 진리론에서 대응설에 해당하는 것으로서, 반영론 혹은 모사설이라고 한다. 그런데 이 모델은 지각기관이 개인적으로 또는 유전적으로 다양하기 때문에 인식주체에 따라 상이 다르게 나타날 수도 있다는 약점이 있다.

제2모델은 인식주체가 능동적으로 객체를 창출하는 것이다. 이는 주관주의나 관념론으로 구체화되며, 유아론(solipsism)이 이 모델의 순수한 형태이다. 여기서는 인식대상이 인간이 경험과 모순되면 존재할 수 없다. 모사설의 반대라고 생각하면 이해하기 쉽다.

제3모델은 주체와 대상 요소들의 상호작용을 내세운다. 능동적으로 수정된 반영론의 구조 안에서, 주체와 객체가 모두 객관적이고 실재적인 존재를 유지하는 동시에, 상호작용하는 것으로 보는 것이다. 이것은 칸트의 구성적 인식론을 적용한 것이다. 샤프는 이 모델의 특징으로 인식주체를 중시한다는 점에서 반영론의 일종이기는 하지만, 안식대상이 객관적으로 존재한다는 것을 인정한다는 점, 객관적으로 존재하는 인식대상이 감성적 인상의 외적 근원이 된다는 점, 인식과정은 주체와 객체 사이에 일어나는 관계라고 본 점, 모든 불가지론에 반대한다는 점 등에서 구성적 인식론을 반영한 것으로 보았다.(Schaff 1982: 84)

구성적 인식론의 가치는 역사학의 자율성을 잘 보여주는 인식론이라는 점에 있다. 여기서 자율론적인 역사도 객관적인 역사라고 평가받을 수 있는 이유를 가늠할 수 있다. 즉 역사는 역사가가 설정하는 계열과 사실 사이의 상호작용을 통해 객관적인 인식에 도달할 수 있다고 보기 때문이다. 역사는 주관적인 것이라고 하더라도, 이런 점에서 자의적인 것과 구별된다.

역사학의 입장에서 구성적 인식론에서 주목할 가치가 있는 것은 인식주체와 감성 및 오성이 작용하는 대상과의 상호관련성이다. 그리고 인식을 하기 위해서 오성의 형식인 범주, 즉 인식 틀의 도움을 필요로 한다는 점도 유의해야 할 특징이다. 여기서 인식의 틀이라 함은 일종의 개념인데, 사물은 개념이 있어야 대상으로서 인식 가능하게 된다는 점을 고려할 때 의미가 있다. 그리고 인식은 인식주체의 능동적인 구성 활동의 결과이다. 요컨대 인식한다고 하는 것은 인식의 틀(frame)로서의 범주, 즉 개념을 통하여 인식대상을 구성하되, 인식의 틀은 고정적인 것이 아니라 인식대상과의 상호작용에 의해 조절되는 것이라고 보는 것이다.

그러므로 역사는 역사가가 능동적으로 구성하여 인식하는 것으로서, 과거 사실과 인식의 틀 사이의 끊임없는 대화, 즉 상호작용으로 구성된다. 이와 같은 인식의 성격에서 과거 사실과 인식 틀 혹은 관점의 상호작용, 그리고 인식주체의 능동적인 구성 과정

등을 주목해야 할 것이다.

결국 역사는 역사가가 일정한 관점을 가지고 구성하는 것이라는 사실을 알 수 있다. 역사의 본성은 구성적 인식론에 따른 인식의 결과라는 것이다. 그러므로 역사에서 과거와 인식주체 간의 대화라는 변증법적 과정과, 그런 과정을 통한 역사구성이 역사 인식의 실체이다. 이 점에 주목할 가치가 있다.

제7장

자율론의 역사 인식 논리와 역사교육

헴펠(C. G. Hempel)이 역사에도 일반 법칙의 적용이 가능하다는 주장을 한 이래 역사의 본성에 대한 탐구는 역사학이 과학인가 아닌가가 중심주제였다.(1959: 344-356) 이 문제는 역사를 사회과학이나 자연과학과 같은 과학의 한 분야로 간주하는 진영과, 역사를 자율성과 독특성을 가진 인문학의 한 분야로 간주하는 진영 사이의 상반된 주장으로 전개되었다.(정선영 1993: 11-57)

두 진영의 주장 사이에 있는 차이는 세부적으로 들어가면, 논리에 아주 미묘한 문제들이 얽혀 있어서 진영을 규정하는 많은 용어만큼이나 여러 갈래로 분화되어 있다. 예컨대 월시는 이들을 실증주의자와 관념론자(Walsh 1967a: 42-47)로, 맨들바움(M. Mandelbaum)은 포괄법칙론자(Covering Law Theorist)와 보수주의자(Reactionist)(1961: 229)로, 앳킨슨(R. F. Atkinson)은 동화주의자(Assimilationist)와 자율론자(Autonomist)(1978: 23)로 두 진영을 일컫는다. 대체로 실증주의자, 포괄법칙론자, 동화주의자로 불리는 학자들은 과학적인 학문으로서의 역사를 주장하는 사람들이고, 관념론자, 보수주의자, 자율론자라는 불리는 학자들은 인문학으로서의 역사를 주장하는 사람들이다.

이러한 두 진영을 구분하는 용어가 제각각인 것은 역사가 가지는 복합적이고도 양면적인 본성 때문이다. 여기서 역사는 실증적인 과학이라기보다는 인문학이라는 입장에 서는 자율론에서 주장하는 역사 인식의 논리는 무엇이고, 그것이 가지는 역사교육적 함의는 무엇인지 살펴보고자 한다.

1 자율론의 역사 인식 논리

1) 역사의 주관성 문제

❶ 주관성의 역설

일반적으로 역사의 고유성 혹은 독특성이라 하면, 대개 역사가 가지는 관념론에 치우치는 본성이나 자율론에 어울리는 성격을 지칭한다. 역사의 고유성, 즉 사회과학이나 자연과학과의 차별성을 의미하는 역사의 자율론적 성격이란 대체로 포괄법칙(covering law)을 적용할 때의 문제점을 지적하고, 역사의 독특성이나 개별성에 주목하는 것이며, 역사의 객관적인 성격보다는 주관적인 성격이 강한 것을 이르는 말이다.

객관성을 거론할 때는 통상 과학적 객관성을 일컫는 경우가 많다. 과학적인 객관성이란 동일한 증거물로부터 출발하는 관찰자는 누구나 동일한 결론에 도달한다는 의미이다. 과학적 사고의 기본원리는 모든 관찰자에게 동일하다는 관념이 전제되어 있는 것이다. 그러나 역사에 있어서의 이런 객관성은 약한 의미에서만 가능하다.

인식론의 측면에서 본다면, 역사는 애초부터 인식주체의 자율성이 개입될 수밖에 없는 속성을 지니고 있다. 예컨대 역사서술이 처음 시작된 그리스에서 역사는 역사기술(historiography)로 시작되었다. 역사를 기술(記述)하기 위해서는 사실을 언어의 차원으로 끌어올려서 의식의 차원으로 고양시키는 역사화가 필요한데, 이 과정은 필연적으로 주관성을 초래할 수밖에 없다.(Angehrn 1997: 31) 그리고 그리스에서 시작한 역사기술은 망각에 대한 투쟁이 기술의 동인(動因)이었다. 기억을 위한 기술은 필연적으로 기술하는 자의 주관성이 반영된다. 따라서 역사학이 역사기술학이 되는 한 인식론상 주관적인 속성을 지니게 되어 있다. 그리고 그것이 언어의 차원으로 전환되는 과정을 거치는 한 주관성의 개입은 불가피한 것이다.

한편 역사가의 개인적인 자율성에 비관적인 견해를 제기한 사람으로는 삶의 철학자 니체(F. W. Nietzsche)를 들 수 있다. 그는 역사에서 역사가가 사실이나 사건을 기억하는 특성에 주목한 것이 아니라, 역사가의 구도가 결정되는 순간에 오히려 망각이 수반된다는 점에 주목하였다. 니체가 기억을 하려는 행위가 망각으로 환원된다고 주장하는 단서는 역사가가 가지고 있는 선행적인 관심구조(Interessenstruktur)에 의하여 역사가 규정된다고 하는 점에 있다. 그는 개인이 자율적으로 구도를 결정하는 것에 따르는 역사의 성격을 전망주의로 개념화한다. 니체가 말하는 전망주의(Perspectivismus)란, 풍경화를 그리는 화가가 풍경화 속에 담는 그림은 화가의 원근 구도에 의해 결정된다는 것에서 유래한 것(Schnädelbach 1986: 103)으로서, 역사기술을 그림으로 비유했을 때,

역사를 그리는 것은 사실을 기억시키는 행위가 아니라, 오히려 화가의 구도에서 벗어난 부분, 즉 그림에서 제외된 부분의 망각을 초래하는 행위라는 것이다. 여기서 전망주의 개념을 통하여 니체가 강조하려 한 것은 기억된 역사보다 오히려 망각되는 역사의 중요성이다. 이는 역사가의 주관적인 구도에 대한 폐해를 지적하기 위한 것이다.

그렇지만 니체의 전망주의는 그가 주장하는 의도와는 상관없이, 역사는 화가가 원근법의 구도로 풍경을 그리는 것처럼 역사가의 구도에 의하여 그려지는 것이라는 것을 잘 보여준다. 그러므로 전망주의는 역사에 객관적 진리는 존재할 수 없는 것이고, 오직 역사가의 전망에 의존하여 구성될 수밖에 없음을 지적한 것으로 보아도 좋을 것이다.(강대석 1991: 185-186) 역사가에 의해 결정되는 역사학의 자율적 측면이 비유적으로 잘 나타나 있는 것이 전망주의인 셈이다.

그렇지만 전망주의대로라면 역사는 지극히 주관적인 것이 될 수 있고, 나아가 자의적인 것이 되지 않는다는 보장을 하기 어렵다. 이러한 역사가의 자율성은 곧 역사의 자의적인 성격을 나타내는 것이라는 견해에 대해 비판적인 견해를 보인 사람은 월시이다. 그의 전망이론(perspective theory)(Walsh 1967a: 110-113)은 과거를 자기의 전망(관점)으로 받아들이고, 자기 전망을 통해 역사를 바라본다는 것이다. 그러나 니체와 달리 그는 전망주의의 자의적 주관성에 대해 비판적인 태도를 갖는다. 그는 언뜻 보아서는 상반되어 보이는 두 요인의 소산이 역사라고 본다. 하나는 과거에 일어났던 것을 이해하는 데 절대적인 것은 아니더라도 역사가는 자기의 관점, 곧 주관적 요인으로 과거를 성찰한다는 점이고, 다른 하나는 역사는 증거로부터 주어지는 것이라서 받아들일 수밖에 없는 것이라는 점이다. 그가 보기에 주관적 요인은, 있었던 그대로의 과거를 재생하는 데 방해가 되는 것으로 비판받을 여지는 있지만, 그렇다고 역사가가 재구성한 것이 모두가 허위라고 할 수는 없다. 니체의 전망주의와 월시의 전망이론은 본질은 같으나 역사의 주관성에 대한 입장은 약간 다른 견해를 보이고 있는 셈이다.

월시는 역사의 본성을 예술가인 초상화 작가를 통해 설명한다. 초상화 작가는 자기의 관점으로 대상을 바라본다. 그렇지만 그는 대상의 실재에 대해 그대로 바라본다기보다 실제 특성을 통찰력을 통해 실재에서 찾아낸다. 그 결과 그는 대상을 그대로 옮겨서 그리는 것이 아니라 대상으로부터 영감을 받아 찾아낸 나름의 특성을 그려낸다. 우리는 그 초상화를 보고 그대로 그리지 않아서 잘못 그렸다고 비판하지 않는다. 오히려 작가가 보고 그려낸 대상의 특성을 보고 감탄하는 경우가 많다. 마찬가지로 역사가도 자기 자신의 전제(presupposition)를 가지고 과거를 관찰하는데, 과거를 그대로 바라본다기보다 통찰력을 통해 바라본다. 그리고 역사를 있는 그대로 그리는 것이 아니라 통찰력을 통해 과거로부터 받은 영감을 나름의 방식을 동원하여 그려낸다. 즉 그가 그려낸 역사는 통찰력을 통해 대상을 바라본 자신만의 구도로 그려낸 것이다. 그렇지만 우리는 그의 역사가 있는 그대로가 아니라고 비판하지 않는다. 오히려 그가 그려낸 역사서사를 보고 적연성의 정도를 높게 평가하는 경우가 많다.

이처럼 자기의 관점에서 어떤 주제를 바라보는 것이 과거를 이해하는 데 방해가 되는 것은 아니다. 다만 역사에 대한 여러 관점 중에서 어떤 것이 진이고 위인가를 판단하는 기준이 무엇인가 하는 문제는 여전히 남는다. 월시가 보기에 역사에서 진위를 판단할 근거는 없다. 예컨대 종교개혁에 대한 가톨릭의 입장과 프로테스탄트의 입장의 해석이 있다면, 두 해석은 그 자체로서 완전한 것이다. 각각의 관점을 비교할 수 있는 수단도 없다. 각각의 관점은 나름대로 완전한 근거를 들어 주장한다. 여기서 우리는 다만 역사가가 지키는 기본적인 규칙, 즉 지적 성실성이나 사료에 근거하는 태도 등을 잘 지키는 한, 편견에 근거해 쓰는 나쁜 역사와 그렇지 않은 좋은 역사를 구분할 수 있을 뿐이다. 비록 과학적 객관성으로서의 타당성을 가진 진위판단의 근거는 없지만, 우리는 역사가는 실제로 일어났던 것에 대한 통찰력을 가지고 있어서 진리에 가까운 설명을 할 수 있다고 믿는다.(Walsh 1967a: 137)

자율론적 역사가들은 역사에서의 진리와 객관성에 대한 판단의 방향을 시사하고 있다. "파당적인 선전원이 쓴 역사는 나쁜 역사지만, 그것이 나쁜 역사인 이유는 역사가 본래 편향적인 성격을 가진 것이라서가 아니라, 잘못된 길로 편향되었기 때문"이라는 표현 속에서, 역사의 자율론적 성격은 자의적인 주관성과는 거리가 있다는 것을 함축적으로 설명하고 있다.(Walsh 1967a: 112) 잘못된 역사는 역사가들이 인지하는 확실한 기본 규칙, 즉 증거를 음미하거나, 증거가 있을 때만 결론을 받아들인다거나, 논증에 있어서 지적 성실성을 견지하는 것 등을 무시하고 결론을 수립한 것에 불과한 것이다. 이 규칙을 무시하면 나쁜 의미의 주관적인 성과를 낳고, 규칙을 고수하게 되면 역사에 있어 규칙이 이룰 수 있는 한에서 진리와 객관성을 성취할 수 있게 된다. 주관적인 역사라고 하는 것은 불가피한 것이지만, 좋은 의미의 주관성이 있고, 나쁜 의미의 주관성이 있어서 주관성의 문제는 자의성과 구별된다고 보는 것이다.

리쾨르(P. Ricoeur)도 주관성을 주관과 객관이라는 요소로부터 나온 인식의 본질에서부터 생겨난, 또는 인식과정 내에서 주체의 능동적인 역할에서부터 생겨난 '견실한(good)' 형태의 주관성과, 이해관계나 당파성 등의 요소가 작용한 결과로서 인식을 왜곡시키는 '조악한(bad)' 형태의 주관성으로 나누고 있다. 여기서 '객관성'이란 견실한 주관성과 조악한 주관성을 구별해주는 명칭이지, 그 두 가지 주관성을 완전히 배제하는 명칭이 아니다.(Schaff 1982: 303)

그러므로 역사가가 과학적 객관성을 가진 역사를 쓸 수 없다고 보는 것은 옳은 진단이 아니다. 역사가는 주어진 전제 안에서 그들이 인지하는 증거를 진실로, 그리고 공평하게 평가하는 설명을 구성하려고 노력한다. 예컨대 상대적으로 객관적이거나 상대적으로 주관적인 마르크스주의적 설명이 있을 수 있고, 자유주의적인 설명도 있을 수 있다. 비록 과학적 이론이 객관적이라고 할 때처럼 절대적으로 객관적인 역사는 있을 수 없다는 것을 인정할 수밖에 없지만, 객관성의 정도에서 구별은 가능한 것이다.

역사가 자율적인 성격을 갖는다는 것은, 어느 정도의 과학적 성격과 함께 예술적 성격도 가진다는 의미이다. 역사가 문학성과 같은 예술적 성격을 갖는 것은 부인할 수 없는 사실이다. 그렇지만 그렇다고 그것이 역사의 자의성을 의미하는 것은 아니다. 역사가는 때로 전제를 잘못 채택하거나, 정당한 비판과 부당한 비판을 혼동할 수 있지만, 역사학이 전적으로 주관적인 학문인 것은 아니다. 전망이론을 비롯한 여러 가지 견해는 객관적 역사를 달성하려는 노력 속에서 역사의 자율론적 특성을 반영한 선택이며, 참된 주관성을 주장하는 방식으로 객관성을 주장하는 것이라고 할 수 있다.

이렇게 자율론자들은 주관성 문제에 거꾸로 접근하여 좋은 역사와 나쁜 역사를 구분하는 기준을 제시한다. 역사의 주관적 측면을 적극적으로 부각시켜서, 역사는 기본적으로 편견을 갖는 것이라는 사실이 오히려 객관성을 확보하는 방안이 될 수 있다고 주장한다. 예컨대 당파적 입장을 무시할 뿐 아니라. 당파적인 고려가 인식에 끼치는 영향을 간과하는 객관주의자보다 사회의 계급 구조를 고려하는 당파적 입장을 가진 사람이 더 훌륭하게 객관적 진실을 반영할 수 있다는 것이다.(Schaff 1982: 322) 다만 당파적인 입장 자체가 나쁜 것으로 평가하게 만드는 편견이나 당파성을 갖는 것이 문제일 뿐이다. 객관성 문제는 이미 그가 설정하는 계열에서 이미 판단될 수 있는 것이다. 이런 견해는 역사의 자율론적 성격과 주관성에 대한 실제적이고 온건한 입장으로, 주관성을 거꾸로 객관성의 기반으로 만드는 것으로서 주관성의 역설인 셈이다.

❷ 자율론적 역사이론

역사의 자율성은 객관적 상대성(objective relativity)의 관점으로 설명할 수 있다. 객관적 상대성이란, 지식은 어떤 특정한 맥락에 있을 때만 객관적이 된다는 것이다. 즉 역사의 경우에 역사가 자신이 선택한 좌표계에서만 객관성을 따질 수 있다는 것이다.(Schaff 1982: 325-336) 이러한 객관적 상대성에 입각한 주장은 프랑켈(C. Frankel)의 '해석이론'이 대표적이다. 그는 최종귀결(terminal consequence)의 선택 문제를 제기한다. 역사가는 사건 E에서 시작하여 그 귀결인 C1, C2, C3…을 추적하여 최종귀결 t1을 선택한다. 반면 또 다른 역사가는 같은 사건 E에서 시작하여 그 귀결인 Cx, Cy, Cz…를 추적하여 최종귀결인 t2를 선택할 수도 있다.(Frankel 1959: 421)

예컨대 콜럼버스의 아메리카 대륙 발견의 의미에 관한 16세기 미국 원주민의 해석(최종귀결)이 있고, 16세기 스페인 사람의 해석(최종귀결)이 있다. 문제는 어떤 해석이 옳다고 말할 수 있는가 하는 점이다. 프랑켈은 무엇이 옳은지는 말할 수 없다고 주장한다. 그는 그 이유로 그들이 말하고 있는 것은 같은 사실에 대한 것이 아니라 다른 사실에 대해서 말하고 있기 때문이라고 주장한다. 그러므로 무엇이 옳은지는 각각의 관점에 따라 판단할 수밖에 없다는 것이다. 오히려 그가 중요하게 생각하는 것은 이런 논쟁의 존재이다. 이 논쟁은 각자가 가지는 관점에 대한 명백한 입장을 취하게 하고, 나아가 더 많은 정보만 있으면 해결될 수 있는 것이라고 본다.(Frankel 1959: 427) 이 역시 역사가 가지는 자율성의 문제는 각각의 전제나 관점에 달려 있다는 것을 강조하는 것으로 환원하고 있다는 점에서 보면, 프랑켈도 월시와 마찬가지로 역사가의 지적 성실성에 기대고 있다고 할 수 있다.

샤프(A. Schaff)도 역사의 편파성 여부는 역사가의 자질에 달려있다고 주장한다. 성실하게 과학적인 태도로 임하고, 객관적 진실을 획득할 수 있을 만큼 완전한 자격을 갖춘 역사가라면, 그들 사이에 역사관이 다르다고 하더라도 문제가 되지 않는다는 것이다. 만약 둘이서 똑같은 사실을 다르게 표현하고, 심지어 완전히 상반되게 표현하는 경우가 있지만, 그렇더라도 그들이 거짓말을 하고 있는 것은 아니라고 단정한다.(Schaff 1982: 335) 그가 보기에 역사의 인식은 서로 다르고, 개별적이라는 사실이 오히려 중요한 것이다.

밍크(L. Mink)는 '역사이해이론'으로 역사의 자율성을 주장한다.(1987: 68-87) 그에 의하면 역사가는 예측을 하는 것이 아니라, 전망을 가지고 회고를 통하여 이해하는 것이라는 점에서 과학자와 다르다. 그리고 역사가의 가설은 법칙이 아니라 안내자로서 기능한다는 점에서, 과학 탐구에서의 가설과 다르다. 나아가 역사가는 사건 속에서 재생(relive), 또는 재창조(recreate)하기 위해서 통찰이나 직관의 방법을 사용한다. 통찰이나 직관은 모든 것을 순차적으로 파악하는 것이 아니라 한꺼번에 파악(seeing together)하는 것이 특성이다.

밍크가 특히 강조한 것은, 역사가의 이해는 유사성의 인식을 통한 이해로써, 분석적 기술(記述)로 대체할 수 없는 총체적이고 개요적(synoptic)인 판단이라는 면모이다. 그리고 역사가가 하는 일은 논증하는 것이라기보다 학습한 것을 청중(audience)에게 말하는 것이고, 역사가가 말한 것에 대한 심판자는 일반적이고 보편적인 청중이다. 그래서 역사에서는 과학에서는 인정할 수 없는 적연성(適然性, plausibility)을 진리의 기준으로 삼는다. 이때 적연성이란 엄격한 기준이 아니라 적연한 정도(degree)의 문제다. 보다 많이 알면, 그 정도가 보다 더 올라가는 그런 것이다. 이런 밍크의 견해는 역사가 자율론적 성격을 갖는다는 것을 과학과는 다른 이해방식의 기준을 제시하여 입증한 것이라고 평가할 수 있다.

포스트모던 역사학에서는 역사의 객관성을 부정하면서 역사학의 자율성을 주장한다. 젠킨스(K. Jenkins)는 역사의 주관적 특성을 담론화(discoursing)로 설명한다. 예컨대 창문을 통해 바깥을 내다보는 경우, 내다보는 인식주체가 지리학자라면 토지 유형과 농경 방식을 읽어낼 것이고, 사회학자라면 마을에 사는 사람들의 직업구조, 가족규모를 고찰할 것이다. 그러나 역사가라면 오늘날의 토지 유형을 인클로저 이전과 비교하거나, 현재의 인구를 과거와 비교하려 할 것이다. 젠킨스는 이처럼 풍경(과거)은 있는 그대로 보이는 것이 아니고, 이미 창안된(invented) 이야기로서 등장하며, 실재(reality)의 한 구성요소처럼 위치하기 때문에, 그것이 과거와 부합되는지는 알 수 없다고 주장한다. 이것이 바로 역사가 담론이 되는 이유이고, 담론화에 대한 설명이기도 하다. 동일한 현상을 항상 변화하는 담론들(항상 해체되고 다시 구성되는 담론들)을 가지고 각기 다르게 해석하는 것이 역사인 것이다.(Jenkins 1991: 9)

이는 단수가 아니라 복수의 역사들(histories)이 존재한다는 사실을 주장하기 위한 것이기는 하지만, 역사는 역사가의 담론에 따라 자기 나름의 역사를 구성한다는 주장이다.(Jenkins 1991: 3) 젠킨스에 의하면 역사는 자연과학적인 의미에서 객관적인 과학이 아니라, 주관적이고 잠정적인 것이다. 그러므로 이러한 포스트모던적 태도가 역사에 대해 위기감을 불러일으킨 것은 당연한 일이다.

그렇지만 이들이 역사학에 끼친 영향은 오히려 매우 긍정적이다. 왜냐하면 그들은 단선적이고 통합적인 역사 개념을 비판하고, 역사는 연속성뿐 아니라 단절로 점철되어 있다는 것을 증명하고 있기 때문이다. 그리고 이런 주장은 이데올로기적 전제들을 올바로 지적했다는 평가와 더불어, 전문가의 권위로 말하는 과장된 주장들을 정당하게 공격한 것으로 평가된다.(Iggers 1997: 13) 나아가 이들의 주장은 상호텍스트성(intertextuality), 해체(deconstruction), 저자의 죽음 등의 개념을 통해 역사가 넓어질 수 있는 지평을 위한 초석을 놓은 것으로 평가된다.(김현식 1999: 127-128) 결국 이들의 주장은 역사가의 주관성에 대한 경고인 셈이지만, 주관성이 역사가가 구성한 담론에서 비롯된다는 지적은 주목할 가치가 있다. 자율성이 편파성으로 변질되느냐의 여부를 월시가 말하는 역사가가 설정하는 전제와 그가 가진 지적 성실성에 달려 있는 것으로 본다면(Walsh 1967a: 113), 포스트모던 학자들의 경고는 매우 긍정적인 지적이라고 할 수 있다.

2) 인식의 방식

❶ 인식의 틀

역사의 자율적 성격에 따른 주관성의 문제와 달리, 역사가 필요로 하는 인식가능성(intelligibility)의 측면에서도 역사의 자율적 성격을 살펴볼 수 있다. 역사가 인식 가능하기 위해서는 인식할 수 있게 만들어주는 인식 틀이 필요하다. 이런 인식의 틀에 주목하는 경우로 먼저 로저스(P. J. Rogers)를 들 수 있다. 그 역시 세계를 바라보는 것을 그림을 보는 것에 비유하였는데, 그 그림은 무작위의 감각적 혼돈의 덩어리가 아니라, 같거나 혹은 같지 않은 의미에 따라 경험을 합하거나 분리해서 이루어지는 분류 과정의 결과라고 한다.(Rogers 1987: 11) 그러므로 그림을 이해하기 위해서는 분류 과정, 즉 그림이 그려지는 개념 구조를 알아야 한다. 이렇게 그림을 이해하는 것과 마찬가지로 역사서술에서도 전체의 개념 구조가 파악되지 않으면, 개별 사건의 유의미성(significance)이 파악될 수 없고, 결국은 인식 불가능하게 된다는 것이다. 이 전체적인 개념적 구조가 바로 '준거기준(frame of reference)'인데, 이것이 제시되지 않는다면 개별 사실은 의미를 부여받을 수 있는 기준이 없는 상태가 된다는 것이다.(Rogers 1987: 6-7)

준거기준을 수립하기 위해서는 역사적 맥락의 구성이 필요하다. 역사적 맥락은 역사가가 다수의 있는 그대로의 사실(crude facts) 가운데서, 사건들 사이의 본질적인 관계를 추적하여 구성하는 것이다. 로저스의 주장은 개별적 사실들을 이렇게 구성된 역사적 맥락 속에 위치시킴으로써 의미가 드러나고, 그래야만 인식 가능하게 된다는 것이다.

준거기준은 역사적 맥락을 구성하기 위해 필요한 것으로서, 유추로 형성된 개념 구조이다. 이러한 준거기준의 설정은 개별 사실의 의미 이해는 물론, 사건들 사이의 관계를 이해하기 위해 필요하기 때문이다. 여기서도 역시 문제는 준거기준이 자의적인 것인가 하는 의심이다. 왜냐하면 그것은 역사가의 분류 과정을 거쳐서 결정되는 것이고, 사건들 사이의 본질적 관계를 추적하여 찾아내 임의로 구성하는 것이어서, 역사가의 자의성이 반영될 수도 있는 것이기 때문이다.

로저스의 준거기준은 결국 역사의 파악 기준을 설정하는 것인데, 그 기준 설정의 문제에 있어서 주관성을 부인할 수는 없을 것이다. 그렇지만 준거기준은 역사적 맥락을 구성하기 위해 사건의 관계를 추적하여 설정하는 것이고, 그 준거기준에 의해 사건의 의미와 관계를 추적하는 과정이 이어지며, 그렇게 구성된 역사는 다시 준거기준에 작용하게 된다. 이렇게 준거기준과 사건이나 사실의 상호작용이 순환하면서 영향을 주어 역사상이 결정되는 것이므로, 그것을 자의적인 주관성 개념이라고 규정하기 어렵다. 준거기준을 통한 역사이해는 역사의 참된 주관성에 대한 고려의 결과라고 할 수 있다.

인식가능성의 측면에서 준거기준과 유사한 예는 월시의 총괄 개념이다. 총괄(colligation)이란 서로 다른 역사적 사건들이 함께 모여 어떤 단일한 과정을 형성한다는 것을 전제로, 각각의 사건을 전체 과정의 일부분으로 위치시켜 전체를 설명하는 것을 말한다.(Walsh 1967b: 24-25) 그는 전체 과정을 나타내는 적절한 개념 밑에 제 사건을 총괄하는 것은 역사적 사유의 중요한 부분이라는 것을 지적하고 있다. 역사 속의 제 사건은 지배적인 개념 또는 지도적인 관념에 연관되어야 유의미하게 된다. 물론 이러한 태도는 역사에 대해 부분적으로 진실일 뿐이어서, 객관성을 훼손시킬 수 있다는 비판을 받기도 한다.(Mandelbaum 1977: 164) 그러나 그가 역사를 어떤 지배적인 개념이나 지도적인 관념에 관련시켜 이해하는 것이라고 본 것은 매우 의미 있는 주장이다.

그렇다면 총괄은 지배적인 개념이나 지도적인 관념을 찾아내야 가능한데, 그것을 찾아낸다는 것은 역사가가 역사를 이해하기 위한 어떤 계획이 있어야 한다는 것을 의미한다. 이때 그 계획은 자의적인 것이 아니라, 사건이 구체적으로 표현하고 있는 사상을 지적해내고, 그 사건과 밀접하게 연관되는 사건을 열거함으로써 설명하기 위한 것이다. 이렇게 함으로써 역사가는 유의미한 이야기를 구성하여 역사를 설명할 수 있다. 따라서 총괄도 임의적인 관념을 설정하고 이를 정합성 있게 설명하기 위한 조치의 하나이다. 따라서 그것 역시 역사가의 주관적 판단이 작용하지만, 자의적인 기준 설정이라고 보기는 어렵다.

앞서 언급한 전제나 준거기준, 총괄 등 여러 이론에서 나타나는 것은 모두가 역사는 역사가에 의해 구성되는 것이라는 의미에서 자율론적 성격을 피할 수 없다는 것을 잘 보여준다. 여기서 중요한 것은 역사의 자율성이 대체로 학문의 연구 절차를 거치는 과정에서 자의성이 배제되며, 인정할 만한 주관성, 즉 객관성을 갖게 된다는 점이다. 요컨대 자율론적 역사가 가지는 특성은 역사가가 가지는 어떤 전망(관점)이나 전제, 준거기준, 총괄 등으로 표현되는 일종의 상위의 개념을 설정하고 이를 인식의 틀로 삼아 과거에 적용하여 역사를 파악하는 것이라는 점에서 찾을 수 있다.

❷ 통찰

인식가능성의 측면에서 역사를 파악할 때 동원하는 인식의 방식은 달리 보면 역사가의 전망 아래 사실을 체계화(systematization)하는 것으로 볼 수 있는데, 그것은 직관이나 통찰에 의해 가능하다. 한마디로 자율론적 역사의 특징을 말한다면, 그것은 직관이나 통찰을 통하여 인식한다는 점이다.

넬러(George F. Kneller)에 의하면, 직관 혹은 통찰이란 직관적으로 지식을 깨닫는 방식으로서, 그것은 오랫동안 무의식적 작업 과정을 통하여 만들어진 관념이나 결론의 돌연한 출현을 의미한다. 우리가 일상생활에서 상당 기간 씨름해왔던 문제가 어느 순간 갑자기 해결되는 경우를 경험하게 되는데, 그것이 통찰인 경우가 많다.(Kneller 1990: 37)

자율론적 역사가는 공히 복잡한 사건을 정연하게 정리해줄 하나의 상위개념을 모색한다. 역사가의 입장에서 상위개념을 설정하고 난 후, 그에 비추어 사건들 사이의 상호관계는 잘 이해가 되는데도, 사실들의 계열에 따라 추적해 들어가도 전체적인 의미가 파악되지 않는 일이 많다. 그런데 어떤 순간에 사건의 계열을 통하여 전체를 하나로 꿰뚫어 볼 수 있는 생각이 떠오르는 경우가 있다.(堀米庸三 1993: 119-120) 이것이 흔히 인문학의 방법으로 거론되는 통찰(insight)로서, 그 특징은 한꺼번에 순간적으로 깨닫게 된다는 것이다.(조동일 1997: 300-301)[1] 이런 통찰의 방법은 유력한 역사 인식방법의 하나다.

다르게 말하자면 통찰은 어떤 관점이나 지표를 떠올려 주어진 사실들을 총체적으로 이해하는 것을 말한다. 역사에서의 통찰도 부분적인 사실의 집합이 아니라, 사실이나 사건 전체를 총체적

1 조동일 교수에 의하면 통찰의 종류는 넓게 보는 방법으로 'whole insight'가 있고, 깊게 보는 방법으로 'deep insight'가 있는데, 전자를 통찰(通察)로, 후자를 통찰(洞察)로 구분한다.(조동일 1997: 298)

으로 인식하는 방법을 통해 역사상을 결정하는 것을 말한다.

통찰의 과정을 좀 더 구체적으로 살펴본다면, 통찰은 우선 개별 사실을 관찰하는 것에서 출발한다. 개별 사실을 바탕으로 그들을 한꺼번에 파악할 아이디어를 찾는 것이 통찰의 시작이다. 통찰의 결과는 검증된 지식이라고 보기 어렵지만, 객관적인 결과에 이르는 과정을 거친다고 할 수 있다. 그 이유는 통찰에서 필요한, 부분적 사실을 한꺼번에 파악할 아이디어는 일종의 이론이고, 통찰의 방식은 사실과 이론의 끊임없는 상호작용이기 때문이다. 이론을 설정하고 사실을 선택하고 조직하는 것은 상호 보상 작용을 통한 변화의 과정 자체이다. 일반적으로 역사가는 자신의 전제나 가설을 검증하기 위하여 사실을 선택하고, 확실성을 도모하기 위하여 사실에 비추어 그의 가설을 끊임없이 조정해나가기 때문이다.(Holloway 1967: 4)

결국 통찰의 방법은 인식방식 가운데 하나로서 역사가가 가지는 전망에 의해 이해되는 것이라고 할 수 있다. 개별 사실은 보다 큰 관념이나 개념이라고 할 수 있는 어떤 계열(sequence)하에서 인식 가능하게 되고, 그것의 의미나 중요성은 그런 계열에 연관될 때 부여될 수 있는 것이라는 설명도 통찰이 있어야 성립된다.

그러므로 역사는 역사가에 의해 능동적으로 구성되는 것이며, 부분이 아니라 사실 전체를 총체적으로 인식한다는 점에서 자율적인 것이라고 말할 수 있다. 역사에서 자의성을 배제하는 장치로는 사실과 이론의 상호작용이고, 그 속에 작용하는 인식방식이 통찰이다. 특히 구성적인 인식의 과정을 통해서 역사에서의 전망이론이나 상대적 객관성은 물론이고, 준거기준, 총괄과 같은 인식의 틀을 구성하는 데 있어서도 통찰은 필요하다. 이런 면에서 역사의 특징은 통찰을 인식의 방식으로 하고 있다는 점, 그리고 자율론적 성격을 갖는다는 점일 것이다.

2 자율론의 역사교육적 함의

자율적인 성격을 가진 역사는 역사가의 관점이 중요하다는 것과 역사 인식의 방식은 상위에 있는 인식의 틀 아래 직관적인 통찰을 통한 총체적인 판단으로 이루어진다는 것을 살펴보았다. 이렇게 역사가가 구성하는 자율적인 역사의 특성은 교사(역사가)가 학습자(일반인)를 대상으로 역사교육을 준비할 때 잘 드러난다. 화가가 자기의 구도에 들어오지 않는 대상을 그림에서 제외시키는 것과 마찬가지로, 교사는 자율적으로 자기 전망이나 관점에 따라 인식의 틀을 구성할 것이고, 그것에 따라 사실이나 사건을 선택하게 될 것이다. 이것이 자율론적 역사의 면모가 역사교육에 구현되는 원리이다.

따라서 자율론적 역사가 가지는 역사교육적 함의는 무엇보다도 역사가가 자신의 인식 틀을 통해 잡다한 과거 사실에 질서를 부여하고, 개별 사실이나 사건에 역사적 의미를 부여한다는 점에서 찾을 수 있다. 이것은 역사교육에서 학습자가 역사를 인식하기 위해 해야 할 일을 명확히 보여준다. 그 일은 곧 여러 개별 사실을 하나로 포섭하여 설명하려는 통찰로서, 구체적으로 개별 사실을 검토하면서 인식의 틀(준거기준)을 구성하고, 구성된 관점에 따라 개별 사실의 의미를 부여하는 활동이다. 그리고 이런 활동을 통해 역사란 역사가의 주관적인 판단으로 파악되는 것이며, 통찰을 통하여 가장 객관적인 역사를 구성하기 위해 끊임없이 새로운 해석을 추구해나가는 학문이라는 것을 깨우칠 수 있을 것이다.

1) 자의적 역사교육 문제

역사의 자율론적 입장에서 염려되는 가장 큰 문제는 역사교육이 교사의 자의적인 교육으로 나타날 가능성이 크다는 점이다. 만약 교사가 합리적인 선택기준을 배제하고 권력을 남용하여 교육내용을 결정한다면, 그것은 당연히 자의적인 역사교육이라고 비난받게 될 것이다. 따라서 자율론적 역사를 가르치는 입장에서 역사교육을 도모하는 교사가 가장 경계해야 할 것 중의 하나는 자의적인 역사교육이다.

그런데 공정하게 합리적인 선택 기준을 정하는 것이 쉬운 문제는 아니다. 전통적으로 역사교육에서 가장 해결하기 어려운 문제가 자의적인 역사와 객관적인 역사를 판단하는 기준을 설정하는 것이었다. 이 문제는 특히 개인이나 공동체의 신념과 관계되는 것이기 때문에, 쉽게 기준을 설정할 수 있는 성질의 것이 아니다.

그러므로 객관적으로 역사를 판단하는 기준의 설정은 구체적 사태에 직면하여 가장 실제적인 방안을 강구하는 이른바 실천적 지혜에서 찾는 것이 바람직하다.(Mink 1987: 86) 여기서 실천적 지혜란 아리스토텔레스가 인간의 지혜를 '이론적 지혜(theoretical wisdom)'와 '실천적 지혜(practical wisdom)'로 나눈 것에서 유래한 용어이다. 실천적 지혜의 영역은 인간행위를 이끄는 실질적 관심, 즉 '응용(application)'의 영역을 말한다.(양호환 1993: 23-24)

역사교육에서 실천적 지혜란 교사(역사가)의 자율적 역사구성에 대한 실질적인 믿음을 가지는 것을 말한다. 달리 말하면 교사(역사가)는 나름대로의 타당한 관점에 대한 기준을 가지고 있다는 점을 믿어야 한다는 것이다. 이것은 마치 월시가 역사가의 지적 성실성에 기대야 한다고 말하는 것과 같은 이치이다. 해석학에서 가다머(H. G. Gadamer)도 오히려 역사에서 파당적 견해가 본질이라는 사실을 인정하면서, 편견이 없는 순수한 관찰의 가능성을 부정한 바 있다. 그가 강조한 것은 우리 존재의 역사적 실체를 구성하는 정당한 편견의 역할이다.(Gadamer 1975: 224, 238) 이처럼 공정하고 합리적인 선택의 기준은, 모든 장소와 시간에 통용되는 엄밀한 잣대와 같은 그런 것은 아니겠지만, 교사(역사가)가 학문적 타당성에 대한 기준을 적용하여 검증 과정을 거친다는 것을 믿을 수 있다면, 월시의 전망주의나 가다머의 정당한 편견에 따른 역사교육은 지나친 편견으로 얼룩진다고 판단할 근거가 그만큼 줄어드는 결과가 될 것이다. 결국 실천적 지혜를 동원하자는 것은 유연한 자세를 갖자는 것이고, 교사(역사가)의 지적 성실성에 기대면서 나쁜 파당적 견해와 바람직한 파당적 견해를 적극적으로 구분하려고 노력하자는 것이다.

교육의 본질에 대한 관점도 학습자의 인식 자체와 관련한 실천적 지혜가 요구된다. 이 지혜는 교육이 교사가 지식을 학습자에게 전수하는 것으로 끝나는 것은 아니라는 입장에서 나온다. 구성주의 교육관에 따르면, 지식은 외부로부터 학습자에게 그대로 수용되는 것이 아니라, 인식하는 주체에 의해 자율적으로 구성되는 것으로서, 학습자의 능동적인 자세를 강조한다.(정선영 외 2001: 257-258) 만약 교사가 지식을 전수하는 것을 교육의 본질이라고 본다면, 역사교육에서 역사적 관점을 교육한다는 것은 일종의 세뇌교육이나 의식화교육의 형태가 될 가능성이 크다. 반면 구성주의 교육관으로 역사교육을 정의한다면, 교사가 전수하는 지식은 학습자가 지식을 구성하는 재료에 불과한 것이 될 가능성이 크다. 이런 경우 역사가의 관점, 즉 전망도 역사이해를 위해 학습자에게 제공되는 소재로 간주될 수 있다. 더욱이 역사가 본질적으로 구성적 성격이 강하고, 학문체계의 인식론적 바탕이 구성적 인식론이라고 한다면, 역사교육은 학습자가 교사로부터 주어지는 것을 소재로 활용하여 스스로 역사를 구성할 수 있게 돕는 것을 목표로 할 필요가 있다. 요컨대 역사교육은 교사가 가진 역사적 전망을 학습자의 전망이나 관점으로 그대로 전수하는 교육이 아니라, 역사를 구성할 수 있는 소재를 제공함으로써 학습자 스스로 전망이나 관점을 세워 역사를 구성할 수 있게 돕는 교육이다.

이런 역사교육관을 가지려면 또 하나의 전제가 필요하다. 그것은 인간이라면 '세계 내 존재'로서 인간의 사태에 직면하여, 그 적연성을 판단하는 능력을 가지고 있다는 믿음이다. 만약 학습자가 능동적으로 역사를 구성하는 데 교사의 관점이 소재로 활용된다면, 최종적으로 학습자가 구성한 역사의 적연성에 대한 평가는 누가, 어떤 방법으로 해야 하는가 하는 문제가 남는다. 왜냐하면 역사의 구성적 성격이란 역사가(교사 혹은 학습자)가 능동적으로 역사를 구성하는 것을 말하고, 자율적 역사라는 견해에서 보면 더욱 그러하기 때문이다. 따라서 이런 경우 최종적으로 어떤 역사의 구성이 바람직한 것이냐에 대한 평가가 문제다.

하지만 이 문제의 해결방법도 실천적 지혜에서 찾을 수 있는데, 그것 역시 인간의 의식 활동 속에 적연성을 판단할 능력이 있다는 믿음이다. 적연성 문제는 철학에서의 인식론이나 인간 본성론, 또는 심리학에서 심도 있는 논의가 필요한 주제다. 우리는 일상생활 속에서 어떤 얘기를 듣고 주장의 논리성이나 합리성을 판단하기도 하고, 머리를 끄떡이는 정도로 어떤 사태의 적연성을 수용하거나 의심하기도 한다. 마찬가지로 역사교육에서도 학습자가 교사의 관점이 타당하다거나 그렇지 않다고 생각할 수 있는 것이 가능하다는 믿음이 필요하다. 이것은 교사가 특정 관점을 강요하거나 정답을 요구하는 것과는 다른 차원의 문제다. 교사가 제시하는 관점은 결국 학습자가 어떻게 수용하느냐의 문제일 뿐이기 때문이다. 역사교육은 어디까지나 학습자가 역사를 능동적으로 구성하도록 도와주는 것이며, 학습자 각자가 적연성을 판단할 능력을 가지고 있다는 것을 인정한다면, 설령 자의적인 역사교육을 한다고 하더라도 그에 대한 면역력이 있다고 보는 것이다. 이런 조건이라면 자의적인 역사교육은 오히려 불가능하다는 근거가 될 수도 있다. 물론 모든 정보가 개방되어 있어 접근이 자유로워야 한다는 조건이 전제되어야 함은 당연한 일이다.

2) 구성주의 역사교육

학습자의 능력에 대한 믿음에서 자의적인 역사교육을 우려할 필요가 없다는 주장은 교사의 역할에 대한 언급이 없다는 것이 맹점일 수 있다. 구성주의 역사교육에서 교사는 아무 역할을 하지 않아도 되는 존재거나, 역할이 있더라도 아주 소극적인 것에 불과하다는 것이냐 하는 의문이 제기될 수 있기 때문이다. 이 문제에 대해 우선 학습자가 스스로 학습한다면, 학습자는 자율적으로 지식을 구성하는 능력을 가지고 있는가 하는 의문이 있을 수 있다. 만약 학습자가 스스로 지식을 구성하는 능력을 가지고 있다면, 교사는 소재를 전수하는 역할만 하면 될 것이다. 그렇게 되면 교사의 특별한 역할은 필요 없을 수 있고, 있다고 하더라도 지극히 제한적이게 될 것이다. 반면 학습자 스스로 지식을 구성하는 능력이 없다면, 구성주의 교육관 자체가 잘못된 것이라는 의미가 될 것이다.

구성주의 교육관을 받아들이는 경우 원리상으로 역사교사는 학습자에게 다양한 역사정보를 제시하고, 학습자들이 지식을 구성하는 것을 돕는 역할을 해야 한다. 다만 이때 교사는 중립적 가치관을 가져야 하고, 학습자의 지식 구성과 사고 과정에서 편파적인 결론에 이르도록 영향을 끼쳐서는 안 되며, 이른바 '정답맨'이 되어서는 안 된다. 반면 구성주의 교육관을 부정하는 경우, 역사의 구성 자체를 그대로 전수하는 역할을 해야 한다. 그렇게 되면 교사는 학습자의 역사구성에 결정적인 역할을 하게 되고, 교사의 역사를 그대로 학습자에게 전수하는 것이 역사교육의 본질이 된다.

현실적으로 학습자가 스스로 지식을 구성하는 능력을 가지고 있다고 볼 근거는 충분하지 않다. 더구나 익숙하지 않은 역사적 사고를 통해 역사지식을 구성하는 능력을 가지고 있다고 보기 어렵다. 역사가는 학자로서 그리고 전문가로서 일반인들과 다른 교육을 받은 사람들이고, 학문의 체계와 신념을 체득하여 전문적인 방식으로 역사를 연구하고 있는 사람들이다. 이런 점을 고려한다면 일반인이 역사학자와 동등한 역사구성 능력을 가지고 있다는 가정은 성립되기 어렵다. 만약 학습자가 선천적으로 역사의 구성 능력을 가지고 있다면, 역사가가 필요 없다는 결론이 나올 수도 있을 것이다.

그렇다면 구성주의 교육관이 잘못된 것인가? 여기서 자율적인 역사를 인식론 차원에서 교육한다는 것의 의미를 생각해볼 필요가 있다. 앞에서 학습자는 한 인간으로서 인간의 역사를 스스로 구성할 수 있는 능력을 잠재적으로 가지고 있다고 보아야 한다는 것을 말한 바 있다. 그렇지만 여기서 유념해야 하는 것은 그 능력은 저절로 발휘되는 것이 아니라는 점이다. 교육은 바로 그 능력을 일깨워주는 과정이고, 그런 과정은 반드시 필요하다.

여기서 인식론 차원에서 자율론적인 역사를 가르친다는 것은, 객관적인 사실을 가르칠 때와는 다르게, 학습자가 가지고 있는 능력을 계발한다(cultivate)는 의미로 보아야 할 것이다. 통찰력이 동원되는 인식론으로서의 역사교육은 교사(역사가)의 통찰이나 인식과정을 드러냄으로써 학습자의 잠재된 통찰력을 일깨우는 과정이다. 따라서 역사에 대한 통찰력을 기르는 목표의 성취 여부는 학습자 스스로 선천적이고 잠재적인 자기 능력을 계발하느냐의 여부에 달려 있다. 자율론적인 역사를 인식론 차원에서 교육한다고 할 때, 그것은 객관적 지식을 교사가 전수해주는 것이 아니라, 학습자가 스스로 자기의 역사적 통찰력을 계발할 수 있도록 교사가 돕는다는 의미인 것이다.

그렇다면 학습자의 지식 구성 능력에 주목한 기왕의 연구는 이런 역사교육의 인식론적 교육의 특성을 고려하고 있는가? 지식은 선행개념(preconception)이나 선행지식에 의해 구성되는 것이라고 보고 이 점에 주목하여 접근하는 연구가 있다.(McKeown & Beck 1990) 이 연구는 학습자들이 어떻게 지식을 구성하는가에 주목하여, 그 결과에 따라 학습자의 역사지식 구성 능력을 진단하고 처방하는 것이 목적이다. 예컨대 선행개념과의 연합(association)의 정도에 따라, 학습자의 지식을 혼동된(confused) 연합, 폭넓은(broad) 개념으로의 연합, 협소한(narrow) 연합, 보다 복잡한 지식에 대한 증거 등으로 분류하여 진단하고, 처방으로는 인과 관련 구조의 결핍을 해소하기 위해서 지식의 양보다 지식의 활용이 중요하다는 점을 지적한다. 즉 학습자가 이해하고 있는 것을 정확히 파악하고, 수준에 맞게 정보를 제공하는 것이 중요하다는 것이다. 이처럼 학습자의 지식 구성 능력에 초점을 맞춘 연구는 역사학의 학문적 특성과, 그것이 초·중등학교 교육에서 전달되는 양상에 주목한 결과이다.(양호환 1995: 23) 이 연구는 역사이해의 모습은 다른 교과와는 차이가 있다는 것을 밝히기 위한 연구이다.

이런 종류의 연구는 학습자의 구성적 이해를 현상적으로 기술함으로써 교수방법적 배려 차원에서 구성적 인식론에 도움을 줄 수 있는 장점이 있다. 그렇지만 이 연구는 학습자의 능동적 구성 능력을 당연한 것으로 전제하고 있기 때문에 궁극적으로 학습자의 지식 구성 능력 자체를 계발하는 방안에는 관심이 없다는 문제점이 있다. 교수방법의 측면에서 학습자가 지식을 수용하고 무언가를 알아가는 것에 대한 연구는 필수지만, 이 연구는 학습자의 지식 이해 현상을 완전하게 기술하고 있다고 보기 어렵다.

그렇다면 실제로 역사의 구성적인 성격에 따른 역사교육은 어떻게 이루어지며, 학습자의 구성 능력은 어떻게 함양되는가? 원리상으로 말한다면, 그것은 한마디로 교사(역사가)의 통찰과 사변으로 이루어지는 인식의 방식을 보고, 자기가 가진 능력을 스스로 일깨워 계발하는 것이다. 통찰 능력은 본래 길러줄 수 있는 것이 아니고, 학습자 스스로 다른 사람의 통찰력이 발휘되는 장면을 보고, 터득하는 것이기 때문이다.

그러므로 이때 중요한 것은 교사가 자기의 역사상을 드러내는 과정이다. 그렇게 하자면 교사는 자기의 관점과 전망을 알기 쉽고 흥미롭게 전달하면서, 동시에 그 관점의 구성 과정 자체가 드러나도록 해야 한다. 앞서 살펴본 구성적 인식론의 경우에 상위의 인식 틀에 의한 인식가능성을 높이는 것도, 인식결과 자체를 알게 하는 것도 중요하지만, 인식 틀을 통해 인식가능성을 높이는 과정 자체가 노출되어야 한다. 이때 만약 역사가 어떤 관점을 기준으로 체계화되어 있지 못하면, 현장에서 교사가 체계화를 완결지어서 보여줄 필요가 있다.(윤세철 1999: 35-36) 이런 점에서 교사는 역사가여야 한다.

교사가 구체적으로 학습자에게 드러내야 하는 것은 준거기준과 자료의 상호 순환적 인식과정(Rogers 1984: 28), 인식주체와 대상의 상호작용, 인식 틀과 객관적 사실의 상호작용, 역사가와 과거사실의 대화와 같은 끊임없는 상호작용이다. 그리고 관점의 다양성은 물론 관점에 따라 결과가 달라지는 모습도 최대한 드러내야 한다. 명제로서 제시된 역사지식은 원칙적으로 그 명제의 성립 과정이 같이 제시되어야 바람직하다. 관점과 사실의 상호작용으로 인식되는 과정 자체가 제시되어야 학습자는 역사의 구성적 성격을 깨달을 수 있기 때문이다.

그렇다면 이 과정에서 학습자는 어떤 활동을 하게 되는가? 학습자가 이 과정에서 결정해야 하는 첫째 과제는 아마도 교사에 의해 제시된 관점의 적연성 판단 및 그 결과에 따른 교사의 관점에 대한 수용여부일 것이다. 적연성 판단 과정에서 학습자는 자신의 통찰력을 계발하게 될 것으로 예상된다. 실제로 이 과정에서 학습자는 개별 사실로 돌아가 판단의 타당성을 의심하고, 필요하다면 또 다른 판단을 내려 역사를 다시 구성하는 순환 과정을 체험하게 될 것이다. 이런 과정을 통하여 학습자는 능동적인 지식 구성 능력을 기르고 통찰력을 계발하게 된다.

학습자가 능동적으로 사고한다는 점에서 보면, 학습자가 교사(역사가)가 제시하는 관점을 그대로 수용한다거나 자신의 역사 구성을 반성하지 않을 것이라고 단정하기는 어렵다. 아울러 구성주의 교육관에 의하여, 학습자가 스스로 지식을 구성하도록 도와준다는 취지에서 자료를 제시하고 역사구성을 독려하는 장면에서 중요한 것은, 교사가 가진 역사에 대한 관점을 명료하게 학습자들에게 제시해야 한다는 점이다. 왜냐하면 역사지식 구성의 과정은 통찰력을 기르는 과정인데, 그것은 다른 사람이 만들어 놓은 통찰력의 성과를 보고, 스스로 사고를 해봄으로써 통찰에 이르는 것을

터득하는 방법이기 때문이다.(조동일 1997: 302)

넬러는 통찰에 의해 얻어지는 지식은 직관적 지식으로서, 그것은 제안하는 사람의 개인적 경험이나 상상력에 의거해서 나오고 받아들여지는 것이라고 설명한다.(Kneller 1971: 38) 또한 직관적인 지식은 자신이나 타인에 대한 경험에 의해 얻어지는 정보라고 보고 있다. 넬러의 주장은 타인의 통찰력이 발휘되는 과정을 경험하는 과정에서 심화·확대되고 수정되는 지식 또는 깨달음도 통찰력으로 본다는 것이다. 이런 주장을 역사교육에 반영하면, 교사의 관점 구성 과정과 관점 구성의 결과가 교사의 역사인식으로 나타나게 되는 것이고, 교사는 그가 역사를 인식하는 과정 자체를 그대로 드러내어 학습자가 경험하게 한다면 그것이 통찰력을 일깨우는 방법이 되는 것이다.

요컨대 학습자는 교사의 관점 구성의 예를 보고 그것을 전범삼아 스스로 관점을 구성하는 요령을 터득하고, 그 과정에서 통찰력을 얻을 수 있다. 한마디로 학습자는 교사의 역사를 명제지식으로 받아들이는 것이 아니라, 그 역사파악 과정 전체를 총체적으로 받아들이는데, 그것이 바로 인식론교육의 모습이다. 그러므로 교사는 비록 구성주의 교육관에 선다고 하더라도, 자기의 인식과정을 투명하게 제시하여 학습자의 인식을 도와야 하는 것이다.

3) 자율론적 역사의 활용

역사의 자율론적 성격에 대한 역사교육의 문제를 폰타나(Josep Fontana)의 저서 『거울에 비친 유럽(*Europa ante el espejo*)』의 예를 가지고 풀어본다면 다음과 같다. 폰타나는 고대로부터 현대에 이르기까지 유럽 문화를 구성해온 가장 중요한 요인들에 대한 '전통적인 시각'에 대해 근본적인 회의와 함께 수정을 요구한다. 그는 유럽인의 역사파악 관점을 일그러진 거울들로 이루어진 유령의 집에 비유한다. 유럽인들은 야만의 거울, 기독교의 거울, 봉건제의 거울, 악마의 거울, 촌뜨기의 거울, 궁정의 거울, 미개의 거울, 진보의 거울, 그리고 대중의 거울이라고 하는 왜곡된 거울들을 비치해두고, 그 거울들에 비춰보면서 자신들을 정의해왔고, 자신들이 다른 사람들보다 우월하고 그래서 다른 사람들을 지배하는 것이 마땅하다는 자아도취적 혹은 자기합리화의 세계관을 만들어왔다는 것이다.

여기서 거울로 표현된 것은 역사를 파악하는 준거기준 혹은, 전제나 관점이라고 할 수 있다. 예컨대 악마의 거울이란 십자군으로 상징되는 기독교에 대비하여 악마로 상징되는 이교도와 이단에 대한 관점을 말한다. 그러므로 십자군이 적대하여 싸웠던 이슬람에 대한 새로운 해석이라고 하는 것은 악마의 거울로 비추어 만들어진 과거의 역사파악에 대해 새롭게 구성한 것을 말한다. 그러므로 십자군은 그간 적대적이지만은 않았던 기독교와 이슬람교도의 관계가 전쟁 서사시로 바뀌는 계기로 파악된다. 이렇게 되면 십자군 정신이란 이슬람에 대한 생각을 왜곡시키는 계기로 작용한 것으로 파악될 수 있다.

당시 이슬람은 기독교, 유대교, 조로아스터교 등에 대해 이슬람교도를 개종시키려 하지 않는 한, 비교적 관용의 자세를 취하고 있었다고 한다. 기독교가 이슬람을 '잘못된 종교'로, 그리고 마호메트를 악마가 보낸 자로 규정한 반면, 코란은 '예언자 예수'를 존경심을 가지고 기술했으며, 마리아의 동정 수태를 인정하였다. 또 당시에는 이슬람 문화가 우위였기 때문에, 이슬람교도들 사이에 기독교 문화가 확산되지 않은 데 비해, 이슬람은 과거 그리스-로마와 기독교 세계의 대부분을 그리 어렵지 않게 변화시킬 수 있었다. 이슬람으로의 개종이 칼로 이루어졌다는 견해와는 달리 이슬람의 확산을 가능케 한 것은 이슬람의 능력이었고, 무엇보다도 집단 의식을 갖게 함으로써 공동체에 결속시키는 능력이었던 것이다.(Fontana 1999: 84-86)

이런 이슬람의 능력이 발휘된 곳은 그리스-로마 등의 기독교 지역과 소아시아 지역이다. 이들 지역은 이슬람에 신속하게 동화되었고, 특히 소아시아 지역에서는 기독교가 소멸된다. 이것은 무엇을 말해주는가. 나타나는 자료로는 폭력과 약간의 강제 개종이 있었으나, 주로 강제보다 동화에 의한 개종이었음이 입증된다고 한다.(Fontana 1999: 87) 기독교에서 이단이라고 하는 것도 사실은 보다 순수하고 청빈한 교회를 원한 사제와 수도사들, 교회가 새로이 부과한 세금에 저항했던 농민들, 고위 성직자와 도시 과두 귀족 간의 동맹을 비난했던 도시민들이었다고 한다.(Fontana 1999: 95)

폰타나는 유럽인들이 지금까지 자신의 관점에서 역사를 구성해온 것에 대해 관점(거울)의 교체를 통해 새로운 역사를 구성하여 제시하고 있다. 여기서 폰타나의 관점은 유럽인의 전통적인 관점에서 벗어난 것으로서, 이른바 거울들의 방 밖에서 유럽사를 바라보는 것이다. 이것은 새롭게 마련된 자신의 전망을 가지고 정합성 있는, 나름대로 역사를 새롭게 구성하는 통찰력을 드러내고 있는 사례이다. 이와 같이 자율론적 역사란 자신의 관점에서 개별 사실들을 일관되게 설명할 수 있는 상위의 개념을 인식의 틀로 삼아 역사적 통찰과 사변, 즉 통찰력을 통하여 새롭게 구성하는 역사를 말한다.

그렇다면 이런 새로운 관점에 의해 제시된 역사를 교육한다면 그것은 어떤 원리에 근거하게 되는가? 앞서 교사는 교육내용으로 제시되는 역사 인식의 주체로서 상정되어야 한다는 점을 지적한 바 있다. 여기서 인식주체로서 기능하기 위해, 교사는 관련된 주장을 내놓은 역사가의 관점에 대한 숙지가 필요하고, 이런 관점을 뒷받침하는 증거로서 제시된 역사가의 입증 과정에 대한 깊은 이해가 요구된다. 물론 교사(역사가)는 앞서 언급한 십자군의 예에서 폰타나의 견해에 동의할 수도 있고 이견을 가질 수도 있다. 여기서 꼭 필요한 것은, 폰타나의 견해에 동의하건 의견을 달리하건, 이 관점에 의한 역사상을 수립한 인식주체의 역할을 대행하기 위해서 역사가의 역사 인식의 과정을 완전하게 이해하고, 논지의 전개 과정을 숙지해야 한다는 점이다. 그리하여 학습자들에게 이들의 관점에 의한 역사구성의 과정과 결과를 '드러내는 것'이 역사교육의 원리이다. 여기서 '드러낸다'는 표현은 단순히 절차를 순서대로 제시한다는 의미가 아니라, 통찰과 사변으로서의 역사가의 통찰력을 보여주는 것으로, 철저하게 인식론교육의 입장을 반영해야 한다는 의미이다.

교사가 중립적 태도를 지켜야 한다는 미명하에 학습자들에게 결론이나 인식주체의 견해를 제시하지 않는 것은 인식론교육에 대한 오해에서 비롯된 것으로, 바람직하지 않다. 오히려 적극적으로 인식주체의 판단 근거와 판단 결과를 제시하여, 학습자들이 교사(역사가)의 관점에 의한 역사파악과 판단(통찰)을 전범으로 삼을 수 있게 함으로써 스스로 자신의 역사지식을 구성하는 체험을 할 수 있게 해주어야 할 것이다. 이와 같이 자율론적 성격의 역사를 가르치기 위해서는 객관성을 추구한다기보다는 거기서 한 걸음 더 나아가 바람직한 주관성을 제시한다는 자세가 필요하다는 것을 알 수 있다.

여기서도 의식화교육의 염려가 있을 수 있다. 학교역사로 한정한다면 이 우려는 타당한 면도 있다. 그렇지만 교사의 관점을 통한 역사 인식의 과정은 통찰력을 기르는 과정으로, 오히려 편향성에 대한 판단력을 길러주는 과정으로 볼 수도 있다. 의식화교육을 위해서라면 역사교육의 현장에서 한 가지 관점만을 제시해야 하는데, 교육 환경이나 학습자의 요구를 고려할 때 실제로 그렇게 하기는 불가능하다. 현 시대는 정보가 편재되어 있는 이른바 유비쿼터스 시대라고 하는데, 이런 환경에서 의식화교육은 성공하기 어렵다.

역사교육에서 다양한 관점이 제시될수록 학습자의 능력은 더 향상될 수 있다. 폰타나가 제시한 관점을 제시함으로써 그 이전의 '일그러진 거울'이 가진 편향성을 인식할 수 있는 계기를 줄 수 있다. 교사는 어느 하나의 절대적인 관점을 제시하는 것보다 다양한 예시를 통해 잘못 편향되어 있는 것과 바람직하게 편향된 것을 구분할 기회를 제공하려고 노력해야 하고, 그럼으로써 궁극적으로 바람직한 주관성교육을 도모해야 한다. 말하자면 폰타나의 관점과 기존의 관점에서 교사는 두 개의 관점이 가지는 적연성을 비교하면서, 폰타나의 견해가 올바른 관점이라고 판단하는 이유를 직접 제시하고 학습자의 판단을 도울 수 있다. 이런 과정은 역사가의 견해를 전수한다기보다 편향된 이유를 제시하는 과정을 통해 학습자의 판단을 돕는 것으로서, 적극적인 교사의 개입이 필요함을 나타낸다.

그렇다면 이는 또한 지극히 상대주의적인 역사를 강조하는 것이 아닌가 하는 의심이 들 수 있다. 현실적으로 학습자의 입장에서 역사가들 사이에서조차 견해가 일치되지 않는 문제를 해결하기는 쉽지 않은 것이 사실이다. 그렇지만 한 가지 관점으로 통일되지 못하는 것을 보여주는 것만으로도 오히려 그것은 학습자들에게 역사가의 객관적인 관점 형성을 위한 노력의 필요성을 나타내는 좋은 예로 비춰질 수 있다. 그리고 앞서 지적한 대로 두 개의 관점이나 견해 가운데 어느 것이 적연성이 뛰어난 것인가는 교사의 통찰력을 전범으로 삼아 학습자가 스스로 판단하는 것이다. 교사의 편향성에 대한 의견은 학습자 나름대로 판단하는 가운데 수용되거나 거부될 수 있다. 실제로 역사교육의 장에서는 학습자 나름대로 평가하여 판단을 내리는 것을 볼 수 있다. 외형적으로 교사의 강요된 관점이 학습자에게 일방적으로 전수되는 것처럼 보이는 경우에도 사실은 학습자의 판단이 제각각인 경우가 많이 있다. 과거 군사독재 시절 세뇌교육 차원에서 일률적인 역사인식을 주입하였지만 그들의 의도대로 역사인식이 전수되지 않았다는 점이 이를 증명한다.

이처럼 역사의 자율성에 대한 객관적인 판단에서 가장 중요한 것은 학습자가 교사(역사가)가 제시한 역사상에 대한 적연성을 판단하는 과정이다. 그런데 과거 소련이나 국정교과서의 예에서 보듯이 '편향된 역사'나 '지배 이데올로기적인 역사'를 일방적으로 가르치는 것은 오히려 학습자의 적연성 판단 능력을 그르칠 가능성이 많다. 정보가 극히 제한되어 있고, 정치적으로 억압된 상황이었을 때 그런 역사교육을 시도한 사례가 많은데, 대표적인 것이 스탈린 치하의 역사왜곡이다. 과거 소련에서 1988년 초·중등학교의 역사시험을 일시적으로 폐지하는 조치가 선포된 일이 있었다. 이는 과거 역사의 편향성을 솔직히 인정해서 취한 조치면서, 정보가 폐쇄되어 있을 때, 역사의 적연성에 대한 판단은 극히 제한받는다는 사실을 잘 보여주는 사례이다.(이인호 1989: 202-203)

그리고 특정 종교에 의해 역사를 교육하는 경우에도 역사의 적연성 판단을 제한하는 경우가 있었다. 종교에 의한 역사왜곡은 여러 종교에서 이루어지고 있고, 합리주의를 표방하는 기독교권이라 해도 예외는 아니다.(Fontana 1999) 따라서 고금동서를 막론하고 정보가 제한된 사회거나 특정 종교의 관점에 서는 경우에 편향된 역사교육이 존재할 수 있었다.

그러나 정보나 정치적 통제가 가능하지 않은 상황에서는 편향된 역사교육을 하는 것이 과거의 사례만큼 쉽지 않다. 만약 편향된 역사교육이 행해진다면 다양한 정보의 접촉 속에서 그것이 편향된 것이라는 것을 쉽게 알아낼 수 있을 것이고, 오히려 이런 과정을 통하여 역사교육의 목적을 달성하기가 더 용이해질 것으로 기대할 수 있다. 그리고 한 사회나 시대가 합의하는 관점이 존재하는 경우에도, 각 개인은 따로 적연성 판단의 기회를 갖게 되므로, 객관적인 역사인식을 가질 가능성은 더 크다고 할 수 있다. 학습자가 편견이나 편파적인 역사관을 받아들일 여지는 그만큼 줄어들게 되기 때문이다.

역사학에서 자율론이란 역사가의 개인적 관점이나 선호로 특정 시기나 장소의 역사상을 구성하는 특성을 말한다. 그러나 그것이 곧 역사의 자의성을 말하는 것은 아니며, 오히려 바람직한 주관성을 수립함으로써 객관성을 확보할 수 있다. 또한 잘못된 방향의 편견이 있다면, 설령 그것이 당대에 드러나지 않는다 해도 역사가의 끊임없는 검토와 이론의 제기로 나중에 새롭게 밝혀질 수 있다. 그러므로 한때의 잘못된 역사인식이 존재했다고 해서, 그것이 역사의 잘못된 주관성을 증명하는 것은 아니다. 폰타나는 바로 유럽인의 거울로 역사를 배운 사람이지만, 그 속에서 유럽인의 거울을 벗어나는 통찰력을 보여주고 있다는 점에서 역사교육의 본성을 보여주는 사례라고 해도 과언은 아니다. 역사는 역사가의 주관적인 판단에 따라 서술되는 것이지만, 장기적으로는 객관적이고 타당한 역사인식으로 돌아갈 수 있는 것이며, 역사학의 일반적인 규칙, 학문적 절차가 존중된다면 자율론적 역사라 하더라도 객관성이 보장된다고 보아야 한다. 따라서 교사의 자율적인 판단을 드러내어 교육하는 것이 객관적이지 못한 것이라는 비난은 적절하지 않다.

이상에서 자율론적 역사란 교사(역사가)의 자율로 역사상을 구성하는 것을 말하는 것이며, 자율론의 입장에 서는 역사교육은 교사(역사가)의 역사상을 학습자에게 총체적으로 드러내는 것으로 시작한다는 것을 살펴보았다. 역사교육에서 역사학의 주관성 문제는 역사가의 끊임없는 노력과 역사서술에서의 검증과정, 역사가의 통찰력을 드러냄으로써 해결되며 궁극적으로 객관성을 확보할 수 있다. 아울러 인간 개개인은 적연성에 대한 판단력을 가지고 있어서 편파적인 역사교육이 이루어진다고 해도 폐쇄적인 환경에서 일시적으로는 효과를 볼 수 있지만 장기적으로 성공하기는 어렵다.

요컨대 자율론적 역사를 교육하는 원리는 통찰력을 스스로 터득하는 것과 마찬가지로, 교사(역사가)의 통찰을 통하여 학습자가 스스로 역사의 적연성 판단을 통한 인식의 과정을 통해 궁극적으로 객관적인 역사를 총체적으로 학습하는 것이다.

그러므로 자율론적 역사를 통한 역사교육을 하기 위해서는 통찰이 드러나는 자료를 많이 확보해야 하고, 이를 활용하여 효과적인 교육을 도모해야 한다. 문제는 학생들이 쉽게 깨달을 수 있도록 통찰이 명시되어 드러나는 저술은 현실적으로 찾아보기 쉽지 않다는 점이다. 따라서 교사(역사학자)는 그런 자료를 저술하려고 노력해야 할 뿐만 아니라, 역사연구자에게 그런 저술을 적극 요구해야 할 것이다.

제8장

보편사의 역사 인식 논리와 역사교육

보편사는 인류 전체의 역사를 대상으로 거대담론(grand discourse)을 추구한다. 보편사에서 추구하는 것은 '역사의 발전 과정은 어떠한 것인가', '역사를 움직이는 힘은 무엇인가', '역사의 종말은 존재하는가'와 같은 질문에 대한 답변이다.(정선영 외 2001: 50) 이런 논의 주제는 자료에 대한 실증을 통해서 밝혀질 수 있겠지만, 그보다는 역사가의 사변(speculation)으로 논의될 수 있는 것들이다. 사변은 철학에서 자주 거론되는 인식방식이다. 그런 점에서 보편사는 철학의 성격이 강한 역사로서, 주로 역사철학자들이 연구하는 분야이기도 하다.

철학에는 존재하는 사물이나 현상의 전체적이고 보편적인 성질을 밝히려는 형이상학과 지적 사고의 기본 원리와 방법론을 정립하려는 인식론 분야가 있다. 이 기준에 따라 역사철학도 역사 존재 자체의 전체적이고 보편적인 성질을 밝히려는 역사형이상학과 역사 탐구와 지식에 관한 성질을 밝히려는 역사논리학으로 나뉜다.(이상신 1996: 316-322) 이는 연구의 대상에 따라 나눈 것으로, 전자를 사변적 역사철학이라 하고, 후자를 비판적 역사철학이라

한다. 전자는 역사 전반에 관한 일종의 이론을 발견하고자 하고, 거대담론을 추구하는 반면, 후자는 역사연구 자체를 대상으로 역사지식의 본성을 추구한다.(Callinicos 1975: 2) 여기서는 거대담론을 추구하는 사변적 역사철학자들이 주장하는 보편사의 역사 인식 논리와 그것이 가지는 역사교육적 함의를 살펴보고자 한다.

1 보편사의 역사 인식 논리

1) 보편사의 특징

보편사의 역사서술은 인식론상으로 독특한 특징을 가진다. 보편사 연구에서도 상대적으로 일반 역사가의 연구와 구별되는 점이 많이 있다. 시공상으로 볼 때 보편사의 탐구 범위가 일반 역사학보다 월등히 넓다. 역사학은 보편사에 비해 상대적으로 탐구 범위가 제한되어 있고, 인류 역사 전체를 대상으로 하는 보편사와 달리 역사의 한 단면이나 한 국면을 다루는 경우가 대부분이다. 보편사가들은 일반적인 역사가와 달리, 역사 전체는 물론 그 가운데 중요한 국면을 총체적인 관점에서 설명하거나 해석하는 서사를 추구한다. 그리고 그들이 찾는 것은 결국 역사 속에서 확인할 수 있는 교훈 또는 의미이다.(Mandelbaum 1980: 41-42) 구체적으로 보편사의 특징을 제시하면 다음과 같다.

❶ 목적론적 역사관

보편사의 특징은 목적론적 역사관이라는 점이다. 목적론적 역사관이란 역사의 종말을 상정하고, 그 종말을 향하여 선형으로 전진하는 과정이 역사라고 생각한다. 여기서 역사는 역사의 궁극적인 목적과 관련될 때 의미를 갖는 것이고, 목적이 달성되면 역사의 과정은 막을 내린다. 그리고 보편사에서는 역사가 종말을 고했을 때 비로소 역사상에 일어난 모든 사건이 가지는 역사적 의미가 확실히 드러난다고 본다.(Fukuyama 1992: 99) 따라서 보편사는 의미 없는 통사를 추구하는 것과 다른 의미를 갖는 통사이다. 그것은 인간사회 전체의 발전 속에서 의미심장한 양식을 찾으려는 시도이다.

목적론적 역사관을 체계적으로 제시한 것으로 유명한 사람은 철학자 칸트이다. 칸트는 「세계주의 관점에서 본 보편사의 구조(Idea of a Universal History from a Cosmopolitan Point of View)」라는 논문에서 보편사라는 개념을 제창하였다.(Kant 1959: 22-34) 그의 보편사에 의하면 역사란 장기간에 걸친 완만하고 점진적인 진화를 보이는 규칙적인 움직임이다. 그 역사에는 종점이 존재한다. 역사의 종점에서 실현되는 역사의 목표는 인간자유의 실현이다. 역사는 국가의 형태가 진보되어오면서, 문명 파괴의 연속을 통해 더욱 고도의 생활 수준을 개척해온 과정이다. 따라서 역사가 기록될 수 있다면, 미래의 명확한 비전을 줄 수 있고, 공화제에 기초한 세계정부를 건설하는 데 도움이 될 수 있다(Fukuyama 1992: 101-102) 역사의 진행이란 '자연의 숨겨진 의도'에 따르는 것이고, 따라서 인간은 이성의 사용과 인간 자신의 '비사회적 사교성', 즉 이기심으로부터 스스로를 지키기 위한 제도들을 발전시켜나가면 된다.(Mink 1987: 190) 따라서 역사는 하나의 주제, 즉 규칙적인 운동

(regular movement)을 가지고 있어야 한다. 한 개인에게는 복잡하고 무질서한 것 같이 보이는 일도, 인류 전체의 관점에서 바라보면 꾸준히 진보하는 전체로서 보일 수 있다.(Kant 1959: 30) 만약 그럴 수 없다면 역사는 이해될 수 없는 것, 즉 인식가능성이 없는 것이 된다.

이와 같은 칸트의 주장에서 주목해야 하는 것은 역사의 인식가능성에 대한 언급이다. 칸트가 생각한 역사의 인식가능성의 근거는 역사 속에 '계획'이 있다는 점이다. 역사가 인식 가능한 이유는 인간의 행동에 법칙성이 있어서가 아니라, 모든 사건의 토대에 인간의 합목적적인 행동이 있기 때문이다. 그런데 현실적으로 인간은 동물처럼 단순히 본능에 따라 행동하지 않고, 그렇다고 이성적인 세계 시민처럼 서로 약속한 계획에 따라 행동하지도 않는다.(Angehrn 1997: 112) 따라서 역사는 '규칙성'과 '행위의 의도성'의 중간쯤에 위치하는 어떤 것에 의해 만들어지는 그런 것이라고 상정한다.

칸트는 역사에 대한 이성적인 인식이 가능한 이유를 자연의 의도에서 찾는다. 이런 인식가능성의 실마리는 자연을 전체적으로, 그리고 목적론적으로 고찰하는 데서 나오는 것으로서, 여기에는 모든 생명체가 자신의 가능태를 완전히 전개(Entwicklung)한다는 생각이 기본적으로 전제되어 있다. 역사의 최초 모습이 어떠하든 간에, 역사는 하나의 인식 가능한 계획에 따라 진행되는 것이다. 그리고 역사는 도덕적 이성이 시인할 수 있는 목표를 향해 나아가는 과정을 입증하는 것으로서, 전진하는 것으로 본다.(Walsh 1967a: 121) 역사는 자연(섭리)이 하나의 장기 계획을 수행하는 것이며, 개인의 희생을 치르기는 하지만, 전체로서의 인류의 이익을 도모한다. 인류의 역사를 전체적으로 보면, 자유의 은밀한 계획, 즉 내적으로 완전하며, 이 목적에 대하여 외적으로도 완전한 국가를 조직하기 위한 계획을 수행하는 것이다.(Walsh 1967a: 124) 칸트는 보편사의 흐름을 하나의 자연의 계획에 의한 흐름으로 간주하고, 그럼으로써 인식 가능한 것으로 본 것이다.

이런 목적론적 역사관은 헤겔(G. W. F. Hegel)에 와서 더욱 완성된 형태로 만들어진다.(Callinicos 1975: 41) 헤겔에 의하면 역사의 진보는 이성의 발전에서 오는 것이 아니라, 인간을 대립과 혁명의 전쟁으로 이끄는 열정의 맹목적인 상호작용으로부터 태동한 것이다. 그리하여 역사의 진행 과정에서 보다 모순이 적은 고도의 체계가 등장하게 되고, 이것이 다시 모순을 배태하여 또 다른 모습으로 발전하는 변증법으로 역사는 발전해간다고 보았다.

헤겔 역시 역사의 종점에서 성취하게 되는 목적은 자유의 실현이라고 보았다. 따라서 보편사란 자유가 실현되는 과정이며, 인간의 자유는 근대적인 입헌국가(자유민주주의 체제)에서 실현된다. 그에게 보편사란 인간이 완전한 합리성을 향해 서서히 진보하고, 자유민주정부 안에서 합리성이 어떻게 나타나는지를 지각하는 것이다. 그는 실제로 1806년 예나전쟁에서 역사가 끝났다고 선언하였다. 그는 자유사회가 이전 사회제도의 모순으로부터 해방되고, 역사의 변증법도 종국을 고했다고 보았다. 이처럼 역사의 종말이라 하는 것은 목적론적으로 바라보는 인류사의 보편적 과정에 존재하는 특징적인 모습이다.

마르크스(K. Marx)도 역사는 변증법으로 발전하는 것으로서,

인간의 삶은 근본적으로 역사의 제약을 받는 것이며, 인간사회가 원시적 사회구조로부터 복잡하고 고도로 발전한 구조의 시대로 진화되어간다고 보았다. 공산주의라는 역사의 종말이 존재한다는 점에서, 그의 역사체계는 목적론적 역사관의 전형이라고 할 수 있다.

목적론적 역사관은 역사의 종말을 둘러싼 문제로 최근에 다시 거론되었다. 공산당 선언 이후 140년 만에 공산주의의 실패를 목도하면서, 후쿠야마(F. Fukuyama)는 현재 인류는 역사의 끝에 서 있다고 선언하였다. 그는 헤겔이 종말을 선언한 이후의 전쟁과 혁명은 지역적 조정에 불과한 것으로 간주하였다.(1992: 114) 헤겔의 종말 선언 이후에 전개된 자유민주주의나 공산주의는 자유와 평등을 확장해가는 단계에서 나타난 일시적인 것에 불과하다. 따라서 프랑스 혁명의 제 원리가 완전하게 실현된 것은 2차 세계대전 후 물질적 풍요와 정치적 안정을 취한 자본주의와 자유민주주의 체제에 와서이며, 따라서 자본주의와 자유민주주의 체제는 역사의 종말 시점에서 나타난 체제라는 의미를 갖는다.

근대화이론도 목적론적 사고의 전형적인 예이다. 근대화이론의 기본적인 전제는 마르크스의 "선진 공업국은 후진국에게 자신의 미래상을 보여줄 뿐이다"(Marx 1987: 15)라는 말에 잘 나타나 있다. 산업발전은 일관된 성장유형을 걷고 있고, 마침내 국가와 문화의 차이를 초월한 균일한 사회적·정치적 구조를 산출한다는 것이다. 따라서 공업화·민주화를 실현한 영국이나 미국 등의 나라를 연구하면, 모든 나라가 최후에 걸어야 할 보편적인 유형을 해명할 수 있다. 역사에는 일정한 방향이 있고 종착점에는 선진 공업국의 자유민주주의 체제가 있다는 것이다.(Fukuyama 1992: 118)

이런 주장이 가지는 문제점은 역사가 갖는 어떤 목적이나 가치를 찾아내는 것이 과연 가능한가, 선진 공업국의 자유민주주의 체제가 최종 목적이나 가치로서 타당성을 갖는가 하는 의문이다. 그렇지만 이런 태도에서 볼 수 있는 특징은 역사의 목적에 대한 일반적인 관념을 발견하려 한다는 점과, 그 목적을 향한 방향성을 추구한다는 것 자체에 있다. 그런 점에서 보편사가의 목적론적 역사관은 여러 형태로 거론되고 있지만, 인식론적 태도에서 본다면 모두 공통점을 가지고 있다.

요컨대 보편사는 역사의 종말을 상정하고, 그에 다가가는 과정을 역사의 전진으로 간주한다. 기본적으로 꽃이 피기 전에 그 속에는 예정된 개화의 계획이 숨겨져 있는 것과 마찬가지로 역사에는 예정된 자연의 계획이 숨겨져 있다. 따라서 역사는 변화무쌍하게 발전하는 것이 아니라, 계획에 따라 전개(Entwicklung)되는 것이다. 보편사가들은 역사를 바라보되, 역사의 종말이 무엇인지를 찾으려고 노력하고, 종말을 찾으면 그에 따라 개별 사실이나 사건으로 이루어지는 역사에 의미를 부여할 수 있으며, 비로소 의미를 깨달을 수 있다고 생각한다. 여기서 이들이 주목하는 것은 역사를 파악하는 이성의 역할이다. 그리고 이들이 갖는 인식론적 특징은 모두 이런 목적론적 역사관에서 유래하는 것이다.

❷ 인류보편사의 추구

보편사는 시공상으로 인류의 역사와 세계 역사 전체를 대상으로 한다. 원래 인류의 역사에서 세계에 대한 인식은 인류 역사 전체의 다양성과 상대성이란 개념에서 출발하지 않고, 자신들의 세계를 세계 전체와 동일시하는 데서 비롯하였다. 그리스인은 자신들을 헬라스(Hellas)라 하고, 로마 역시 로마 세계(Orbis Romanus)라 하여 자신들의 세계가 곧 세계 전체임을 자임하였다.(윤세철 1982: 3) 이처럼 그들의 역사적 경험은 제한되어 있었고, 역사 전체에 대한 의식은 한계가 있을 수밖에 없었다. 그리스의 아리스토텔레스나 플라톤 시대에 보편사는 애초부터 세계 전체를 대상으로 하는 보편사가 아니었다.

보편사의 창시자로 간주되는 아우구스티누스(Augustinus)의 『신국론(*De Civitate Dei*)』은 역사의 시공 확대에 공헌한 것으로 평가된다. 그는 크리스트교의 입장에서 인간은 평등하고, 모든 사람이 같은 운명을 공유한다고 생각하였다. 역사란 신의 섭리를 실현하는 것이라고 전제한 그는 그리스나 유대인의 개별 역사보다는 인류 전체의 역사에 관심을 가졌다. 이런 섭리사관에 의하면 국가는 인류라는 거목의 가지이며, 운명은 인류에 대한 신의 의지를 통해서 알 수 있는 것이다. 시간상으로 역사란 신이 인류를 창조하는 것에서 시작하여, 심판의 날로 끝나는 일련의 과정이다.(Fukuyama 1992: 98-99) 그리스인들이 순환한다고 보는 시간관 속에서 지향한 것이 우주 또는 자연이라고 한다면, 아우구스티누스는 이를 구원사-종말론으로 각색하여 직선으로 나아가는 시간 속에 위치시킨 것이다.(Angehrn 1991: 19) 그렇지만 근대 이전의 대표적인 보편사관인 이런 섭리사관도 중국의 중화주의 세계관과 함께 근대적인 의미에서의 세계사 개념은 아니었다.

지구상의 모든 역사를 망라하여 그 구조를 파악하고 의미를 인식하려는 세계사 구성에 대한 관심은 유럽의 계몽주의 시대부터 시작되었다. 르네상스 이후 이른바 사상의 세속화에 따라 지구상에 존재하는 모든 민족에 관한 지식에 대해 단순한 사실의 나열을 지양하고, 비교사에서 쓰는 방법을 통해 인과관계를 파악하려는 시도가 이루어져 세계사 구성에 관한 개념이 싹트게 되었다.(윤세철 1982: 3-4) 그 배경에는 역사에 대해 인간 스스로가 책임을 질 수 있는 존재이고, 이와 관련하여 역사는 진보한다는 낙관주의가 자리하고 있었다.

이런 분위기 속에서 인류의 역사 전체를 대상으로 연구하는 세계사 또는 보편사에 대한 관심이 대두하였다. 19세기 이래 인류 역사를 전체적으로 측정하려는 시도가 많이 이루어졌다. 20세기에 영향을 끼친 마르크스를 비롯하여 토인비(A. J. Toynbee), 슈펭글러(O. Spengler) 등이 세계사 체계의 수립자들이라고 할 수 있다.(Dray 1964: 60-61) 토인비 이후에는 인류 역사의 본질과 의미를 밝혀내려는 철학에 입각한 성찰은 많지 않았던 것으로 평가된다.(Barraclough 1983: 249-250; Dray 1993: 124) 20세기에 들어와 보편사에 대한 관념이 심각한 회의에 빠진 것은 1, 2차 세계대전이라는 대사건과 대학살이라는 사건을 겪은 후였다.(Fukuyama 1992: 33)

이처럼 보편사는 인류 전체의 세계사를 추구하기 때문에, 개별 민족이나 개별 국가의 독특성에 주목하기보다는 세계적인 규모로 적용될 수 있는 보편성에 비추어, 그에 따른 개별성 혹은 특수성에 주목하는 태도를 갖게 된다. 이런 관점에서 동서양의 역사가 한눈에 들어오고, 따라서 동서양사에 대한 비교는 물론 역사의 본질을 추구할 수 있게 된다. 이 과정에서 과도한 일반화나 무리한 역사 해석이 문제되기도 하지만, 세계사를 한꺼번에 파악하려는 태도와 시야는 보편사가 가지는 시공에 걸치는 전체성에서 유래하는 것으로서, 인간으로서 도전할 만한 가치가 충분한 것이다.

❸ 인간 본성의 구현

보편사는 인간의 본성이 작용하는 역사의 보편성을 상정하기 때문에 인간의 본성에 주목한다는 특징을 갖는다. 역사가 연구되기 시작할 때는 인간의 본성에 주목하지 않았다. 중국의 삼황오제 시대에 대한 언급이나 호메로스의 언급에서 알 수 있는 바와 같이, 역사연구는 인간을 중심으로 인식하기보다는 신의 세계에 대한 인식으로 출발하였다. 인간이 스스로 역사를 만들어나간다는 생각은 그리스의 헤로도토스나 투키디데스에 와서 정착된 것으로 보는 것이 일반적이다. 이들에 와서 역사에 대한 관심이 신비의 세계나 신들의 세계에서 벗어나 인간 세계로 기울어진, 이른바 세속화(Säkularisierung)가 일어난 것이다.(Angehrn 1991: 25-29; 강대석 1992: 22-23)

보편사는 인간의 사건, 풍습, 제도 등이 매우 다양함을 부정하지 않지만, 그것은 변하지 않는 인간의 능력과 본성이 지리나 기후, 인종 그리고 다른 자연적 우연성에 의해 달라진 것으로 간주한다.(Mink 1987: 190-192) 보편사는 모든 국가와 모든 시대의 인간행위에는 거대한 통일성이 있으며, 인간의 본성은 그 원칙이나 작용에 있어서 여전히 똑같다는 보편성을 인정한 결과이다. 인간의 본성은 모든 시대와 장소에 있어서 동일하기 때문에, 역사는 특정한 곳에서 일어난다고 해도 새롭거나 낯설지 않다는 것이다.(Mink 1987: 192) 요컨대 세계사로서의 보편사가 가능한 이유는 어느 지역 어느 시대를 막론하고 인간의 본성이 작용하기 때문이며, 인간성은 동질성을 가지고 있기 때문이다.(이상신 1996: 40)

인간의 본성에 주목하는 것은 곧 역사의 보편성에 주목하는 것이다. 보편성은 인간의 공통된 생태와 이상을 전제할 때 가능하며, 역사 속에서 인간과 자연, 인간과 인간의 결합 및 그 상호작용의 원리로서 발현되는 것이다. 역사에서 특수성이나 개별성은 인간의 본성이 환경이나 처한 입장에 따라 발현한 것이므로 보편성에 입각한 설명이 가능한 것이다. 보편사는 인간 본성의 구현인 셈이다.

❹ 역사의 유형과 역사서사

보편사가는 역사 과정에서 나타나는 유형(pattern)을 추구한다. 일반적으로 철학의 연구 대상은 어떤 현상의 존재 자체 혹은 본성이다. 따라서 역사의 본성 혹은 역사학의 본성은 당연히 철학의 분야이다.(Lemon 1995: 151) 보편사의 관점은 인류 역사의 발전을 총체적으로 관조하는 것이고, 따라서 보편사는 결국 역사의 본성을 성찰하는 철학적 태도를 도입한다. 이런 태도에서 보편사가는 역사 발전에 어떤 유형이 존재한다고 보고, 과연 그 유형이 어떤 것인가를 추구한다. 그렇다고 역사의 유형을 묻는 것이 보편사가에게만 고유한 것은 아니다. 역사가도 역사의 유형을 추구한다. 다만 역사가는 일반적으로 시공상으로 과거 전체보다는 상대적으로 부분적인 주제나 기간을 선택하는 경향이 있다. 하지만 역사가도 역사의 유형을 추구한다는 점에서는 보편사가와 다르지 않다.

따라서 보편사가는 시공상의 제한을 두지 않고, 과거 역사 전체의 유형을 묻는 역사가라고 말할 수 있다.(Dray 1964: 64) 다만 보편사가는 유형을 역사적 사실이라고 주장하는 것에 그치지 않고, 역사상 의미 있는 변화가 일어나는 일반적이고 보편적인 유형이나 계기가 있다고 믿는 역사가이다.

드레이(W. H. Dray)는 보편사가들의 접근 태도를 헤겔의 형이상학에 근거한 접근과 토인비의 경험에 근거한 접근, 그리고 니버(R. Niebuhr)의 종교에 근거한 접근 등으로 나누어 설명한다.(1964: 67-112) 여기서 형이상학과 종교에 근거한 접근은 보편사가만의 특징이라 할 수 있으나, 경험에 근거한 접근은 역사가와 유사하다. 다만 보편사가의 유형 추구는 역사의 본질에 대한 추구이기 때문에 철학의 성격을 갖는다는 점에서 다를 뿐이다.

이들의 논의에서 중요한 문제는 역사 전체를 어떤 유형으로 보았는가 하는 점이다. 이들이 생각해낸 역사에서의 유형은 여러 가지가 있는데, 직선을 이루는 것과 순환을 이루는 것, 무질서한 것 등이 있다. 예컨대 비코(G. Vico)의 나선형 유형도 있고, 순환과 직선을 이루는 발전을 혼합한 슈펭글러의 유형도 있다. 슈펭글러의 『서양의 몰락(*Der Untergang des Abendlandes*)』과 토인비의 『역사의 연구(*A Study of History*)』는 직선으로 나가는 유형을 부정하고, 비서구 지역의 여러 문명을 서양문명과 같이 순환한다고 본 점에서 이전의 보편사가와 구별된다.(윤세철 1982: 8)

여기서 문제는 역사에 등장하는 여러 유형이 역사에서 상정할 수 있는 법칙으로 볼 수 있는가이다. 이 법칙이 경험적으로 검증되는 가설의 형태를 취한다면 사변적인 이론가들의 탐구도 과학과 연결될 수 있을 것이다.(Dray 1964: 64-65) 물론 역사적이고 사변적인 법칙은 자연과학이나 사회과학의 법칙과 다르다. 역사 속에서 불변하는 관계는 '만일 c라면 e다'라는 형식의 법칙을 말한다기보다, 전체로서의 역사에서 어떤 계열이 불변하는 경향을 말하는 것이다.(Dray 1964: 63) 따라서 이들의 주장은 역사가 움직이는 방식(mechanism)에서 경험 법칙을 주장하는 것으로 환원되지는 않는다. 일반화된 표현으로 말하자면, 이들은 역사상 어떤 과정에서 기본으로 있는 원인과 결과로 표현되는 요소를 말할 뿐이며, 어떤 법칙이 아니라 모든 설명이 어떻게 이루어져야 하는가를 보여주는 일종의 도식으로 표현되는 모형(schematic model)을 추구한다. 그리하여 이들은 역사의 전개방식에 대해 결정론은 아니지만 결정론에 가까운 관념으로 대답하려 한다.

역사의 진행은 변증법으로 나아가는 합리적 또는 논리적 질서를 보여주는 일련의 긴장과 해결을 통해 역사의 진보가 이루어진다는 헤겔의 사상도 그런 것이다. '도전과 응전'이라는 토인비의 공식이나 '원죄'라고 하는 니버의 사상, '운명'이라는 슈펭글러의 준생물학적 개념도 좋은 예이다. 이처럼 역사 탐구와 달리 보편사는 역사를 움직이는 방식의 문제를 사유한 결과라고 볼 수 있다.

보편사가는 역사의 유형을 추구하는 과정에서 유형과 관계없거나 연관되지 않는 세세한 사실은 유보하거나 무시하기도 한다. 그렇지만 그 과정에서 사변을 동원한 역사적 통찰을 동원한다는 점은 주목할 가치가 충분하다. 예컨대 비코는 광범하고 형태 없는 주제를 다룸에 있어서, 사변을 동원한 통찰과 풍부한 가정이 단순한 과학적인 엄밀성보다 중요한 요인이 될 수 있다는 것을 보여준다. 보편사가가 추구하는 것은 과거에 대한 사변을 통한 통찰이기 때문에, 역사연구라는 점에서 본다면 세세한 사실에서 잘못 인용될 가능성이 상대적으로 크다. 그렇다고 세세한 사실의 오류 때문에 통찰의 결과가 잘못될 것이라고 볼 근거는 희박하다. 예컨대 토인비와 같은 역사가가 때로 부분적 사실을 왜곡하거나 오해했다고 해서 그 점을 강조하거나 오류의 근거로 과장할 필요는 없다는 것이다. 그 이유는 '전체를 대상으로 개연성을 파악한다'는 사변을 통한 통찰이 가진 특성에서 보면, 세부 사실과 거리를 두는 데서 나온 당연한 결과일 수도 있기 때문이다.(Walsh 1967a: 160-161)

개별 사실을 역사의 거대한 흐름 속에 비추어 의미를 부여하는 사변을 통한 통찰은 역사의 본질에 대한 끊임없는 추구로 연결될 수 있다. 이때 역사의 본질에 대한 추구는 역사에서의 사실과 유형의 상호작용을 유발하게 된다. 통찰이 유발하는 이 상호작용의 방식은 우선 유형이 역사적인 사실에 어떤 의미를 부여하는 기준으로 작용하고, 그와 동시에 반대로 이번에는 역사적인 사실에 근거하여 유형을 수정하도록 작용하기도 한다는 것이다. 따라서 보편사가가 유형을 추구하는 것은 역사의 구체에 대면하여 그가 나름대로 가지고 있는 기준으로 역사를 구성해나가는 예의 전형이자, 구체로부터 수정되거나 새로운 유형을 추구하는 예도 함께 보여준다. 이런 점에서 보편사는 구성되는 역사라는 역사의 본성이 적나라하게 발현된 예로 볼 수 있다.

보편사에서 이런 유형의 추구는 시작과 끝을 갖는 하나의 역사서사(historical narrative)로 종합하려는 시도와 연결된다. 아우구스티누스의 '신의 섭리', 칸트의 '자연의 숨겨진 의도'와 같이, 보편사가는 역사를 역사의 주관자에 의해 의도된 일관된 이야기로 구성하려 노력한다. 따라서 보편사에서 당대의 맥락이나 환경에 처해 있는 사람은 역사 진행 과정에서 일어나는 개별 사건을 제대로 인식할 수 없다고 본다. 역사에서 일어나는 개별 사건은 외형상 직접 어떤 의도의 구현 형태로 나타나지는 않기 때문에 당대의 맥락으로는 알 수 없다는 것이다.

보편사가는 이런 대상을 긴 시대에 대한 역사적 발전의 개략적인 스케치 속에 위치시켜 의미를 찾는다. 왜냐하면 역사가 하나의 시작과 끝이 있는 역사서사로 구성되어 있을 때, 그 속에서 하나의 사건은 그 의미가 드러나고 비로소 인식 가능하게 되기 때문이다.(Mink 1987: 190-192) 마르크스의 역사이론인 역사유물론이 상당한 영향력을 끼치고 있는 이유도, 그것이 다름 아닌 역사서사로 구성되어 있기 때문이다.(Callinicos 1975: 7) 이처럼 보편사가는 역사 전체를 대상으로 하나의 서사로 종합하려는 시도에서 그들의 소임을 찾는다.

이와 같이 보편사가는 역사의 유형을 추구하면서, 유형을 중심으로 역사를 총체적으로 인식하려고 노력한다. 이런 노력에서 의미 있게 보이는 것은 두 가지이다. 하나는 인류 역사 전체를 대상으로 사변을 통해 인식한다는 점이고, 다른 하나는 미래전망을 추구한다는 점이다. 보편사가는 역사에 나타나는 유형을 통해 현재가 역사에서 어떤 위치를 차지하는지 사고한 다음, 이를 바탕으로 미래를 전망한다. 이런 태도는 보편사가만의 유별난 특징이라고 말할 수 있다.

❺ 중심주제와 미래전망

보편사가는 역사를 일반화하기 위해 중심주제를 활용한다. 그리스 세계의 역사관을 극복한 것으로 평가받는 아우구스티누스는 『신국론』을 통하여 '신의 섭리'라는 중심주제로 역사를 파악한 것으로 유명하다. 칸트는 '자연의 숨겨진 의도'의 전개라는 중심주제를 제안한다.

헤겔은 변증법적 관념론의 입장에서 중심주제를 '절대정신의 발전'으로 삼는다. 그 결과 헤겔은 '역사란 절대정신의 발전에 관한 기록'이라고 말한다. 그렇게 되면 자연은 발전의 한 부분을 이루며, 인류의 문화 역시 또 다른 부분을 이룬다. 그리고 절대정신의 발전은 변증법적이다. 역사는 한 단계로부터 다음 단계로 움직이는 절대정신이 진보하는 운동이다. 개별 사건, 사람들, 국가들은 이 과정에 존재하는 요소들이다.

마르크스는 중심주제로 역사를 여러 가지 생산양식과 그것과 관계되는 사회의 변증법적 발전을 내세운다. 변증법적 유물론에서 역사상 중요한 사건으로 보는 것은 생산양식의 변화와 새로운 생산양식에 적합한 사회구조로의 변화이다. 그는 변증법을 정신이 아니라 물질의 본성에 대한 대답으로 보고, 사회생활의 여러 상이한 국면은 어느 시대나 유기체로서 상호 관련되고 있다고 본다.(Walsh 1967a: 155) 그가 내세우는 사적 유물론은 결정론이라는 한계가 있지만, 중심주제의 뚜렷한 예를 보여준다.(Mink 1987: 190-192) 이처럼 보편사는 중심주제를 가지고 있다는 점이 특징이다.

이런 중심주제의 설정은 미래전망으로 이어진다. 그것도 아주 적극적으로 미래를 전망하려는 의도를 드러낸다. 그런데 미래전망은 단순히 미래를 전망하는 데 그치지 않고, 현재나 과거의 역사파악에 영향을 준다. 아우구스티누스는 새로운 시대가 도래할 것이라는 확고한 신념에서 미래를 전망하였기 때문에, 역사를 선형으로 발전하는 일관된 과정으로 볼 수 있었다. 악과 혼돈으로 충만한 인간사회지만, 진실된 인간들의 희생과 노력으로 인류 역사가 의미를 잃지 않게 해야 하며, 그렇게 할 때만이 인간은 창조자의 섭리에 부응해서 보다 나은 지상의 삶을 누릴 수 있다는 전망은, 그의 중심주제 설정이 미래로 확장된 예다.(이규하 2001: 169, 312-313)

그 밖에도 이들의 미래전망이 역사파악에 영향을 주는 예는 많다. 헤겔이 역사를 자유의 실현을 향한 변증법적 전진으로 묘사하고, 자기 시대에 그것이 달성되었다고 보았지만, 마르크스는 계급 없는 공산사회를 향한 변증법적 전진으로 보고, 미래에 그 전망이 달성되는 것으로 생각한다.(Walsh 1967a: 156) 따라서 마르크스의 이론은 세계를 이해하려고 노력하는 데 머무르지 않고, 세계를 개혁하는 것을 목적으로 하게 된다. 이런 점에서 보면 그가 역사에 대한 이론이 필요하다고 생각한 것은 보편사의 예언적 속성에 주목했기 때문일 것이다.(Walsh 1967a: 157) 이는 미래전망이 역사파악에 영향을 주는 대표적인 사례이다. 이처럼 보편사는 중심주제의 설정, 미래를 전망하려는 태도와 그에 따라 이루어지는 역사 인식이 두드러진 특징이다.

이상에서 살펴본 보편사의 특징은 대개 역사학자의 작업과는 거리가 있다. 어떤 의미에서 보편사의 특징은 역사학에 오히려 장애가 될 수도 있을 것처럼 보인다. 그렇지만 우리가 보편사에서 유의해야 할 것은 보편사의 연구 대상이 역사학과 다르다는 점이다. 보편사는 역사를 연구하는 것이 아니라, 역사라는 현상 자체를 연구하는 것이라서, 메타 담론의 성격을 가진다. 이런 성격 때문에 우리가 보편사를 역사형이상학이라고 일컫는 것이다.(이상신 1996: 313-314) 보편사를 추구하는 사람들은, 인류 역사 전체를 대상으로 역사의 진행 속에 나타나는 유형들을 파악하려고 노력하고, 그 속에서 어떤 힘들이 작용하고 있는지, 그들 사이에 상호작용은 어떠한지를 규명하려 하며, 전체 역사 과정의 논리와 목적까지도 해명해보고자 한다. 보편사는 결국 역사의 의미를 정의하려는 노력이고, 역사의 동력과 진행 양식, 나아가 역사의 목표를 정의하려는 노력의 산물이다.

따라서 보편사가는 역사를 설명할 개념과 원리를 추구하면서 종합적이고 통일적인 인식을 모색한다. 이는 과거 전체에 대한 하나의 설명적인(explanatory) 서술을 하려는 의도에서 역사에서의 유형이나 계획(design)을 밝히려는 것이다.(Gardiner 1984: 2) 따라서 보편사가는 도덕적 요구를 하기도 하고, 경험적 연구자들이 탐지할 수 없는 유형이나 행동을 발견하기도 한다.(Walsh 1967a: 145) 이런 점에서 보면 결국 보편사가들은 역사를 사실로부터 이해하려는 사람들이라기보다는 외부로부터 이해하려는 사람들이라고 할 수 있다.(Walsh 1967a: 149)

2) 인식의 방식

보편사가가 사용하는 특별한 인식방식은 어떤 것들이 있을까. 앞서 자율론적 역사의 이해방식으로 거론된 통찰이란, 개별 사건을 기반으로 하여 그 속에서 그들을 아우르는 상위의 개념이나 계열을 구성함으로써 한꺼번에 역사를 파악하는 태도임을 밝힌 바 있다. 인간은 어떤 사물에 대해 일정한 개념이나 명칭을 부여하는 경향이 있는데, 그 이유는 인식의 과정에서 필요하기 때문이다. 역사를 연구하는 경우에도 아주 복잡하게 뒤얽혀 있는 사건을 고찰하면서 하나의 사건을 개별 사건으로 이해하는 것이 어렵다는 것을 알게 된다. 따라서 역사연구자들은 누구나 개별 사건을 아우르는 상위의 개념을 추구한다. 이 과정은 사물이나 사실을 묶어 명칭을 부여하는 과정과 같다.

역사에서 이런 예로서 가장 두드러진 분야는 시대구분에 대한 인식이다. 역사에서 실증주의를 강하게 주장하는 경우에도 예외 없이 시대의 성격을 추구하고, 그것에 의미를 부여하려는 노력을 계속한다. 시대의 역사상을 밝혀내는 것은 역사학자의 중요한 연구 목표이기 때문이다. 이처럼 역사연구자는 대부분 상위의 개념을 추구하여 궁극적으로는 시대의 성격을 한마디로 종합할 수 있으리라는 기대를 가지고 연구에 임한다. 그렇지 않다면 그의 연구는 산발적으로 이루어져 의미 없는 연구가 되기 쉽고, 연구도 단편에 그칠 가능성이 크다.

그렇다면 일반적으로 역사가의 역사 인식은 어떻게 이루어지는가. 어떤 시대나 역사 전체에 대한 판단은 두 가지 경로를 통하여 역사가의 마음속에 자리 잡는다. 하나는 앞서 지적한 대로 개별 사실들을 끊임없이 연구하여 배열하면서, 그들을 전체적으로 놓고 '통찰(insight)'하는 방법으로 판단하는 경우다. 통찰의 특징은 개별적 사실에서 출발하여 그 속에서 상위의 개념을 구성해낸다는 점에 있다. 다른 하나는 개별 사실을 건너뛰어 역사 전체를 대상으로 역사의 의미를 추구하는 경우로서, 개별 사실에 근거하여 천착한다기보다는 연구자의 아이디어나 직관에 의존하는 이른바 '사변(speculation)'으로 판단하는 경우다. 이러한 사변의 특징은 역사의 의미나 상위의 개념을 먼저 정하고 이를 개별 사실을 통하여 확인해나간다는 점에 있다. 이처럼 역사 전체에 대한 판단은 '개별을 통한 보편의 추구'와 '보편을 전제한 개별의 확인'이라는 두 가지 방향이 존재하며, 각각의 경우에 대표적으로 사용되는 것이 '통찰'과 '사변'이다.

현실적으로 통찰과 사변을 통칭해서 흔히 통찰이라고 부르고 있지만, 인식의 방식으로서 역사가들이 연구의 대상이나 상황에 따라 역사를 인식하는 익숙한 방식이다. 실제의 국면에서 이 둘 가운데 어느 하나만 따로 사용하는 경우는 드물고 일시에 작동하는 경우가 많다. 역사가가 한 시대 혹은 여러 시대에 걸치는 역사를 통시적으로 설명할 수 있는 일종의 판단을 내리려 시도할 때, 통찰과 사변이 모두 동원된다. 통찰이나 사변은 역사를 파악하기 위한 전제, 즉 역사에 대한 개념장치(conceptual apparatus)를 가져야 가능하다. 보통 보편사가와 달리 역사연구자들은 통찰이나 사변에서 갖게 되는 자기의 개념적 장치를 명시해서 드러내지 않는 경우가 많다.(White 1978: 126-127) 그렇지만 개별 사실을 밝히고 의미를 부여하는 역사가의 연구는, 개별 사실이 이해되고 파악될 수 있는 어떤 전제나 개념장치를 가지고 있기 마련이다.

보편사가들은 대개 현재의 목적과 가치관을 위에다 놓고, 그에 따라 과거를 해석하는 경로를 밟는다. 그렇기 때문에 인식의 방식은 주로 사변이 될 수밖에 없다. 이때 보편사가들이 내세우는 목적과 가치관은 다름 아닌 사관이다. 사관이 투철하면 그만큼 실천성과 호소력이 강하다. 그러나 사관을 앞세우는 것은 역사에 나타나는 사실들을 단순화시키고, 역사를 지나치게 주관적으로 그리고 아전인수식으로 왜곡할 위험이 있다. 이런 점은 사관이 가진 본질적인 약점이다. 이런 점에서 역사철학자들이 애용하는 보편사를 통한 접근이 역사학의 독자성을 저해한다거나, 역사를 철학에 종속시킨다고 비판을 받는 것은 당연한 일이다. 특히 보편사는 사변을 사용하고, 추상이 많으며, 선험을 내세우고 당위를 내세우는 사유형식으로 구성되기 때문에, 실증성에 약점이 큰 것으로 간주된다.(한영우 1990: 2-3) 그래서 역사가들은 일반적으로 사변을 앞세우는 역사철학을 수용하려 하지 않는다.

이처럼 역사학에서의 사변에 대한 비판의 요점은 사유의 근거가 약하다는 데 있다. 그럼에도 불구하고 현실적으로 역사가도 역사에 대한 어떤 관점을 가져야 한다는 점에 유의할 필요가 있다. 역사가도 사유에 있어서 사변이라는 요소와 과학과 실증과 같은 요소를 겸비해야 하고, 이들의 상호작용으로 역사를 서술하고 있기 때문이다. 사변이 과학적이지 않다는 것도 적절한 비판은 아니다. 과학적 절차라 하는 것도 절차 전체가 모두 합리적이고 질서 있는 과정으로 이루어지는 것은 아니기 때문이다. 논리실증주의자들은 과학적 절차를 발견의 맥락과 정당화의 맥락으로 나누는데, 이때 발견의 맥락이란 하나의 가정이 설정되기까지의 과정을 말한다.(정선영 1993: 3) 발견의 맥락이 가지는 특징은 비합리적일 수 있다는 것이며, 합리적인 어떤 일정한 방법을 준수해야 하는 과정이 아니다.(정병훈 1993: 200) 그렇다고 과학적 절차에서 발견의 맥락을 제외시킬 필요는 없으며, 제외해서도 안 된다. 역사가도 추론을 할 때, 논리를 통한 방법만 사용하는 것이 아니라 상상과 같은 인식의 방식을 동원한다. 그것이 역사가가 학문을 하는 학자이면서 예술가라고 할 수 있는 이유이기도 하다.

그럼에도 사변이란 통상 역사가에게 삼가야 할 인식방식이고, 자료나 근거에 바탕하지 않은 자의적인 것으로 간주된다. 그러나 역사가도 역사철학자에 비해 주제나 기간이 한정되어 있기는 하지만, 인식방식으로서 통찰과 사변의 방법을 빈번하게 사용한다. 역사학이 실증적이고 합리적인 과정만으로 연구가 이루어지는 것은 아니며, 규모상의 차이는 있지만 일상적으로 통찰과 사변을 동원하고 있는 만큼, 그것을 비합리적인 인식의 방식이라고 의노석으로 배척할 필요는 없다.

사변과 통찰의 방법에 주목한 경우는 역사학을 과학과 통찰을 아우르는, 이른바 인문학문의 성격을 갖는 것으로 보는 견해에서 찾을 수 있다.(조동일 1997) 헤겔이나 칸트 역시 개별 사실에 대한 광범한 지식 없이도 역사를 철학의 인식방식을 통해 개관하려는 사변을 활용한다. 물론 이런 사변의 활용은 자신의 소망에 맞도록 사실을 날조하거나 선택하는 데 지나지 않는다는 비난을 받기도 한다.(Walsh 1967a: 128) 그러나 사변을 활용하는 역사철학자라 해서 모두가 사실에 대한 지식을 소홀히 하는 것은 아니다. 예컨대 토인비는 1961년 『역사의 연구』를 완결할 때까지 오랜 기간 동안 광범한 자료를 두루 섭렵한 것으로 유명하다.(Dray 1964: 61) 토인비에 대한 비판의 대부분은 사소한 잘못을 지적하는 데 불과하다고 반박할 수 있는 이유는, 바로 토인비가 연구에서 인용한 자료의 충실성 때문이다.(Barraclough 1983: 252)

이처럼 역사가가 사변적 역사철학자에 비해 보다 깊게 사실에 대한 실증적인 연구를 하는 것은 맞지만, 연구의 본질에 차이가 있는 것은 아니다. 역사가도 수많은 자료나 사실을 대상으로 악전고투하는 과정에서, 서술의 첫마디가 떠오르지 않아 전전긍긍하다가, 어떤 순간에 사실 전체가 하나하나 제자리를 찾으며 선명하게 설명이 되는 아이디어가 떠오르는 경험을 한다. 이런 경험이 바로 통찰이다. 물론 이런 경험은 주먹구구식으로 떠오르는 것이 아니라, 수많은 자료를 마지막까지 탐색하여 끝없는 고민을 거치고 나서야 얻을 수 있는 것이다. 그러나 본질상 역사가의 이런 통찰의 과정은 철학자의 사변이나 통찰과 유별나게 다른 것은 아니다. 요컨대 역사가는 사실에 대한 구체적이고 실증적인 연구 위에서 사변과 통찰을 하는 연구자이고, 역사철학자는 보편사를 위해 역사 전체를 아우르려는 사변과 통찰을 하는 연구자라고 말할 수 있다.

2 보편사의 역사교육적 함의

지금까지 역사교육에서 보편사는 별다른 주목을 받지 못했다. 보편사는 전체 역사를 대상으로 하는 철학의 일종이고, 구체적인 장면에서 실증성이 약하다는 문제 때문에 역사교육적 가치나 함의에 대한 연구도 드물었지만, 무엇보다도 역사교육 현장에 도입하려는 시도 자체가 없었다. 오히려 사실상 보편사교육을 회피해왔다는 것이 정확한 표현일 것 같다. 역사교육에서 관심을 가진 것은 주로 역사지식의 성격이나 역사 탐구의 절차, 사고 과정을 역사교육에 어떻게 활용하고 적용할 수 있는가에 대한 연구였기 때문이다.

그렇지만 역사교육이 결국 '역사란 무엇인가'라는 질문에 답하기 위한 교과라고 한다면, 역사철학의 태도와 성격을 갖는 보편사도 당연히 역사교육의 대상이 될 수 있다. 특히 역사교육을 인식론교육이라고 본다면 보편사가의 인식론 자체를 교육의 대상으로 삼는 것은 어색한 일도 불가능한 일도 아니다. 인식론으로 역사교육에 접근하는 경우, 보편사가 지나치게 사변적이고 실증성이 약하다는 문제점은 부차적인 것에 불과한 것이다. 왜냐하면 역사교육에서 보편사를 통하여 참조하려고 하는 것은 보편사가들이 주장하는 역사인식, 즉 결과로서 나타나는 역사지식이 아니라 그들이 가지는 인식론이기 때문이다. 그들이 주장하는 보편사의 내용 자체가 역사교육의 주요 목표가 아니고, 학습자가 그 내용을 수용할지 여부도 학습자 각자의 판단에 달린 문제일 뿐이다. 역사교육에서 가치가 있고, 필요한 것은 보편사가 가지는 인식론이다.

역사가들도 개별 사실의 검토 이전에 형성된, 특정 시기의 역사를 설명하기 위해 마련된 정의나 규정의 도움을 받아, 역사 전체에 대한 이해를 확장해나가면서 자신들의 연구를 진행한다. 예컨대 봉건제도의 몰락이나 자본주의의 형성, 또는 한 역사 시기의 시대성을 해명해보고자 하는 경우, 역사가는 봉건제도나 자본주의에 대한 정의나 규정을 참고하여 역사이해의 폭을 넓혀나가고 있는데, 이것은 전형적인 보편사가의 연구방식이다.

그렇다면 보편사가들이 인류 역사 전체에 대한 통이 큰 관찰을 시도하는 것이 어떤 의미가 있는가? 그것은 무엇보다도 역사의 본질과 의미를 해명하기 위한 것이라는 점에서 가치가 있다.(이상신 1996: 332-333) 칼리니코스(A. Callinicos)가 인간의 지적인 활동 가운데 정당하고 진정으로 가치 있는 것은 인류 역사의 도덕적 유의미성에 대한 성찰이라고 평가했는데(1975: 42), 이는 인류 역사 전체를 대상으로 한 통 큰 관찰의 가치를 평가한 것이다. 역사교육에서 이러한 보편사가들의 사변과 통찰을 통한 인류 역사 전체를 관찰하려는 시도 자체를 인식대상으로 삼아, 그것을 내면화하려는 노력을 한다면, 역사가 가지는 의미와 역사적 전망을 가르치는 데 매우 유익할 것이다. 이처럼 보편사가들의 인식방식에서 나오는 통찰력은 역사교육에서 역사가의 인식론을 내면화할 수 있는 전범을 제공할 수 있다.

보편사교육을 통하여 학습자가 과거에 대한 실증적인 접근과 함께 현재의 이해를 바탕으로 인류의 과거를 돌아보고, 미래를 조망해보는 것은 의미 있는 경험이 될 수 있다. 인식론에 따른 역사교육의 입장에서 볼 때, 보편사가 의미 있는 것은 보편사가들의 인식론 때문이지 그들의 주장 때문이 아니다. 따라서 역사교육에서 바라본 보편사가 가지는 특징적인 인식론과 보편사가의 특징적인 사고나 연구방법을 정리해보고, 그것이 가지는 역사교육적 함의에 대해 고민할 필요가 있다.

그러므로 우리의 관심은 보편사가의 역사철학에 바탕한 이론에 대한 논의보다, 역사교육에 적용 가능한 보편사가의 논지 전개에서 나타난 인식의 방식이다. 그리고 역사교육의 입장에서 보편사는 역사를 보는 관점, 즉 역사관의 한 종류로 볼 수도 있고, 또 역사연구의 한 방법으로도 볼 수 있다는 점에 유의할 필요가 있다.

1) 역사교육적 의미

보편사는 인류 역사 전체를 대상으로 역사의 의미나 유형을 추구하는 것이고, 목적론적 역사 인식하에서 거대서사(grand narrative)를 구성하려고 노력한다. 그리고 보편사에서 역사 인식의 방식으로 사용하는 것은 주로 사변이다. 이런 보편사의 특징은 역사를 구성하는 역사가의 주관성이 강하게 반영될 수밖에 없다는 것을 강력하게 시사하고 있다.

역사교육의 입장에서 이런 주관성은 이데올로기적 성향을 띠거나, 국수주의적 견해나 당파적인 주장으로 연결되기 쉽다는 문제점을 갖는다. 따라서 가치중립이라는 입장에서 객관적인 역사를 교육해야 한다는 당위성 차원에서도, 당파적이고 사변적인 보편사를 역사교육에서 다루어야 한다고 주장하기는 쉽지 않다. 더욱이 기왕의 역사교육에서 이데올로기적인 성향이 강했다는 점(양호환 1995b: 450-451)을 고려한다면, 이런 보편사가의 역사 인식 태도는 역사교육상 바람직하지 않은 것으로 결론내기 쉽다.

그러나 역사교육은 원칙적으로 교사나 역사가의 주장을 전수하는 것이 목적이 될 수 없다는 점을 감안할 때, 즉 보편사가의 당파적인 견해 자체를 가르치는 것이 역사교육의 궁극적 목적이 아니라는 점을 고려할 때, 보편사교육의 가능성이나 필요성을 거론할 여지가 생긴다. 역사교육의 원리로 볼 때, 역사교육에서 보편사가의 견해 자체는 학습자가 메타적으로 접근하는 대상으로서, 당파적인 견해를 전수한다는 우려를 할 필요가 없기 때문이다.

❶ 역사에 대한 신념

보편사는 역사교육에서 첨예한 문제로 거론되는 이데올로기 문제 및 정치적 이념교육에 대한 면역력을 키우는 교육이 될 수 있다. 지난 굴곡의 현대사 속에서 마르크스주의로 대표되는 역사철학과 관련된 보편사의 문제는 이데올로기로서 표현되고 문제화되었다. 따라서 역사철학과 관련된 보편사는 대체로 이념교육에서 대신하게 됨에 따라, 한편으로는 이념의 과잉과 과장이 범람했지만 다른 한편으로는 미흡한 이념교육과 왜곡이 유행하였다. 보편사가들의 주장은, 그것이 갖는 강한 실천성으로 인해 정치적 입장의 찬반을 막론하고 모든 진영에서 이용하고 악용하는 과정이었다. 한편에서 이런 과잉과 과장으로 점철된 이념교육이 이루어졌지만 다른 한편에서는 보편사, 메타 역사, 역사철학으로 불리는 분야는 역사 개론서에서도 외면했고, 역사교육에서조차 그에 대해 진지한 고민도 고민할 의지도 없었다.

보편사가 이념교육의 방편으로 이용될 때 가장 문제가 되는 부분은 그 내용이 목적성을 강하게 띠고 있어서, 그에 따른 실천을 강조하거나 한쪽의 입장을 정당화하는 것으로 이용될 수 있다는 점이다.(한영우 1990: 7-8) 이런 속성 때문에 역사연구에 장애가 되는 것은 물론, 역사교육이 이념교육화되는 부작용을 염려하여 회피해왔다.

이런 문제에 대한 대처방안은 당연히 정치적 중립성과 학문적 객관성을 주장하는 것이었다. 그러나 역사를 돌이켜보면 역사교육의 정치적 중립성이 강조되지 않은 적이 없지만 정치적 영향력을 벗어난 경우는 거의 없었고, 객관적인 역사를 강조해왔지만 역사의 객관성 문제만큼 복잡한 것도 없는 만큼 쉽사리 결론이 나지 않는다. 예컨대 박근혜 정부에서 채택한 역사교과서 국정화 정책이나 일본의 역사교과서 왜곡 문제는 역사교육 문제의 정치적 성격을 잘 보여준다. 역사교육에 대한 정권의 개입은 단기간의 정치적 성공이라는 비역사적 안목을 가진 권력자들에 의해 자주 일어났고, 자의적인 역사 왜곡 사례 역시 빈번하게 일어났다. 그때

마다 이 문제에 대해 끊임없는 시정 노력이 있었지만 해결의 기미는 요원하기만 하다.

이런 사태를 뒤집어서 말한다면 역사교육은 고도의 정치적 의미를 갖는 것이며, 세계사적으로 그리고 한 체제나 사회에서 권력을 쥔 자, 역사에서 승리한 자, 강자가 자신을 정당화·합리화하기 위해 역사를 왜곡하고 역사교육을 장악하려 한 것은 피할 수 없는 일이었다.(송상헌 1989: 173)

이를 인정한다면 역사교육에서 당대의 정치적 영향에 대한 대처방안으로 정치적 중립성이나 객관적 역사교육을 내세우는 것은 당위성에도 불구하고 실현성이 떨어진다. 그렇다면 어떤 대책이 가능할 것인가. 하나의 대처 방법은 거꾸로 역사교육의 주관적 측면을 인정하고, 그 위에서 바람직한 객관성을 내세우는 것이다. 여기서 말하는 바람직한 객관성이란, 역사의 구성적 성격을 인정하되 자료 선택이나 설명의 적연성 문제가 자의적이지 않을 수 있다는 것을 염두에 둔 객관성이다. 이런 입장에 서게 되면, 역사교육은 각자의 견해를 대상으로 자유롭게 그리고 메타적으로 접근하여, 그 적연성을 가늠해보고 평가를 내리는 교육이 되어야 한다. 이런 입장에서 주목되는 것이 바로 보편사교육이다. 강한 목적성·실천성을 내세우는 보편사는 이데올로기적 편향성이나 정치적 영향력에서 벗어날 수 없다는 문제점은 있지만, 이런 문제점을 뒤집어서 긍정적인 면모로 바꿔보자는 것이다.

역사에 대한 투철한 자기의 신념과 주관을 갖는다는 것은 바람직한 일이다. 특히 역사교육에서 한 개인이 역사에 대한 어떤 신념을 갖는 것 자체는 긍정적인 것으로서 비난받을 일은 아니다.

실제로 역사 속에 등장하는 인물 가운데 악인으로 평가받는 사람은 그가 가진 역사에 대한 그릇된 신념에서 그런 평가가 비롯된 면이 있다. 반면에 의미 있는 업적을 남긴 것으로 평가받는 사람은 그가 가진 역사에 대한 굳은 신념에서 평가가 비롯된 면이 있다. 따라서 역사교육에서 역사에 대한 개인의 신념을 갖게 도와주는 것은 바람직하며 의미 있는 일이다. 얼마나 편향되지 않은, 보편타당한 신념을 가지게 할 수 있느냐 하는 문제만 있을 뿐이다. 그 방법 가운데 하나는 의로운 삶을 산 것으로 평가되는 사람들은 삶의 이면에, 역사에 대한 강한 신념이 있었다는 점을 부각시키는 것이다. 인물사 교육에서 한 인물의 삶 가운데, 역사에 대한 신념을 가진 모습을 가르치는 것은 그 인물을 통해 당시의 시대 모습을 가르치는 것보다 중요한 역사교육의 임무이다.

역사교육을 통하여 이들의 삶의 바탕을 이룬 역사에 대한 신념 체계의 존재를 가르치려고 할 때, 그들이 가진 신념 체계의 중요한 부분은 대체로 목적론적 역사나 보편사적인 신념과 유사한 경우가 많다. 따라서 보편사가 가지는 역사교육적 함의는 어떤 한 개인이 역사에 대한 바람직한 신념을 갖도록 도와줄 수 있는 가능성에서 찾을 수 있다.

역사연구자들과 역사교육자들 사이의 입장 차이가 두드러진 부분은 바로 이 문제다. 역사연구자들은 지나친 목적성이나 실천성을 앞세우는 경우, 제대로 연구를 하기 어렵다거나 실증적인 태도가 아니라는 이유로 경원시한다. 그렇지만 역사교육에서 목적성이나 실천성 문제는 연구된 결과에서 출발하는 것이어서 연구자의 입장과는 다른 처지이다. 인물사교육에서 개인의 신념 체계를 구성하는 보편사적 신념을 회피하거나 소극적인 태도로 가르치는 것은 바람직하지 않다. 오히려 역사교육을 통하여, 바람직한 역사에 대한 신념 체계를 효과적으로 가르치는 방안을 모색하는 것이 필요하다. 원리상으로 본다면 역사교육은 학습자들이 실사구시적 태도와 함께 바람직한 실천성·목적성을 조화롭게 배울 수 있도록 해야 한다. 그런 목적을 위해 유용한 방법 가운데 하나가 보편사에 대한 인식론적 접근이다.

이와 관련하여 제기되는 문제는 과연 학습자들이 보편사에서 주장하는 견해를 선별하여 받아들일 수 있는가 하는 점이다. 역사교육에서 보편사를 다룰 때 보편사의 인식론에 메타적으로 접근하는 것이 중요하다는 점을 지적한 바 있다. 역사교육은 한 가지 견해나 관점이 제시되면, 이를 그대로 받아들이거나 전수하는 것이 아니라, 메타적 관점에서 그들이 적연성을 평가하는 과정을 거친다.

이런 과정을 뒷받침하는 것은 정보의 개방성이다. 정보가 독점되어 있는 경우에는 보편사적인 견해를 선별할 가능성이 그만큼 적다. 그러나 현대 사회의 특징인 정보 접근의 용이성은 학습자가 적연성 평가를 거쳐 선별하는 활동을 자유롭게 할 수 있게 보장하기 때문에, 학습자가 편향적인 태도를 갖는 것에 대한 염려는 줄일 수 있다. 만약 정보 접근이 자유롭지 못하다면 그것은 역사교육의 문제이기 이전에 사회 자체의 비민주성 문제일 가능성이 크다.

역사교육을 둘러싼 논의에서 이데올로기에 치우친 교육 혹은 세뇌교육, 의식화교육의 위험성을 경고하는 사람들이 있으나, 역사교육은 오히려 그런 교육의 맹점이나 문제점을 벗어나기 위한 교육일 수 있다. 인식론적 역사교육으로서의 보편사교육이 바로 그런 역사교육이 될 수 있다. 예컨대 보편사가의 통찰력을 통하여 역사를 인식하는 것 자체를 전범으로 삼는 태도를 배운다면, 학습자 스스로 통찰력을 일깨울 수 있고, 정치적인 영향이나 이데올로기로부터 벗어날 수 있을 것이다. 요컨대 보편사를 통한 역사교육의 특징은 자의적 역사의 주입에 대한 면역력을 길러주는 소재로 활용될 수 있다는 점이며, 역사에 대한 신념을 갖게 하는 교육일 수도 있다는 점이다.

❷ 사변

보편사가의 특징적인 인식방식은 보편성을 전제로 개별 사실을 포섭하는 사변(speculation)이다. 역사교육에서 역사가의 인식방식을 학습하는 것이 중요한 목표라고 할 때, 보편사가의 사변은 주목할 가치가 있다. 지금까지 학교교육에서 역사철학이라는 이름으로 보편사가의 견해가 소개된 적은 있으나, 그들의 인식방식이 역사교육에서 어떤 가치를 갖는지에 대한 고민은 없었다. 역사교육이 개념 중심의 교육으로 되어 있거나 기능이나 능력 중심의 교육으로 되어 있는 문제를 해결하는 방안의 하나로 철학적 사고를 도입할 필요성이 제기되기도 하였지만(Lee 1983: 21-25, 30), 구체적으로 어떻게 도입할 수 있느냐에 대한 논의는 이루어지지 않았다.

그렇다면 보편사가의 인식방식인 사변이 실제로 어떤 교육적 함의를 갖는가? 역사교육에서 역사를 파악하는 방법은 사실에 대해 귀납적으로 접근하여 역사적 의미를 도출하는 것도 있지만, 자신의 전제(presupposition)를 가지고 그에 포섭되는 사실을 모색하는 것이 더 효과적일 수 있다. 보편사가의 통찰력이라고 하는 것은 개별적 사실에 대한 검토를 통해 개별 사실들을 포괄하여 의미를 부여하는 것이라기보다, 먼저 전제를 수립하고 그것에 개별 사실들의 포섭 여부를 검토하여 이에 합당한 역사적 의미를 부여하는 방식으로 구현된다. 그러므로 역사적 사실을 포섭하는 전제를 모색하는 역사 인식 태도를 함양하는 데 보편사가의 사변은 매우 유용하다.

일반적으로 역사가는 역사에 대한 역사철학적 입장을 가지고 있고, 그의 연구 성과에 명시적이든 암묵적이든 자신의 철학적 입장이 나타난다. 노련한 역사가라면 새로운 역사상을 찾기도 하고, 상당한 기간을 거쳐 구성한 역사상을 확증하고 보완하기 위해 끊임없이 이에 포섭되는 개별적 사실을 찾고 있을 것이다. 역사에 입문하는 역사학도라면 처음부터 어떤 시대의 역사상을 모색하기보다는, 선배 학자들이 수립해놓은 역사상을 놓고 그것을 뒷받침하는 개별 사실들에 대한 서사의 적연성을 검토하는 것으로 시작할 것이다. 누구든 역사를 읽게 되면, 우선 전제를 살피고, 전제에 맞는 계속성을 찾았는지, 그에 맞는 사실들을 적절하게 인용했는지 살피면서 역사서사의 적연성이나 정합성의 정도를 판단하게 된다.

대부분 특정 역사가의 연구는 일관된 흐름 속에서 파악될 수 있고, 그래야 한다. 만약 어떤 역사가의 생애에서 생산한 연구가 일관된 흐름으로 정리되지 않는다면, 연구가 산발적으로 이루어져 그럴 것인데, 그럴 경우 십중팔구는 통찰력이 부족하거나, 시대의 장단을 불문하고 자신이 연구하는 시대의 역사상을 갖지 못했기 때문일 가능성이 크다.

이처럼 다른 분야와 달리 인문학으로서의 역사를 전공하는 역사가들도 인식의 과정에서 사변을 활용한다. 우리가 보편사에서 주목하는 것은 사변으로 표현되는 역사가의 통찰력이다. 앞서 살펴본 대로 통찰력이 역사를 파악하는 매우 핵심적인 능력이라는 것은 부인할 수 없다. 그런데 보편사가나 역사가가 전체 역사를 파악하려 할 때 발휘하는 통찰력은, 그 구체적 절차를 배우거나 가르친다고 해서 학습되는 것은 아니라는 점에 유의할 필요가 있다.

통찰력은 구체적 절차에 따라서 결론을 도출하는 것과는 다른 인식의 방식이다. 예컨대 토인비가 말하는 '도전과 응전의 역사'라는 인식의 결과는 역사적 사실을 검토하여 결론을 내린 것이기는 하지만, 정해진 탐구 과정을 거쳐 내린 결론이라기보다는 토인비의 통찰력의 산물이라고 보아야 할 것이다. 누구나 토인비가 검토한 것과 똑같은 사실을 검토한다고 해도 마지막에 도전과 응전이라는 인식의 결과를 산출할 수 있는 것은 아니기 때문이다. 따라서 통찰력은 전제를 가지고 개별 사실을 검토하는 순서를 밟으면 생기는 것이라고 말하기는 어렵다.

통찰이 이루어지는 순서는 적어도 먼저 자신의 전제를 수립하고, 이어서 이에 포섭되는 개별 사실을 찾아 역사서사를 확정하는 순서를 밟는다. 그렇지만 통찰력으로 표현되는 인식방식을 가르치는 것은 인식의 과정이나 절차를 순서에 맞게 그대로 따라가게 하면 되는 것은 아니다. 인식론을 배우는 것은 인식의 장면 자체를 인식해야 하는 것이다. 통찰력이란 일정한 단계와 절차를 거쳐 결론으로 연역되어 발휘되는 것이 아니기 때문에, 절차가 아무리 엄밀하다 해도 정확한 결론을 내릴 것이라고 확신할 수 없다.

역사교육에서 역사는 '자유의 의식에 있어서의 진보'거나 '계급투쟁의 역사'라고 정의한다면 이를 경험적으로 증명하기 어렵지만, 그렇다고 그것을 틀린 것이라고 단정하는 것도 바람직하지 않다. 분명한 것은 그것들이 모두 사변으로 이루어지는 인식주체와 역사의 상호작용 결과로 산출된 것이며, 역사이해를 완성시켜 나가는 데 필요한 축적된 지식의 결과이자, 역사가의 통찰력으로 새롭게 구성된 것이라는 점이다.

❸ 인문학교육

보편사는 인식론적 배경이 포함된 역사교육의 필요성을 잘 보여준다. 보편사를 가르치는데 인식론적 배경을 생략한 채 그 인식의 결과만으로 다루게 된다면, 그것은 역사교육이 아닌 이데올로기 차원에서의 이념교육에 불과한 것이 되어버릴 위험성이 크다. 다른 교과나 경로를 통해 보편사가의 주장을 학습하는 것은 특정 역사관을 전수하거나 비난하는 것을 목적으로 하는 경우가 많아 위험한 역사교육이 될 수 있다. 실제로 일반인들에게 유명한 역사가를 물어보면 보편사가의 이름을 기억하고 있는 사람들을 많이 볼 수 있다. 이들이 보편사를 역사교과에서 배우지 않지만 보편사가의 이름을 아는 이유는, 다른 교과에서 보편사에 관한 내용을 배웠기 때문이다. 그러나 다른 교과에서 인식론적 배경 없이 가르치는 보편사는 주장의 결론만을 주입하는 경향이 있다.

보편사가의 주장이나 견해를 가르치는 역사교육은 그들의 역사인식을 가르치는 것이 아니라, 한 단계 올라서서 그들의 주장을 바라보는 메타적 관점을 유지하면서 그들의 역사담론을 인식하는 태도를 가르치는 것이다. 그러므로 보편사는 역사 인식의 전형으로서 역사교육에서 다루어져야 하며, 통찰력을 발휘하는 인식론을 내면화하는 계기로 활용해야 한다.

보편사교육은 사회과학으로서의 역사교육이기보다는 인문학으로서의 역사교육이라는 특징을 갖는다. 보편사는 전형적인 인문학의 하나이기 때문이다. 그런데 역사교육을 인문학교육으로 규정하면서 직면하는 문제는 역사의 객관성에 대한 관념을 어떻게 가르칠 것인가 하는 것이다. 역사의 객관성(과학성) 문제는 역사학에서 심도 있게 논의되어온 문제로서 '역사의 실체는 무엇인가?'라는 문제에서부터, 인지적으로 과거 사실을 포착하는 과제와 관련된 여러 가지 이론들을 비판적으로 검토해야 하는 엄밀한 논리적 과정을 요구하는 문제이자 철학적 논의에까지 걸치는 문제다.(이인호 1989: 203)

역사교육에서 역사의 객관성 문제는 역사학이 객관적인 학문임을 강조하는 것으로 해결될 수 있는 것은 아니다. 이 문제는 학습자가 어떤 단정적인 입장에 서게 하기보다는 학문방법론의 유연성에 바탕한 관념을 갖도록 하는 것이 바람직하다. 역사학에서 객관적인 학문 성격에 대한 대표적인 입장이 실증주의인 만큼, 역사학의 객관성과 관련된 논의의 실마리는 실증주의에서 찾아야 한다.

우선 엄밀한 객관적 지식을 추구하는 실증주의가 역사학에서 바람직한 것이냐에 대해서는 다양한 견해가 있을 수 있다. 그렇지만 역사학을 인문학으로 보는 입장이라면 실증주의에 대해 비판적인 것이 당연하다. 월시는 실증주의가 인간성에 관한 연구를 하면서 그것을 과학적 기초 위에 올려놓는 일을 지나치게 쉽게 생각하는 경향이 있다는 점을 지적하고 있다.(Walsh 1967a: 154) 그의 취지는 인간성에 대한 사실을 섣부르게 과학적인 기초 위에 놓으려고 하면 오히려 비과학적인 결과를 초래할 수 있다는 것이다.

월시가 말하는 실증주의 비판의 핵심은 인간 행위를 자연과학에서 다루는 대상과 같은 성격의 것으로 간주하는 태도이다. 실증주의가 가진 문제점은, 예컨대 인간의 행위를 자극에 대한 반응(response)으로 다루지 않고, 자극에 대한 반사(reaction)로 다루려 한다는 것이다. 실증주의 역사가들은 인간 행위를 자극에 대한 반사로 다룰 수 있다는 차원에서 역사를 사회과학으로 분류하기도 한다. 실제로 사회과학으로서의 역사를 주장하는 학자도 많이 있고, 그 주장이 타당한 측면이 있다는 것을 부인하기도 어렵다. 그렇지만 역사는 과거 사실을 고립되어 있는 상태로 놓고 정태적으로 연구할 수 있는 대상은 아니다. 역사연구에서 사실을 다룰 때, 과학에서 사실을 다루는 태도로 접근한다고 하면, 그것은 자연과학이나 사회과학과 다른 역사학의 고유한 특성을 간과하고 있는 것이다.

역사가 갖는 고유한 특성 가운데 대표적인 것은 역사에서 연구하는 대상은 생각 혹은 사상이라고 표현되는 인간의 의도가 포함되어 있어서, 과학에서 규명하려는 인과관계보다는 기원과 귀결(origin and consequence)로 설명해야 한다는 점이다. 역사적 탐구의 특성도 일반 법칙에 포섭되지 않는 설명 양식으로서 인문학에 속하는 것으로 간주된다.(Dray 1964: 59) 이와 관련하여 모든 분과 학문에 역사가 존재하며, 따라서 역사는 각 분과 학문의 역사로 해체해야 한다는 주장도 있는데, 이런 견해야말로 역사만이 가진 고유한 특성을 간과한 것이다. 역사는 학문의 여러 분야와 관련을 맺고 있지만, 그 분야 중 어느 하나의 학문 분야로 해소될 수 없는 학문으로서의 독자적인 가치가 있다.(Walsh 1967a: 154) 역사는 자연과학의 객관성을 잣대로 삼아 판단하려 하는 순간 많은 문제가 야기될 수 있다. 보편사는 이러한 역사의 고유한 특성을 잘 나타내는 역사이다.

보편사에서 다루는 인류 역사는 어떤 면에서 관념 속에서 상상될 수밖에 없는 성질의 것이다. 그것을 실체라고 상정하고 이를 연구 대상으로 삼는 전통적인 역사철학은 추상적·사변적으로 나갈 수밖에 없다. 이처럼 보편사가 대상으로 삼는 인류 역사 전체는 현재 진행 중이고, 완성되는 중이어서 엄격하게 과학의 연구 대상이 되기 어려운 것이 사실이다. 그렇지만 엄격한 과학성을 주장하기 어려운 것은 보편사만의 문제는 아니다. 그것은 역사의 범주에 속하는 모든 연구가 갖는 불가피한 특성이기도 하다. 역사의 범주에서 특히 보편사는 과학성의 측면에서 일반적인 역사연구보다 더 객관성이 떨어진다는 평가를 받는다.

그렇다면 보편사가 갖는 고유성의 문제는 어떻게 보아야 하는가. 이 경우에 역사를 연구하는 절차와 연구 결과를 분리하여 생각하는 것이 도움이 된다. 우선 역사의 연구가 매우 과학적인 절차로 이루어진다는 점은 누구도 부인하기 어렵다. 그러나 역사

연구의 결과는 자연과학에서처럼 객관적이고 과학적인 지식이라고 단정하기 어렵다. 과학으로서의 역사학이 갖추어야 하는 조건은 연구 절차에서 엄격하게 적용되어야 하고, 필요한 것이지만, 연구의 결과에까지 적용되는 것은 아니다. 그래서 역사학은 대상의 성격상 진실에 가까이 다가가는 방법을 항상 새롭게 개발해야 하고, 실재에 가깝게 다가갈 수 있는 가능성을 끊임없이 추구해야 하는 학문이다.

따라서 역사가가 역사지식을 추구하는 것은 아무리 과학적 객관성을 유지하려 시도한다 하더라도 한계가 분명할 수밖에 없지만, 그럼에도 역사가는 역사 전체에 대해 이해와 새로운 개념들을 끊임없이 추구해나감으로써 사실에 보다 가깝게 다가갈 수 있다는 것을 믿는다. 여기서 사실에 가깝게 다가가는 것이 곧 진실을 얻는 것은 아니지만, 그것이 역사의 객관성을 주장할 수 있는 근거이다. 과학적 지식이라고 하는 것도 엄밀한 의미에서 완전한 과학성을 주장하기 어려운 것이고, 진리에 접근하는 노력이 중요하게 평가받는 것과 마찬가지로, 역사의 객관성이란 끊임없이 진실에 접근하려는 시도로 확보될 수 있는 것이다.

그렇다면 실제로 인문학적 특성이 강한 보편사의 고유성은 역사교육에서 어떤 의미를 갖는가. 우선 역사교육에서 보편사를 가르침으로써 역사는 자연과학이나 사회과학과는 다른 성격의 교과라는 것을 강조할 수 있다. 보편사가의 인식방식인 사변은 역사가 가지는 구성적인 성격을 극명하게 보여준다. 그리고 사변이라는 인식의 방식을 통하여 역사교육이 자의적인 교육의 위험성을 가지고 있다는 점에서 보편사교육을 기피하는 것에 대한 이해를 구할 수도 있다. 보편사교육은 보편사가의 견해를 전수하는 것이 궁극적인 목적이 아니라는 사실을 강조하면서 진정한 자의적 역사교육의 사례를 보여줄 수 있어, 오히려 반면교사의 효과도 기대해볼 수 있는 것이다.

이런 모든 것들은 보편사교육이 가진 특징인 역사의 고유성 자체를 하나의 교육 대상으로 처리하면 가능해진다. 역사의 고유성 자체를 교육 대상으로 처리한다는 말은 역사가 구성되는 존재라는 것 자체를 가르친다는 의미다. 역사교육은 역사학의 연구 결과이든 보편사가의 주장이든 그것 자체를 가르쳐서 전수하는 것을 목적으로 하는 것이 아니다. 역사의 고유성 자체를 교육의 대상으로 삼는다는 것은 역사가든 보편사가든 그들의 주장의 배경에 있는 인식론을 교육의 대상으로 삼는 것을 의미한다.

이렇게 본다면 보편사 자체가 가지는 자의성이 역사교육에 그대로 전이될 가능성은 크지 않다는 것을 알 수 있다. 역사교육에서 보편사를 가르치는 방식은 '보편사는 이런 것'이라고 한 걸음 물러서서 바라보는 메타적 관점을 갖고 접근하는 것이기 때문이다. 이렇게 하면 보편시의 고유성 자체는 여러 가지 역사 인식 가운데 한 가지 방식으로 간주될 수 있다.

요컨대 역사학의 과학성이나 고유성을 둘러싼 문제는 역사교육에 직접 전이되는 것은 아니다. 다시 말하면 역사교육에서 보편사는 과학성이나 객관성에 대한 약점을 갖는다는 사실 그 자체를 메타화하여 하나의 대상으로 삼아 처리하기 때문에 역사교육에서는 전혀 다른 문제로 다루게 된다. 역사교육에서 보편사가 가지는 주목할 만한 가치는 역설적으로 과학성을 해치면서까지 보편사가

고집하는 사고의 특징이나 목적에서 나온다. 보편사가 가지는 인문학적 특성은 인문학교육으로서의 역사교육이 가지는 특성을 잘 보여준다.

❹ 역사의 체계화교육

역사교육에서 학습자를 처음 역사에 안내할 때 역사에 접근하는 실마리가 필요하다. 보편사는 안내자 혹은 실마리로서 기능할 수 있다. 그것은 바로 보편사가들이 도입하는 역사이해를 위한 상위 개념으로서, 이것은 역사를 인식하는 데 매우 효율적이고 생산적으로 기능할 수 있다. 예컨대 토인비 특유의 '도전과 응전의 역사'라는 역사의 원리 개념이나 그의 이론에서 거론되는 기본 개념들(예컨대 문명, 계급)은 역사교육에서 하나의 실마리로서 가치가 충분하다. 역사교육에서는 개념 자체를 배우는 것이 중요한 것이 아니라, 그런 개념을 이용한 사고, 즉 사변과 통찰을 실천해보는 것이 중요한데, 이런 도전과 응전이라는 개념을 이용하여 통찰력을 일깨우는 실마리로 삼을 수 있기 때문이다.

나아가 이런 상위 개념은 경험이나 자료로서 잘 뒷받침되고, 개념의 구조에 있어서도 더 정확하고 정교하게 제시할 수 있다면, 대규모로 나타나는 규칙성과 인류 역사를 관통하는 사회발전의 유형을 발견하고 분석하는 일에 눈을 돌릴 것을 기대할 수도 있을 것이다.(Barraclough 1983: 254) 이처럼 보편사가들이 주장하는 이론은 이론 자체를 가르친다는 것도 중요하겠지만, 역사를 배우는 안내자로서 기능할 수 있다는 의미에서 교육적 함의가 매우 크다.

보편사가 갖는 이런 성격은 역사를 체계화하는 전범을 보여준다는 의미도 있다. 헤겔 이후 역사철학은 나름의 기준으로 역사를 체계화하려는 노력이라고 볼 수 있다. 이 노력은 이른바 거대담론을 구성하려는 것으로서, 비코에서 콩트(A. Comte), 마르크스, 심지어는 슈펭글러나 토인비 등은 모두 역사의 체계화를 위해 노력한 학자들이다. 이들은 신성(神性)을 강조하지 않는다는 점에서 중세 역사관을 부정하는 측면은 있지만, 동시에 하나의 체계로 그리고 목적론적으로 역사를 설명하려 했다는 점에서는 중세 역사관과 공통적인 면도 있는 보편사가들이다.

이들의 역사관은 당연히 역사철학의 성격을 갖고 있고, 때로는 현학적이라는 비난을 받기도 하지만, 역사교육에서 이들의 인식태도는 역사에 접근하는 흥미로운 사례로서 가치가 크다. 특히 거대담론을 구성하려 노력한 것으로 평가되는 헤겔이나 마르크스, 토인비나 베버(M. Weber)와 같은 사람들의 주장은, 역사를 어떻게 보아야 하는지, 역사가 무엇인지를 생각하는 단초를 열어주는 데 도움이 된다.

같은 입장에서 포스트모던 역사학의 등장으로 나온 '역사학의 위기'라는 표현은 역사교육에서는 강 건너 불로 비유할 수 있다. 왜냐하면 역사교육의 내용 구성에 있어서 포스트모던 역사학자들의 논의는 체계적인 역사를 구성하는 다양한 노력 가운데 하나로 볼 수 있고, 하나의 역사가 아닌 많은 역사가 구성될 수 있다는 주장의 근거를 제공하고 있기 때문이다. 역사교육의 입장에서 본다면 포스트모던 역사학자들이 주장하는 미시사이든 마르크스나 메타 역사가들이 주장하는 거대담론이든, 이들은 공통적으로 역사 자체를 정의하고 설명하려고 노력한 결과라는 점, 나름의 기준을 정하여 역사담론을 구성하려 한 시도라는 점에서 교육적 함의가 있다.

역사교육에서 보편사 논의가 의미 있는 이유도 보편사가들이 역사를 체계화하려는 의도를 가지고 있기 때문이다. 대체로 역사학과 역사철학의 차이는 실증적이냐 사변적이냐 하는 점에 있다고 한다. 그렇지만 역사교육에서 학습자에게 제시되는 단계의 역사에서는 실증이나 사변이 가져온 차이에 별 의미가 없다. 역사교육에서 주목해야 하는 것은 바로 이 점이다. 일반인의 입장에서 본다면, 토인비가 주장하는 메타 역사이든 역사학자들이 주장하는 실증적 역사이든, 모두 역사를 대상으로 하는 담론이고, 그것의 타당성 여부를 스스로 판단하는 과정이 존재하는 한, 그들이 사변을 동원하든 과학적 인식을 동원하든 별 차이를 느끼지 못한다.

이렇게 본다면 보편사가 가지는 학문상의 문제점은 역사교육에서 교육내용을 구성하는 원리와 직접적인 관계는 없다. 역사교육에서 다루는 지식은 보편사가의 방법을 그대로 수용하는 것이 아니라 새롭게 재구성하는 것은 물론, 인식론 위주로 수용하기 때문이다. 이 재구성이나 인식론을 배우는 과정에서 보편사의 체계화 논리가 도움을 줄 수도 있고, 보편사를 구성하는 사고 자체가 좋은 교육 소재가 될 수 있다. 비유컨대 역사교육은 '헤겔이 이렇게 역사를 보았다'를 가르치는 것이고, 그가 그렇게 생각하는 이유에 대해 드러내서 보여주고 학습자가 적연성 정도를 판단할 수 있게 만들어주는 것이지, '역사는 자유의 진보로서의 역사이다'를 누가 얘기했는가, 역사는 자유의 진보가 맞는가를 물으려고 가르치려는 것은 아니다. 역사 전체의 체계가 어떤 것인가를 가르치는 것은 역사교육의 중요한 목표이다.

❺ 미래전망

보편사는 역사가 가지는 미래와의 연관성을 가르쳐줄 수 있는 좋은 계기를 제공한다. 교육과정에서도 역사교육은 현재의 위치와 나아갈 방향을 이해하는 것이고, 그것은 곧 미래에 대한 전망을 교육하는 것이라는 규정을 빠뜨린 적은 없다.(교육부 1998: 160, 180; 교육부 2015: 96-97)

전통적으로 미래전망의 문제가 나오면 보편사가 등장하는데, 그 배경을 보면 해당 시대의 사정과 긴밀하게 연관되어 있다. 보편사는 세계사적으로 관찰하고 해석하는 원리나 체계이기 때문에 시대를 초월하여 유효한 역사를 추구한다. 그리고 보편사는 대개 격변하는 시기의 산물인 만큼, 의식적·무의식적으로 당대의 현재를 이해하고 미래를 예측해보고자 하는 의도를 지니고 있다. 그러므로 보편사가는 모든 과거를 현재 위에 집중시켜 놓고, 이에 근거하여 미래를 전망했다는 점에서 교육적 의미를 찾을 수 있다.

그들은 항상 해당 시기가 가져왔던 여러 가지를 세계사적인 규모로 관조하는 속에서 수용하고 해석하면서, 그들 나름대로 역사의 본질을 정의하였다.(이상신 1996: 332) 과거는 물론 현재와 미래를 함께 의식하면서, 한결같이 시대적 변환기에 역사를 정리해보려는 의도를 가진 사람들이었다. 따라서 보편사가는 변환기에 있는 인간으로서, 과거에 대한 통찰은 물론 미래에 대한 전망을 역사서사에 담게 된다. 특히 목적론적 설명이라는 특징을 갖는 보편사는 필연적으로 미래를 거론하지 않을 수 없다. 즉 한 시점에서 발생한 사건은 그 후의 다른 시점에서 발생한 사건과 연관하여 목적론적으로 설명하게 된다. 그런데 설명 당사자는 현재에 위치하고 있기 때문에, 필연적으로 미래를 언급하게 되는 것이다.(Callinicos 1975: 143-144)

물론 역사는 기본적으로 과거를 다루는 것이다. 그러나 현재에서 과거를 보며, 그것이 갖는 미래와의 연관성을 고려하지 않는다면 그것은 죽은 과거가 된다. 그러므로 이들이 가지는 과거, 현재, 미래를 고려하는 사고 태도는 체계화를 통한 역사적 발전을 인식하게 한다는 역사교육의 목표에 부합하는 것이다.

예컨대 후쿠야마는 역사의 발전에 대해 헤겔의 관점을 적용하여 역사의 종말에 도달한 현재에 서서 미래를 전망하는 하나의 관점을 잘 드러내고 있다.

> 가까운 장래 세계는 역사를 벗어난 지역(탈역사 세계)과 아직도 역사에 매달려 있는 지역(역사 세계)으로 나뉠 것이다. 탈역사 세계에서는 경제가 국가 간 상호작용의 주축이 되고 무력 외교의 낡아빠진 규범은 그 의의를 상실해갈 것이다. 요컨대 여기서 생각할 수 있는 것이, 예를 들면 다극화되어 독일의 경제력에 지배를 받으면서도 주변 국가들이 그것에 군사적 위협을 느끼지 않고, 군비증강에 이렇다 할 노력도 기울이지 않는 유럽의 모습이다. 그곳에서는 경제경쟁은 적잖게 벌어지고 있으나 군비경쟁은 사라지고 있다. 탈역사 세계는 여전히 민족국가로 나뉘어 있으나 개개의 민족주의는 자유주의와 화목하게 지내고 있으며, 그 자기주장도 점차 개인적인 영역으로 제한되어갈 것이다. 한편 경제적인 합리성이 시장과 생산

의 일체화를 추진하고, 그에 따라 전통적인 국가 주권의 대부분의 특징은 조금씩 소멸될 것이다.

반대로 역사 세계에서는 거기에 관여하고 있는 나라들에 무력 외교의 낡은 규범이 여전히 적용되고 있기 때문에, 특정한 나라의 발전단계에 맞춰 일어나는 다양한 종교적·민족적, 그리고 이데올로기적 충돌에 의해 세계는 변함없이 갈라진 채로 남아 있을 것이다.(Fukuyama 1992: 409-410)

이 주장의 요점은 세계사는 종말에 도달했으며 종말에 이른 세계는 '탈역사 세계'이고, 아직 종말에 이르지 못한 세계는 '역사 세계'라는 것이다. 앞으로 시장경제와 자유민주주의로 대변되는 역사 발전의 종점에 서 있는 탈역사 세계는 무력 충돌이나 민족적 갈등 같은 문제가 없을 것이며, 국가도 소멸하여 점차로 하나로 합쳐질 것이라고 전망하고 있다. 반면에 역사 세계는 아직 시장경제와 자유민주주의에 도달하지 못했기 때문에, 여전히 무력충돌과 민족적 갈등이 존재할 것이라는 진단이다. 이런 진단에는 언젠가 역사 세계도 탈역사 세계로 발전해갈 것이라는 전망이 담겨 있다. 이것은 역사발전의 전 과정을 성찰하고자 한다는 의미에서 역사학의 주장과 다른, 역사철학적인 주장이다.(Callinicos 1975: 5) 특히 과거의 사실을 다루는 것만이 아니라, 과거와 연결되는 앞으로의 세계를 제시하기 위해 과거를 다루고 있기 때문이다. 이런 보편사가 가지는 역사교육적 함의는 주장 자체의 적연성이나 정합성과 관계없이 과거는 물론 현재의 입장에서 미래를 전망하려는 태도를 가지고 있다는 점에 있다.

2) 보편사의 활용

역사교육에서 보편사가 어떤 효용성을 갖는지 알아보기 위해 구체적인 보편사인 후쿠야마의 서술을 중심으로 검토해보면 다음과 같다. 첫째, 구체적으로 역사서술이 제시되면, 서술의 관점을 정하는 기준을 학습하는 계기를 제공한다. 이설이 분분한 역사적 사실이나 특정 시대의 역사파악에 대해 다양한 관점이 존재할 경우에, 어떤 원리에 의해 내용을 조직해야 하는가 하는 본질적인 문제가 있다.

예의 후쿠야마의 견해에 대해서도 찬성과 비판 의견은 매우 다양하게 제기된다.(박찬국 1997; 이정은 1997; 임상우 1997b) 예컨대 미국의 장래에 대하여 무리한 군사적 팽창으로 경제적 쇠퇴를 가져올 것이라는 케네디(Paul Kennedy)의 주장과 미국에 바야흐로 최고의 시기가 올 것이라는 후쿠야마의 견해가 대립한다.(Callinicos 1975: 5) 말하자면 후쿠야마의 관점은 동구권 사회주의가 몰락한 반면, 서구 자유민주주의는 왜 건재한가라는 의문에 대한 답변이라고 할 수 있다. 논리의 요점은 사회주의는 인간의 본성에 부적합한 사회이기에 몰락한 반면, 자유민주주의 사회는 인간의 본성에 가장 적합한 사회이기에 건재하다는 주장이다. 나아가 자유민주주의 사회보다 적합한 사회체제는 더 이상 나타날 수 없을 것이기에, 자유민주주의 사회는 역사의 궁극적 종착점이라는 것이다.(Fukuyama 1992: 249-250)

이러한 주장을 담은 후쿠야마의 『역사의 종말(*The End of History and the Last Man*)』은 드물게 진지한 역사철학서이자 정치철학서로서, 자유민주주의의 장점과 아울러 그것이 가지고 있는 문제점에 대해서도 냉철하게 분석한 책이라는 긍정적인 평가를 받기도 했다(박한국 1997: 204). 그러나 자유민주주의 체제가 역사적 결과물로서 엄연히 자리 잡고 있지만, 인류가 영속적으로 추구해야 하는 유일한 체제가 오직 가진 자의 자유만을 무제한 보장하는 체제라고 한다면, 보다 나은 삶을 위한 인간의 희망과 노력은 헛된 것일 뿐이냐는 비판을 받기도 했다.(임상우 1997a: 215)

이처럼 극명한 견해의 차이가 있는 경우, 역사교육에서는 교사의 견해가 중요한 역할을 한다. 교사는 후쿠야마의 관점에 대해, 교사 스스로 통찰력을 발휘하여 비판적이거나 혹은 긍정적인 평가를 내릴 수 있다. 이 과정에서 교사는 이런 평가 자체가 아니라 평가를 내리는 통찰 과정 전체를 드러내는 것이 중요하다. 이 때 학습자의 인식대상은, 교사를 통해 드러나는 후쿠야마의 관점이 성립하는 인식의 배경으로서 통찰 자체이다. 만약 교사가 후쿠야마 이론의 문제점은 거대 역사서사를 구축하려고 하는 것에 있는 것이 아니라, 그가 제시한 역사변동의 원천에 있다고 본다면(Callinicos 1975: 17), 교실에서 이루어지는 역사교육은 후쿠야마의 견해와 교사의 견해를 대상으로 학습자가 이것을 수용하거나 혹은 거부하는 과정으로 진행될 것으로 예상된다. 바꿔 말하면 학습자는 이 과정에서 후쿠야마나 교사의 결론을 당연하게 수용하는 것이 아니라, 결론에 이르는 과정 혹은 역사를 거대 서사로 구성하려는 인식의 태도나 방식을 배우는 것이다. 이런 과정을 통해 학습자는 후쿠야마의 것이든 교사의 것이든 자신의 인식과정을 시도할 것이고, 궁극적으로는 어느 쪽이 적연성 정도가 높은지 결정하게 될 것이다. 그것은 교사의 것과 일치할 수도 있지만 일치하지 않을 수도 있으며, 나아가 여기서 제시된 어느 역사서사에도 동의하지 않고 독자적인 역사서사를 구성할 수도 있을 것이다. 이런 과정은 역사교육의 특징인 통찰력교육으로 이어질 수 있다.

둘째, 역사의 객관성을 둘러싼 문제에 대한 바람직한 관점을 가질 수 있는 계기를 제공한다. 학습자의 입장에서 본다면 예의 후쿠야마가 내세우는 논리와 교사의 통찰 과정을 통해, 관점의 정당화 과정을 성찰할 수 있다. 역사서술의 객관성에 대한 평가는 누군가에 의해 역사를 판단하고 정당화하는 실례를 앞에 놓고, 이에 대한 총체적인 인식의 전범을 내면화함으로써 시작되는 것이다. 따라서 후쿠야마의 논지 전개와 교사의 통찰은 곧 객관성을 확보하려 노력하는 역사가의 행위인 셈이고, 학습자는 그 자체를 인식대상으로 삼아 객관성 확보의 방안을 경험하고 깨달을 수 있을 것이다. 학습자가 자신의 사고 속에서 이들 판단의 적연성을 판단하고, 이를 논리적으로 표명할 수 있게 된다면, 역사의 객관성 문제에 대한 교육이 이루어지고 있다고 볼 수 있다.

셋째, 이런 관점의 제시를 통하여 실천적인 태도를 함양할 수 있을 것으로 기대된다. 실천적 태도는 역사적 문제의식에서 나오는 것으로 생각되는데, 이것은 역사의식의 중요한 덕목이다.(김한종 1997b: 323) 역사적 문제의식은 비판적인 의식이기 때문에, 이런 관점의 제시를 통하여 문제의식을 길러준다면, 문제를 해결하려는 실천적 태도를 가질 것으로 기대할 수 있다. 예컨대 학습자가 후쿠야마의 역사 세계와 탈역사 세계의 구분을 수용한다면, 역사 세계에 머무르는 현실이 가진 문제점에 대해 나름대로 원인을 분석하고 타개책을 강구하는 것으로 연결될 수 있을 것이다. 반면에 그런 구분을 수용하지 못한다면, 비판의 근거를 마련하거나 다른 관점을 수립하는 등 다른 경로의 통찰을 모색하게 될 것이다. 그렇게 되면 예컨대 일부 계층의 자유만을 보장한다고 비난을 받는 자유민주주의 체제에 대한 대안의 모색으로 나아간다든지, 또 다른 대안의 모색으로 나아갈 것을 기대할 수 있을 것이다. 이처럼 보편사는 역사의 종말이라는 뚜렷한 역사의 진행 목적을 상정하는 것이어서, 역사교육에서 학습자의 실천적인 태도, 역사적 문제의식인 역사의식 등을 기르는 데 매우 유용하다.

넷째, 이런 보편사적 서술은 인간 본성에 의한 역사파악의 방법을 제시해준다. 역사에서 인간 본성은 매우 중요한 토론주제다. 과연 인간은 자신의 안위와 행복만을 추구하는 존재인지, 자신을 희생하면서 숭고한 인류의 보편적 가치를 추가하는 존재인지 역사를 통해 확인하는 것은 역사교육의 중요한 과제이다. 후쿠야마는 자유주의가 사회주의나 파시즘의 경제체제에 승리를 거둔 것은 '인정(recognition)에의 욕망'을 잘 충족시키는 체제였기 때문이라고 본다.(Fukuyama 1992: 249-250) 학습자의 입장에서 후쿠야마의 설명 가운데 등장하는 '인정에의 욕망'이라는 것을 통해서 인간 본성에 대한 성찰의 기회를 가질 수 있다. 그리고 역사는 인간의 의지, 행위에 의해 만들어지는 것이라는 구체적인 사례를 접할 수 있게 될 것이다. 여기서 후쿠야마가 인간의 본성에 주목한 것은 보편사를 이야기하기 위한 것이다.(Callinicos 1975: 30) 이처럼 인간의 본성이 역사의 원동력이 될 수 있다는 것은 이런 구체적인 보편사가의 예를 전범으로 학습함으로써 역사를 사고하는 방법의 하나를 학습할 수 있다는 것이다.

다섯째, 보편사의 서술을 통하여 역사가 어떻게 체계화되는 것인지, 역사가가 어떻게 미래전망을 제시하는지 알 수 있다. 보편사는 근본적으로 미래전망을 담고 있는 역사서술이다. 후쿠야마는 여기서 역사 세계가 탈역사 세계로 나아갈 것이라는 미래전망을 표현하고 있다. 이런 전망이 가능한 이유는 과거에 대한 체계화 노력이 있었기 때문이다. 여기서 이 견해의 옳고 그름은 중요한 토론 주제이다. 그러나 보다 중요한 것은 미래를 전망하는 태도를 갖는 것이다. 역사를 인간의 본성을 원동력으로 하여 움직여온 것으로 일관되게 정리하는 것은 체계화의 노력이고, 그에 따라 미래전망이 가능해지는 것이다. 이처럼 보편사는 역사의 체계화의 필요성은 물론 체계화의 요령과 미래를 전망하는 요령까지 교육할 수 있는 영역이다.

이상에서 살펴본 보편사가 역사교육에서 중요한 이유는 우선 사변의 방법을 위주로 한 보편사의 역사 인식방식 때문이다. 역사교육은 통찰력의 교육이라고 할 수 있는데, 보편사는 통찰력을 전범으로 삼아 경험해볼 수 있는 역사서술이다. 보편사의 모든 이점은 사변과 통찰이라는 인식방식에 있다. 기본적으로 역사가 사변과 통찰의 학문이라고 할 수 있다면, 보편사는 통찰력에 의한 역사파악과 동시에 역사를 사변하고 통찰하는 과정에서 통찰력을 기를 수 있는 영역이다. 역사가 개인의 통찰력은 역사의 중요한 토대를 이룬다. 역사교육에서 이들의 통찰 결과가 타당한 것인가 하는 문제는 중요한 토론 주제이지만, 정작 중요한 것은 통찰하는 태도를 배우는 것이다.

그 밖에도 보편사의 중요성은 거대담론을 제공한다는 점이다. 거대담론이 하는 역할은 역사교육이 요구하는 역사의 총체성과 완결성을 경험할 수 있게 해준다는 데 있다. 역사서술의 총체성과 완결성이란, 역사상에 일어나는 모든 사건은 어떻게든 역사의 과정에 잠재되어 있는 목적을 지향하는 경향이 있다는 것을 전제로 하여 얻어지는 것이다.(Callinicos 1975: 65) 보편사는 거대담론을 추구한다는 점에서, 역사교육에서 요구하는 총체성과 완결성을 뒷받침하는 자료를 제공할 수 있다. 아울러 보편사는 이런 거대담론을 통해 역사의 동력을 고민한다는 점에서, 매우 중요한 역사교육의 한 분야임을 부인할 수 없는 것이다.

제9장

역사서사의 인식 논리와 역사교육

일반적으로 역사서사(historical narrative)라고 하면 역사서술 전반을 가리키는 경우와 역사서술의 한 양식을 의미하는 경우가 있다.(양호환 1998: 2-3) 서사(narrative)라는 용어가 역사서술 전반을 가리키는 사례는 거대서사나 미시서사와 같은 용례에서 보인다. 역사서술의 한 양식으로서의 역사서사는 이야기 형식으로서, 전통적인 역사서술에서 사용된 양식이다.(Stone 1979; White 1987; Jenkins 1991; Dray 1993)

역사서사가 역사서술의 한 양식이 아니라 역사서술 자체가 하나의 서사(narrative)라고 보는 경우로는 리쾨르를 들 수 있다. 칼리니코스도 역사서사는 역사서술의 단순한 한 장르에 불과한 것이 아니라, 역사서술 자체라고 본다.(Callinicos 1975: 93) 거대서사(grand narrative)의 종말이라고 일컬을 때 나타나듯, 서사라는 것은 자주 역사서술 자체의 의미로 사용되기도 한다.

스톤(L. Stone)에 의하면, 역사서사란 역사를 계열의 순서에 따라 연대기순으로 조직하고, 그 내용을 하나의 정합성 있는 이야기로 구성하는 데 초점을 두는 서술양식이다. 여기서 그는 부차적

플롯을 무시한다는 사실을 말하는데, 이것은 하나의 완성된 이야기라는 역사서사의 특징을 잘 보여준다. 그가 보기에 역사서사는 그 배열이 분석적이기보다는 기술적(記述的)이며, 환경보다는 인간에 초점을 둔다는 점에서 구조사(structural history)와는 다르다. 그리고 역사서사는 집합적이고 통계적인 것보다 특별하고 특수한 것을 다루는 서사이다.(Stone 1979: 3-4) 이처럼 스톤은 역사서사를 이야기 형식을 가진 역사서술의 한 양식으로 간주하는 대표적인 학자로서, "역사서사의 부활"이라고 표현하여 서양에서 근대 학문 성립 이전에 있었던 전통적인 역사서술을 다시 되살려낸다는 의미를 중시하였다.

역사서술이 본래 역사를 인식한 결과를 의미한다는 점에서 본다면 모든 역사서술은 역사서사라고 할 수 있다. 그런 측면에서 역사학자의 전문 연구 서적이라 해도 역사서사의 범주를 벗어나는 것은 아니다. 다만 우리가 역사서사라고 일컬을 때, 대개 이야기체 역사서술양식을 지칭하는 것으로 사용한다. 그렇지만 인식론의 관점에서 본다면 모든 역사서사는 역사를 인식한 결과이다. 그러므로 역사서사는 역사를 인식하는 과정을 잘 보여주는 서술양식이며, 그런 점에서 그것이 가지는 역사교육적 함의가 크다. 이 장에서는 역사서사의 인식 논리와 그것이 가지는 역사교육적 의미를 살펴보려 한다.

1 역사서사의 역사 인식 논리

1) 역사서사의 특징

❶ 연대기와 역사서사

역사서사는 역사학의 일면이면서 동시에 역사학 고유의 사고와 연구방법을 나타내는 두드러진 예이다. 역사서사가 가지는 일반적인 특징 가운데 하나는 이야기로 구성된다는 점이다. 이야기에는 가공한 것이나 사실을 말한 것, 사실과 가공을 결합한 것 등 다양한 종류가 있다. 그리고 사실은 일정한 형식을 가지게 되면서 사건(event)으로 구성된다. 사건은 일어나는 일(happenings)이나 발생(occurrences), 인간의 행위(actions), 변화하는 상황 등으로 이루어진다. 그리고 그런 사건이나 발생을 인식 가능한(intelligible) 순서로 놓은 것이 역사서사이다.

보통 이야기는 어떤 사건을 전달하고, 무엇이 일어났는가를 알려주는 것인데, 역사서사는 바로 전달하려고 하는 것의 인식가능성을 높이기 위한 형식이다. 그 형식은 '이것이 일어났고, 그때 이런 혹은 저런 상황이었고, 그러고 나서 저것이 일어났다'라는 구조로 이루어진다. 즉 '이것이 일어났고, 그러고 나서 저것(this then that)'의 형식으로 구성된다.(Lemon 1995: 42)

역사서사의 이런 형식은 흔히 연보나 연대기와 비교된다. 역사서사는 연보(annals), 연대기(chronicle), 역사다운 역사(history proper)로 나누기도 하고(White 1987: 4), 연보와 연대기, 그리고 역사서사로 나누기도 한다.(Topolski 1987: 77-82) 여기서 연보는 사실이나 데이터를 날짜순으로 배열하는 것으로서 시원적인 역사서사라고 하는 것인데, 사실들을 단조롭게 기록하는 것을 말한다.(Topolski 1987: 78)

반면에 연대기는 과거에서 미래로 시간의 순서만이 아니라, 다양한 방법으로 해석되는 인과관계로 연결되는 텍스트를 제공하는 것이다. 따라서 연대기에는 연보와는 달리 작가의 의식과 그 시대의 사회적 의식이 반영된 인간관과 세계관이 개입된다. 즉 연대기 작가가 그의 세계관에 따라 사실을 선택하여 계서화(hierarchization)한 것이 연대기이다. 따라서 연보나 연대기도 시간의 연속인 계속성, 즉 시간성이 본질적으로 전제된다. 그러므로 연대기는 역사가 아니라고 하는 주장은 성립하지 않는다. '처음에 기록이 있었고, 그다음에 역사가 만들어졌다'가 아니라, "우선은 역사가 있었고, 그다음에 연대기가 있었다"(Croce 1978: 18-19)는 말처럼 연대기도 작가가 행한 역사하기(doing history)의 엄연한 결과물이다.

다만 연대기는 형식 자체가 '이것 (그러고 나서) 저것'의 구조이기는 하지만, '그러고 나서'로 연결될 수 있는 계속성이 역사서사에 비해 희박한 것이라고 할 수 있는 반면에, 역사서사는 연대기에 비해 계속성이 농후한 것이라고 할 수 있다. 크로체의 말로 "연대기는 죽어 있는 역사이고, 역사서사는 살아 있는 역사다"(Croce 1978: 17)라고 할 때 역사서사는 연대기와 달리 '그러고 나서'로 연결될 수 있는 계속성이 상대적으로 설득력을 갖는다는 것을 의미한다. 역사서사가 갖는 설득력의 정도는 바로 사건들 사이에 존재하는 계속성의 정도에서 결정되기 때문이다.

❷ 담론으로서의 역사서사

역사서사의 일반적인 특징 가운데 하나는 그것이 '담론으로서의 역사'와 밀접한 관계가 있다는 점이다.(Carr 1986: 11) 우선 담론으로서의 역사라고 하면 역사는 과거에 대한 것이기는 하지만, 우리의 선입견에 적합한 과거를 상상하고, 그것을 표현한 것에 불과한 것이라는 의미이다. 그것은 궁극적으로 데리다(J. Derrida)의 "텍스트 이외에는 아무 것도 존재하지 않는다"라는 말처럼 역사가 하나의 상상으로 만들어진 텍스트에 불과하다는 것을 의미한다.(Callinicos 1975: 3)

담론으로서의 역사가 가지는 또 다른 특징은 역사서술이 각각 서로 다른 이해관계를 가지고 있는 권력과 관계되어 있다는 것이다. 이것은 역사가는 다른 사람들이 말하는 역사의 정의를 그대로 받아들이기보다는, 오히려 각자 나름대로 역사라고 생각하는 것이 있어서 각자의 담론에 대해 통제하는 권력을 갖게 된다는 의미이다. 따라서 담론으로서의 역사라고 하면 원천적으로 어떤 이해관계에도 치우치지 않고, 아주 순수하게 수행해나갈 수 있는 교과나 분과학문이 될 수 없다. 오히려 역사는 다양한 방식들이 상호 경쟁하면서 결코 피할 수 없는 싸움을 하고 있는 권력의 마당이다. 이 권력의 마당에서는 과거에 대한 각각의 견해들이 각양각색으로 통합되거나 배제되고, 중심화되거나 주변화된다. 따라서 역사를 '담론'이라고 표현하는 것은, 역사란 스스로 존재하는 것도 아니고, 더욱이 그저 순수하게 얘기되거나 표현될 수 있는 것도 아니라는 의미이다. 역사는 오히려 항상 누군가를 위해 존재하는 것이다.(Jenkins 1991: 11)

이러한 담론으로서의 역사라는 개념은 계몽주의 이후의 근대 역사학을 비판하는 입장으로부터 제기된 것이다. 그것은 19세기 이후에 휴머니즘이나 자유주의, 마르크스주의 등으로 표현된 진보, 개혁, 해방에 대한 다양한 계획들이 와해되면서 나타난 것이다.(Jenkins 1991: 60) 이와 같이 담론으로서의 역사는 역사가 객관적인 결과가 기대되는 과학다운 성격을 갖는다기보다는 결과가 주관에 치우치고 잠정성을 지니는 성격을 갖는다는 점을 반영한 개념이다.

역사가 갖는 담론으로서의 면모는 역사서사의 형식 자체에서 드러난다. 역사서사는 역사가가 스스로 생각해낸 전제(pre-supposition)를 가지고 계열(sequence)을 구성하고, 계열에 비추어 발생이나 사건을 의미 있게 배열하여 해설(explication)하는 양식인데, 이것이 바로 담론의 전형이다. 달리 말하면, 역사라는 것은 자신의 관점이나 견해에 따라 다양한 주장을 편다는 점에서 본질상 담론의 성격을 가지고 있는 것이고, 시작과 끝이 있는 일관된 줄거리로 구성되어 있다는 점에서 서사라는 성격을 가지고 있는 것이다.

흔히 이야기(story)는 시작과 중간, 끝을 갖는 것이 특징이라고 말한다. 그렇지만 그것이 이야기의 고유한 특징이라고 볼 수 없다. 이야기의 대표적인 존재인 영화나 소설은 끝나지 않은 이야기라고 말하기도 한다. 정작 이야기의 고유한 특징은 계속적인 사건의 기술을 통해, 어떤 목적을 달성하려는 의도를 가지고 있다는 점에 있다.(Lemon 1995: 42) 달리 말하면 역사서사는 전달하려는 내용을 인식 가능하게 하는 것을 목적으로 하는 이야기로서, 전하고자 하는 이야기의 인식가능성(intelligibility)을 높이는 것을 궁극적 목적으로 하는 서술양식이다. 그런 의미에서 보면 역사서술도 전달하려는 내용이 있고, 달성하려는 의도를 가지고 있으며, 특히 그것을 인식 가능하게 서술한다는 점에서 역사서사로 간주할 수 있으며, 담론의 성격을 갖는다고 할 수 있다.

역사서사는 과학적 역사에 대한 회의에서 나온 것이라고 한다. 스톤은 경제적 결정론과 아날학파의 위계설에 대한 환멸, 사료보다 엄밀성을 앞세우는 계량화 방법에 대한 회의, 사회학과 경제학을 대신하여 등장한 인류학의 영향, 그리고 가치, 의미, 정신, 감정, 심성의 연구와 정신분석학의 영향 때문에 역사서사가 다시 등장하고 있다고 보았다.(Stone 1979: 8-15) 역사서사는 서사성을 중시하고, 수사학의 적용을 고민할 정도로 과학성과 거리가 있다.

따라서 역사서사를 '역사가의 진정한 일'이라거나, '가장 적절한 문학적 형식'이라거나 '일종의 순수한 이야기'로 일컬으면서 호의적 입장을 보이기도 하지만(Dray 1993: 89), 개념상의 문제 제기도 많이 있다. 역사서사에 대해 역사학의 과학성에 대한 물음에서부터 궁극적으로는 문학성 혹은 예술성, 창조성에 대한 문제에 이르기까지 광범하게 질문이 제기된다. 이 모든 것들은 역사서사의 담론으로서의 면모에서 나오는 것이다.

❸ 사실에 근거한 설명

역사서사는 사실에 바탕을 둔 서술이다. 보통 과거의 이야기는 발견되는 만큼 창안된 것이고, 상상된 요소 때문에 진실일 수 없다고 주장한다.(Jenkins 1998: 78) 그러나 가공된 서사와 역사서사는 다르다. 가공된 서사를 쓰는 소설가는 전달할 내용을 이야기의 '흐름'을 통하여 인식 가능하게 만드는 것을 목적으로 한다. 그가 구성하는 사건의 계열도 단순한 사건의 연계가 아니라 의미나 줄거리(message)를 전달하기 위한 것이다. 그 과정에서 선택과 생략의 과정은 필수로 요구된다.(Lemon 1995: 44)

그러므로 소설가는 목적을 가지고 창안한 허구(fiction)를 만들어내는 작가라고 할 수 있다. 공상과학 소설과 같이 상상으로 만들어진 이야기는 도입되는 사건이 매우 사실같이 보여서, 순수한 거짓말이라고 할 수는 없더라도, 계열 속에 도입되는 사건 속에 보이지 않는 왜곡이 들어간다는 점에서 거짓말일 수밖에 없다. 이에 비해 역사서사는 적어도 사실의 흔적이나 증거 등으로 나타나는 과거에 근거하여 서술이 이루어진다. 따라서 역사는 가공의 사실로 된 서사에 대비되는, 사실에 바탕한 서사이다. 다만 역사서사가 소설과 같은 점은 한결같이 무언가 줄거리를 전달하는 것을 목적으로 한다는 것이고, 다른 점은 이야기를 구성하는 재료가 다르다는 점이다. 사실적인 역사서사 여부를 가르는 기준은 허구냐 사실이냐의 문제가 아니라, 화자가 도덕 혹은 정치에 관련된 줄거리를 설득력 있는 이야기로 구성하기 위해, 사실을 선택하느냐 혹은 거짓말을 만들어내느냐 하는 차이인 것이다.

결국 사실적인 역사시사란 어떤 줄거리를 전하기 위해, 허구가 아닌 사실을 선택하여 역사서사를 구성한 것이다.(Lemon 1995: 46-47) 따라서 사실적인 역사서사는 무언가를 전달하려는 동기와 의도가 존재하며, 실질적인 구성 논리나 추리가 개입된 것이다. 요컨대 역사서사는 사실을 바탕으로 구성하되, 어떤 의도를 설득력 있게 전달하려는 실제 목적을 성취하기 위해 짜임새 있게 구성한 것을 말한다.

그런데 이처럼 짜임새 있게 구성함으로써 인식가능성을 높이는 과정은, 비록 사실을 바탕으로 한다고 하더라도 의도를 가지고 구성한다는 점에서 객관성에 문제가 있을 수 있다. 역사서사는 사실의 선택과 생략을 위한 뚜렷한 기준이 없기 때문에, 객관적이지 않다는 평가를 받을 수 있는 여지도 많다. 그러나 여기서 주목해야 하는 것은, 역사가가 어떤 목적을 가지고 주관적으로 역사서사를 구성한다는 점에서 문제가 있다는 비판은 가능하지만, 사건을 선택하고 생략하는 것이 역사가의 주관만으로 결정된다고 보기는 어렵다는 점이다.

역사서사를 구성하는 역사가는 당연히 어떤 목적이나 의도를 가지고 있고, 그 목적에 따른 인식 가능한 계열을 상정하게 된다. 이렇게 역사가가 상정한 계열이 정해지고 나면, 그 계열과 연관성을 따져 사건을 선택할 때 자의적으로 처리할 수 있는 여지는 매우 적거나 거의 없다. 계열을 상정하는 데는 주관적인 판단이 작용하지만, 일단 계열이 정해진 상태에서 선택과 배제는 자의적으로 하기 어렵다는 의미이다. 역사가의 경우로 비교하자면 한 역사가가 주제를 한번 정하게 되면, 주제와 관계없는 사건을 선택하거나, 관계가 매우 밀접한 사건을 생략하거나 왜곡하여 다른 이야기로 이끌어갈 수는 없는 것과 같은 이치이다.(Mandelbaum 1977: 25; 임희완 1994: 234) 여기서 객관성을 문제 삼을 수 있다면, 그것은 계열을 설정하는 서사자(역사가)가 가지고 있는 전제(계열의 설정)를 문제 삼을 수 있을 뿐이다.

그렇다면 역사가가 설정하는 계열은 전적으로 자의적인 것인가. 현실적으로 역사가가 내세우는 계열은 역사가마다 다를 수 있다. 이렇게 역사가가 설정하는 계열이 다양하다는 것은 바로 역사의 고유한 성격이자 장점이다. 만약 역사에 다양한 계열의 설정이 허용되지 않거나, 하나의 계열만 허용된다면, 그것은 학문으로서의 역사학이 될 수 없을 것이다.

여기서 역사가가 내세우는 계열은 역사가의 주관적인 생각에서 출발하므로 객관성이 약하다는 점을 부인하기는 어렵다. 그렇지만, 그렇다고 계열을 없애거나 피할 수는 없는 노릇이다. 그리고 계열을 설정하는 단계에서 일차적으로 판단을 하게 되고, 이어서 그 계열에 따라 역사를 구성하는데, 이 단계에서 다시 한 번 판단을 하게 된다. 그렇지만 어쨌거나 계열의 설정 자체는 객관성을 유지할 장치가 없다. 그럼에도 이들이 자의적인 것으로 되기 어려운 이유는 역사가 구성되어 서술되는 과정에서, 그리고 서술되고 난 이후에 그 서술의 적연성을 평가하는 절차가 있기 때문이다.

요컨대 역사서사는 사실에 바탕한 서술이며, 역사학자 개인이 설정한 계열에 따라 사실의 선택과 생략을 통해서 구성된 설명이다. 그렇지만 역사로 서술되는 과정에서 여러 가지 형태로, 여러 층위에서 자의적 주관성을 배제하는 장치가 있어서 역사서사는 객관성을 보장할 수 있는 서사라고 할 수 있다.

❹ 인간 사태의 설명

역사서사는 과학에서의 인과적인 설명과는 다른 설명 양식이다. 역사서사는 한 사건에 후속되는 사건을 제시하여 '무엇이 일어났는가'를 설명하는 것이고, 또 사건이 일어난 원인이 아니라 이유(reason)를 설명하는 것이 특징이다.(Dray 1963) 여기서 중요한 것은 후속 사건을 제시한다는 것인데, 그것은 '그러고 나서(then)'라는 말로 'x가 일어났다'는 진술의 단서를 여는 것을 말한다. 예컨대 '그는 추위를 느끼기 시작했다. 그러고 나서 창문을 닫았다'라고 서술한다면, 우리는 창문을 닫은 것을 아는 동시에 그 이유도 안다. 이처럼 역사서사는 사건의 발생과 그 이유를 설명하는 양식이다.(Lemon 1995: 51)

보통 인과 계열로 구성된 설명은 모두 역사서사 양식으로 바꿀 수 있다 인과 계열이란 'a가 원인이 되어 b가 일어났고, b가 원인이 되어 c가 일어났다'는 형식으로 이루어진다. 이것은 당연히 'a가 일어나고 그러고 나서 b가, 그러고 나서 c가…'로 바꿀 수 있다. 이런 경우에 사건이나 환경은 시간과 관련된다는 것이 특징이다. '그러고 나서'라는 어휘가 중요한 역할을 하는 이유는 그것이 무엇보다도 사건이나 환경을 시간과 관련시키기 때문이다. 이와 같이 역사서사는 일단 일련의 사건들을 시간 순서에 따라 배치하는 형식이다.(Dray 1993: 104)

인과적인 설명도 시간의 연속 개념이 포함된 형식이라는 점에서는 역사서사와 같다. 그럼에도 불구하고 둘 사이에는 엄연한 차이가 있다. 우선 역사서사에서 사건의 특징은 원인과 결과(cause and effect)로서 인식하는 것이 아니라, 여러 가지 가능한 행위 가운데 가능한 하나의 귀결(consequence)로서 인식한다는 점이다. 따라서 역사서사는 그가 왜 다른 어떤 것이 아닌 바로 '그것'을 행했는지 그 원인을 설명하지 못한다. 다만 '왜 그가 그것이 아닌 저것을 했는가'라는 질문에 답하는 형식으로 이유를 제시할 수 있을 뿐이다.

역사서사에서 수많은 사건 가운데 '다음' 사건으로 선택되어 제시된 사건은 관례상 다음에 할 수 있다고 생각할 수 있는 행위이기 때문에 선택된 것이다. 만약 그런 관례에 어긋나는 행위를 선택한다면 그 서사는 인식 불가능한 것이 된다. 당연히 관례라는 선택 기준은 엄밀한 법칙에 따르는 기준이 아니다. 이처럼 역사서사는 인과적인 설명과 달리 시간의 연속 속에서 관례상으로 귀결되는 것을 통해 인식 가능하게 만드는 양식이다.(Lemon 1995: 53)

역사서사는 인간의 사태(human affairs)를 다루는 서사이다. 역사의 설명에 역사서사 양식이 어울리는 이유는 인간의 사태를 다루면서 인간의 의지 문제를 반영할 수 있기 때문이다. 실제로 역사서사를 통해서 인간 사태를 설명하는 것이 가능하다고 하는 이유는 인간 행위가 가지고 있는 '종결 개방성(open-endedness) 원리' 때문이다. 종결 개방성 원리란, 인간이 행위를 할 때 여러 행위 가운데 가능한 행위가 많은데, 그중 어느 것이라도 선택할 수 있기 때문에, 즉 종결이 개방되어 있기 때문에, 선택이 이루어져 종결이 될 때까지 무엇을 선택할지 알 수 없다는 것을 말한다.(Lemon 1995: 56) 이 원리는 인간의 행위를 결정하는 요소를 고려한 원리가 아니라, 인간 행위에 영향을 주는 요소를 고려한 원리이다. 인간 행위에 영향을 주는 요소는 일반적인 인간 행위에 대한 상식 차원의 견해로 구성된다. 예컨대 인간의 행위는 추워서 창문을 닫는 정도의 평범한 진리를 가지고 인식할 수 있는 그런 성질의 것이다.

역사서사가 유용한 이유는 역사가 인간의 이야기이기 때문이다. 그래서 역사서사는 특히 인물사를 서술하는 경우에 매우 어울리는 양식이다. 인물사의 경우에 과거인의 행위가 중심주제인 경우가 많은데, 당대에 속해 있는 행위자(agent)가 말하고자 했던 것은 원래 알 수 없는 것이라는 점에서 한계가 있다는 비판이 있을 수 있다. 그러나 역사서사를 쓰고 있는 역사가는 원래 행위자의 견해에 구애되지 않는 존재이다. 역사서사의 서사자로서 역사가가 중요하다고 판단한 것은, 원래 행위자의 판단과 다를 수 있는 것이다.(Dray 1993: 106-107) 나아가 그는 행위자가 모르는 것을 일깨울 수도 있다. 이런 점에서 역사서사는 역사가 가지는 구성적 성격을 잘 보여주는 서술양식임을 극명하게 보여준다.

❺ 행위자가 있는 설명

구조와 논리 측면에서 역사서사와 인과적인 설명 사이의 근본 차이는 행위자(agent)의 존재 여부이다.(Lemon 1995: 59) 예컨대 홍수의 원인을 찾는 인과적인 설명 사례에서 우선 홍수의 원인을 찾아보면 제방의 붕괴가 원인이라는 걸 알게 된다. 그런데 제방의 붕괴 원인은 수달이 서식하다가 옮겨간 것이었다. 그런데 그 수달이 서식지에서 살다가 옮겨간 원인을 알고 보니 천둥소리 때문이었다. 여기서 우리는 천둥이 원인이 되어서 홍수가 일어났다고 말하지 않는다. 이러한 인과적인 설명의 특징은 사건의 계열 어디에서도 행위자가 드러나지 않는다는 점에 있다. 그러므로 인과적인 설명은 사건의 인과적 관련이 어떤 의미를 가지고 있는지 알 수 없는 설명이라고 말한다. 그 이유는 의미를 부여해주는 행위자가 없을 뿐 아니라, 행위자를 둘러싼 계속성을 상정할 수 없기 때문이다. 이처럼 인과적인 설명은 사건의 계열을 통하여, 진행되는 사태를 변화시키는, 그리고 어떤 관념을 지속시키는 주체(행위자)가 없는 설명이다.

지금까지 역사서사 형식에 대한 연구는 그것이 가지고 있는 인과의 연쇄라는 특성에 주목해온 것이 사실이다.(Dray 1964: 92) 그렇지만 인과적인 설명은 물리학이나 심리학에서와 같이 사건의 계열 속에서 작용 중인 원인과 그 결과를 포섭할 수 있는 법칙에 의존한다. 반면에 역사서사에서의 인과적 설명은 사건의 계열 속에서 행위자를 중심으로 설명한다는 면에서는 같을 수 있지만, 법칙에 의존하지 않는다는 점에서 다르다.

예컨대 '16세기 배들이 지중해를 건너는 데 여러 주가 걸렸기 때문에, 마드리드로부터의 명령이 늦게 도착하였다'라는 설명을 보면, 이것은 먼저 사건의 원인을 제시하고 난 다음에 그것의 결과로서 설명을 추가한 형식임을 알 수 있다.(양호환 1998: 4) 그렇지만 이것은 행위자의 의도가 들어가 있지 않은 설명이다. 물론 이것을 행위자가 들어간 역사서사로 바꿀 수 있다. 즉 '펠리페 2

세가 결정을 내리지 못했기 때문에 마드리드로부터의 명령이 늦게 도착하고 말았다'고 서술할 수 있다. 이것은 앞의 인과적 설명과 달리 행위자의 여러 행위 가운데 하나의 귀결(결과)로서 설명하고 있다. 이런 점에서 역사서사도 인과적인 설명이라고 할 수는 있지만, 행위자가 존재한다는 점과 법칙으로 설명하지 않는다는 점에서 인과적 설명과 다른 설명 양식이라고 하는 것이다.

행위자의 존재와 관련해서, 역사서사는 인물의 행동을 어떤 원인의 결과로서보다는 상황에 대한 반응(response)으로 제시한다는 점에서도 인과적 설명과 다르다. 인과적 설명이란 대안에 대한 설명을 배제하는 것이다. 따라서 인과적으로 인간 행동을 설명하고자 한다면, 인간 행동은 자극에 대한 반사(reaction)라는 것이 전제되어야 한다. 반사는 필연적으로 나타나는 대응 행동이다. 그러나 인간 행동은 자극에 대한 반사로 나타나는 것이 아니다. 인과적 형식의 설명이 인간 행동의 설명에 적합한 형식일 수 없는 이유가 바로 인간 행동의 자극에 대한 대응 행동이 다양하다는 점이다.

역사서사 형식에서 인간 행동이 자극에 대한 반사가 아니라는 것은 역사서사의 설명이 필연적인 결과를 말할 수 있는 것이 아님을 의미한다. 역사서사에서 '이것, 그리고 다음에 저것'의 형식은 바로 행위자가 다르게 행동할 여지를 고려한 형식이다. 그리고 역사서사 속 '다음에'라는 형식은 인간의 어떤 행동을 인식 가능하게 만들려는 장치이다. 다음 행동은 가능한 것을 위치시키는데, 그 이유도 어떤 행동을 인식 가능하게 만들기 위해서이다. 예컨대 추위를 느낀 사람은 난로를 켤 수도 있고, 운동을 하러 나갈 수도 있다. 즉 그 사람은 추위를 느끼면서 그다음 행동은 여러 가지를 할 수 있는데, 그 가운데 하나를 선택을 할 수 있고, 그러면 인식 가능하게 된다는 것이다. 그렇지만 추위를 느껴서 피아노를 연주했다고 말한다면, 이는 인식 가능하지 않은 것이 된다.

일반화된 형식으로 설명하자면 어떤 것이, 어떤 때, a라는 지점에서 처해 있는 상황이 주어진다면, 왜 행위자가 그 시간에 b라는 지점에서 x를 했는가를 알 수 있게 된다. 그는 x와는 다른 f, 혹은 h를 선택하여 행할 수 있었을 것이고, m, n, 혹은 p는 할 수 없었을 것이다. 만약 그가 할 수 없는 m, n 혹은 p를 했다고 한다면 이것은 인식 불가능한 것이 된다. 이때 무언의 전제는 사람이 행위하는 방식은 통념에 따라 이루어진다는 관념이다. 그런 전제가 없다면, 그들의 행위가 합리적인지, 예측 가능한지, 적합한 것인지 아닌지를 판단할 수 없다. 그런데 그 전제는 전통, 경험, 역사의 서술, 그리고 이야기를 통해 수용된, 비슷한 문화를 가진 모든 사람들에게 공통으로 가지고 있는 것으로부터 나온 것이다. 그러므로 역사서사는 일반적인 사람이라면 누구나 그 적합성이나 적연성을 판단할 수 있는 설명 양식이라고 할 수 있다.

설명으로서의 역사서사는 결정론적으로 정해진 사건을 이해하는 것이 아니다. 그리고 인과적으로 연쇄되어 있는 연속된 사건을 이해하기 위한 것도 아니다. 역사서사는 행위자의 반응이 상식적으로 적합한 행위였기 때문에, 독자나 청중이 이해할 수 있는 그런 것을 설명하는 양식이다.(Lemon 1995: 53)

이런 점에서 본다면, 역사서사가 설명의 양식으로서는 과학성이 부족하다고 할 수도 있을 것이다. 역사서사는, 인과성이나 불가피성을 특징으로 하는, 어떤 법칙 아래 사건을 포섭하는 그런 설명이 아니기 때문이다. 그렇지만 과학적 설명은 입증할 수 있고 객관적인 사건에 의존하는 것인 반면, 역사서사는 사물이 작용하는 방법을 이해하는 방법에 의존하는 것이라는 점에서 두 서사는 명백히 다른 설명 양식이다.

❻ 변화의 설명

역사서사는 변화(change)가 개입되는 서술양식이다. 우리가 어떤 시점 a와, 시점 b에서 사물을 지각한다고 할 때, 시점 a에서 노란색이던 것이 시점 b에서 파란색으로 바뀌었다면, 그리고 더 이상의 자세한 정보가 없다면 이 사물이 다른 것인지, 변화한 것인지 말할 수 없다. 정확한 것은 두 가지가 구별되는 존재라는 점뿐이다. 이 때 그 구별의 원인이 '다른 것'이라고 말할 수 있으려면, 본질이 다르다는 것을 보여주어야 하고, '변화'한 것이라고 말할 수 있으려면, 본질적인 것은 달라지지 않았다는 것을 보여주어야 한다.

예컨대 물은 기름과 '다르다'고 말할 수 있는 반면, 수증기는 이전의 물과 구별은 되지만, 그것은 여전히 물이며, 물이 '변화'한 것이라ㄱ 말할 수 있다. 이처럼 '변화란 본질적인 것이 지속되는 계속성이 있는 가운데 일어난 사태'를 지칭하는 말이다. 같은 발상에서 발전은 지속적인 극복이며, 동시에 하나의 지속적인 유지라고 말할 수 있는 것이다.(Croce 1978: 79)

계속성(continuity)이란 무엇인지 구체적으로 알아보면 다음과 같다. 계속성을 설명하기 위해 첫째로 고려할 사항은 시간이 개입된다는 점이다. 하나의 사물이 어떤 것과 '다르다'고 할 때, 시간은 고려 대상이 아니다. 왜냐하면 이것과 저것이 다른 것은 시간의 흐름과는 무관한 것이기 때문이다. 그러나 변화라고 한다면 시간의 지속과 단일한 실체(identity)의 지속이 전제되어야 한다. 계속성은 이러한 실체의 지속과 시간의 개입이 필수 요소인데, 이는 역사와 관련되는 중요한 요소이다.

계속성을 설명하기 위해 두 번째로 고려할 사항이 바로 지속이다. 여기서 중요한 것은 계속성이 어떤 사태의 정적인 지속을 의미하는 것이 아니라, 시간의 흐름 속에서 일어난 사태의 변화를 통해서 지속하는 어떤 것을 의미한다는 점이다. 우리는 변화 없는 사태를 영속성이라고 하고, 변화하는 어떤 발생의 계열(sequence)을 포함한 상황을 계속성이라고 구분한다.(Lemon 1995: 55) 역사서사가 인식 가능하게 되기 위한 조건은 변화하는 계열을 포함한 계속성이 있어야 한다는 것이다. 그런 계속성이 있기 위해서는, 당연히 변화가 일어나야만 한다. 달리 말해 변화 없는 사태라면 역사서사는 구성될 수 없는 것이다.

계속성을 설명하기 위한 세 번째 고려사항은 행위자이다. 계속성이 성립되기 위해서는 변화를 겪는 실체나 주체(subject)인 행위자가 필요하다. 어떤 사태든 행위자가 행위를 할 때에 인식 가능하기 때문이다. 행위자는 활동을 하고, 사태에 반응하면서, 시간 계열을 관장하는 주체이다. 행위자는 그들을 함께 묶어서 사실상 사태를 일정하게 변화시키는 존재이다. 이처럼 행위자가 있을 때 변화, 계속성, 그리고 인식가능성이라는 조건이 확보된다.

역사서사는 행위자가 인간적이어야 하고, 이유 있는 행위가 가능한 주체여야만 성립된다. 생명 없는 대상이나, 추상에 불과한 우주는 역사서사에서 행위자의 역할을 할 수 없다. 과학적 설명은 주체가 인간이 아닌 반면, 역사서사의 설명은 주체가 인간인 설명 양식이다. 예컨대 '백두산에서 화산이 폭발하였고, 그러고 나서 상경이 화산재로 뒤덮었다'는 것은 과학적 설명일 수는 있으나 역사서사는 아니다. 왜냐하면 이 서사 속에 행위자가 없기 때문이다.

행위자의 존재 여부는 계속성과 변화, 시간의 개입과 연관되어 역사서사가 의미 있는 서술이 될 수 있게 한다. 행위자가 없어 의미 없는 서술은 역사서사가 아니며, 역사에서 그런 서사를 찾자면 일부 연대기에서 찾을 수 있을 뿐이다. 행위자의 존재는 결국 변화를 일으키고, 이러한 변화를 설명하는 양식이 바로 역사서사이다.

2) 인식의 방식

❶ 계열의 설정

역사서사에서 중요한 것은 형식상의 기준으로 선택된 것을 서술할 수 있게 만드는 계열(sequence)의 설정이다. 역사서사는 사건의 계열을 설정하고, 그 계열을 통해 추리를 진행하여 사건에 의미(meaning)를 부여하여 구성하는 것이기 때문이다.

여기서 사건의 계열이란 사건을 서로 연결하는 형식을 말한다. 예컨대 어떤 일련의 잡다한 사건은 '산업혁명'이라는 계열로 연결시켜야 의미를 가질 수 있다. 무질서한 듯이 보이는 사건이지만 '산업혁명'이라는 계열에 배열하고 보게 되면, 각 사건을 한 묶음으로 모을 수 있고, '산업혁명'의 진행 과정에서 각각의 사건이 가지는 역사적 의미를 부여할 수 있는 것이다. 사건의 계열을 설정하여 설명하는 예는 화이트(H. White)가 말하는 플롯 구성에 의한 설명(1973: 7-11)이 잘 보여준다.

그런데 계열이란 역사 속에 명시적으로 주어지는 것이 아니라, 어떤 목표를 가진 역사가가 의도적으로 만들어내어 설정하는 그런 것이다. 바로 역사서사가 가진 이런 특징이 역사가 구성되는 것이라는 역사의 본성과 부합하는 국면이다. 즉 역사서사는 역사가 스스로 창의적인 구상에 근거를 두고 계열을 설정하여 적연성·정합성 있게 서술하는 형식이다.

이렇게 만들어진 계열은 추리(reasoning)의 바탕을 이루며, 동시에 추리 과정을 인도하는 역할을 하게 된다. 추리는 역사의 중요한 속성 가운데 하나로서, 사건의 의미를 찾아내는 과정을 말한다. 이야기는 추리를 통해서 의미가 밝혀진다. 역사서사는 무언가 의미 있는 내용을 전달하는 것을 목적으로 하는데, 그 의미 있는 내용은 추리를 통해 밝혀진 것이다. 추리를 통해서 의미가 밝혀진다는 것은 과거 사실을 바탕으로 역사가가 구성한 계열에 비추어, 특정한 사건이 가지는 역사적 의미를 해설한 결과이다.

❷ 계열의 교차

역사서사에서 역사를 설명할 때 하나의 계열만으로 설명이 이루어지는 것은 아니다. 계열은 다양하게 설정될 수 있는 것이고, 계열 간의 상호교차 속에서 역사서사는 다양한 역사상을 드러낼 수 있다. 즉 같은 시기, 같은 발생이나 사건의 범위 안에서도 역사가들은 서로 다른 이야기, 다른 계속성의 경로를 추출할 수 있다는

것이다.(송상헌 2007b: 10-11)

그렇다면 많은 계열 가운데 어떤 것을 선택해야 하는가. 이때 선택의 기준을 정하기 위한 절차나 규칙이 따로 있는 것은 아니다. 다만 역사서사는 행위자가 있어야 하고, 인간 행위는 본질적으로 상식으로 이해될 수 있는 차원의 것이기 때문에 계열은 인간사회, 즉 세계와의 관련 속에서 신뢰할 만한 것일 뿐 특별한 것은 아니다. 예컨대 세계를 설명하는 데 '집이 강을 헤엄쳐 건넜다'와 같은 어색한 이야기는 상식의 범위를 벗어나는 것이기 때문에 이해를 할 수 없는 설명이고, 따라서 이해 대상이 아니다. 이해의 대상이 되는 것은 인간 세계의 인간사를 기술하는 것이고, 그것을 인식 가능하게 하는 것은 계열의 신뢰성에 달려 있다. 만약 '그가 차를 한 잔 타고 나서 집이 무너졌다'는 기술이 있다면, 이것은 이해의 대상이 되기는 하지만 계속성이 없는 경우이다. 이 경우 계열이 적합하지 않다고 말할 수 있다.

계열을 선택하는 기준은 인간 세계를 기술하는 것으로서 상식적으로 이해될 수 있는 계속성이고, 아울러 그 계속성이 얼마나 신뢰할 수 있느냐 하는 정도의 문제일 뿐이다. 만약 환상적인 이야기라 하더라도 신뢰할 만한 계속성이 인정되고, 정상적이라고 믿을 수 있다면, 그것은 진실이라고 말할 수 있다. 이 정도로 계속성은 중요하다. 따라서 발생을 연관시키기거나, 사건을 결합하는 계열은 자체가 실재적이냐 객관적이냐 하는 문제를 제기할 수 있는 직접적 대상은 아니다. 계열이란 인간과의 관련 정도와 신뢰성의 정도 문제로서 절대적 기준이 있는 것이 아니라, 인정할 만한 정도(degree)의 문제이기 때문이다.

역사서사에서 어떤 것을 인식하는 데 실패했다는 것은, 사건의 본성인 실재(reality)를 이해하는 데 실패한 것을 나타낸다. 여기서 실재를 이해한다는 것은 사건의 구성요소인 발생들로 어떤 계열을 구성하여 이해하는 것을 말한다. 계열을 구성하기 위해 발생과 발생이 시간적 연속성을 가지고 연계되는 속에서 실마리를 찾아야 한다. 그런데 만약 각양각색의 발생 속에서 어떤 계속된 경로를 발견하여 계열을 구성하는 데 실패한다면, 그 사건은 이해할 수도 없고, 결국 인식에 실패하게 되며, 사건에 대한 잘못된 이야기로 귀결될 수밖에 없다.(Lemon 1995: 75)

여기서 문제는 역사서사에서 사건이나 발생을 어떤 경로를 설정하여 연계시키는 계열이란 어떤 성격의 것인가이다. 그것은 앞서 살펴본 바와 같이 계열은 명시적으로 사건이 드러내고 있는 실질(actuality)에서 발견하는 것도 아니고, 그렇다고 전혀 존재하지 않는 것을 억지로 만들어 내는 어떤 추상물도 아니다. 그것은 역사가의 통찰력으로 구성되는 것이기는 하지만, 인간 행위의 본성을 바탕으로 사건의 연관 속에서 찾아내는 것이라서, 자의적으로 만드는 것으로 보기는 어렵다. 그리고 이미 현상으로 존재하는 수많은 발생들을 인식 가능하게 만들기 위해서, 계열을 구성하여 지각하는 것은 보편적인 인간의 특성이다.(Lemon 1995: 67) 따라서 역사서사에서의 계열성은 소설에서와 같은 가공의 계열성과는 구별되는 것으로 보아야 한다.

이처럼 계열에 의해 역사서사를 구성하는 역사가는, 스스로 만든 기준을 가지고 사건의 선택과 배열을 결정한다. 그런데 여기서 목적을 지나치게 개입시키게 되면, 역사서사는 왜곡되거나 편향적인 서술이 될 가능성이 커진다. 이런 이유로 바로 이 선택과 배열을 결정하는 기준 문제가 역사서술의 객관성의 문제에 가장 민감한 부분이 된다.

한편으로 생각해보면, 역사가가 실제 목적이나 전달할 의도를 갖는 것은 불가피한 것이고, 오히려 필수불가결할 수밖에 없다. 역사가가 어떤 의도도 갖지 않고 있다고 말하는 것은 있을 수 없는 일이기 때문이다. 따라서 주관적인 역사서술의 원인이 역사가가 가진 목적이나 의도에 있다고 보고, 역사가가 목적이나 의도를 갖는 것을 비판한다면, 그것은 초점을 한참 벗어난 비판이라고 할 수밖에 없다.(Walsh 1967a: 137)

역사서사에서 역사가가 서술의 방향이나 태도를 결정할 때, 많은 대안을 선택할 수도 있고 기준이 모호할 수도 있다는 것은 당연히 있을 수 있는 일이다. 그렇지만 역사가가 주관성의 오류, 즉 자의성을 피하기 위해 역사서사 자체를 포기하는 일은 없다. 오히려 적극적으로 서술의 실제 목적을 명백히 하고, 대안의 선택 이유를 선명하게 하는 것이 역사서사를 신뢰할 수 있게 하는 유력한 방법이다.

요컨대 역사서사는 정합성(coherence)이 있고 설득력이 높은 서사를 위해, 그리고 사실이나 사건을 선택하기 위해, 서사의 기준이 되는 계열이 있어야만 한다. 이처럼 역사는 역사가가 의도를 가지고 설정한 계열에 바탕을 두고 서술이 시작된다는 점에서 구성적인 것이라고 할 수 있다.

역사의 객관성 문제를 거론할 때도 역시 계열 선택의 문제를 거론할 수 있다. 그렇지만 한번 계열이 선택된 이후에는 객관성을 해치는 문제가 크게 제기되거나 결정적인 문제점이 드러나는 일은 없다. 계열을 선택한 이후에 역사가에게 계열에 포섭되는 사건을 선택하고 배제하는 문제는 역사가가 임의로 결정한다기보다는 그다지 고민스럽지 않게 순리적으로 결정되는 문제라는 것이다. 이렇게 말할 수 있는 이유는, 한번 계열이 설정되고 나면 그 계열에 비추어 사건이 선택되고 의미가 부여되는 과정은 결정론에 가까운 상태라고 볼 수 있기 때문이다.

❸ 발생과 사건

역사서사는 인식론상으로 볼 때, 일어난 사실의 계열로 구성되는 사건을 대상(object)으로 삼아 인식하는 양식이라고 규정할 수 있다. 사건을 대상으로 인식한다는 것은 역사를 전달하는 데 매우 중요한 의미를 갖는다. 우선 기술적(記述的)이거나 분석적인 담론과 달리, 역사서사는 무엇이 일어났는지를 분명히 밝히는 담론이라는 점에 특징이 있다.(Lemon 1995: 61) '일어난 어떤 것'을 분명히 하는 방법은, 일단 그것을 해설(explication)하는 것이다. 이때 해설이란 이전과 후속으로 사태를 관계시켜, 순수한 계열 속에서 상호의존성을 제시하는 것이다. 상호의존성이란, 역사서사가 전달하려는 것은 일어나는 일 자체보다는 '다음'에 일어나는 일에 더 의존하는 것임을 말한다. 역사서사는 중요성을 판단할 때 이미 알고 있는 향후 방향에 대한 언급(forward-referring)에서 출발하기 때문이다.(Dray 1993: 104) 예를 들어 '그는 침대에서 나와서, 슬리퍼를 신었다'는 서술에서 향후 방향이 '세수하고, 계단을 내려갔다'로 이어진다면, 비로소 그가 '일어났다(get up)'고 인식되고 표현될 수 있는 것이다. 이처럼 역사서사는 후속 사건이 제시되면 인식 가능하게 된다는 것을 잘 활용하는 서사이다.

여기서 제기되는 문제는 우리는 '그가 침대를 나와서 슬리퍼를 신고, 화장실에 가서 씻었다'고 말해야 하는지 혹은 '그는 일어났다'고 말해야 하는지를 어떻게 결정하느냐 하는 것이다. 결정을 하기 위해서 우리는 이것을 각각 발생(occurrence)과 사건(event)으로 구분한다.(Lemon 1995: 62-66) 여기서 발생이란 사건을 구성하는 요소이고, 사건은 발생으로 구성된 하나의 작은 역사서사이다. 예컨대 여기서 침대를 나온 것, 씻은 것이 발생인 반면, '일어났다'는 것은 사건이 된다.

그렇다면 먼저 발생의 특징은 무엇인가? 우선 일반적인 발생의 특징은 시간성(temporality)이 개입되지 않는다는 점이다. 예컨대 "1939년 9월 1일 새벽 폴란드 국민은 독일 국경 쪽에서 들려오는 포탄 소리에 잠에서 깨어났다"(노재봉 1977: 338)라는 서술은 어떤 시간성도 관련되어 있지 않다. "1939년 9월 1일 독일군이 폴란드를 공격했다"도 '공격'이라는 하나의 어휘를 사용하여 '일어난 것'을 요약하여 서술하고 있지만, 과거, 현재, 미래에 걸치는 시간성은 나타나지 않는다.

발생의 또다른 특징은 역사서사를 구성하는 기본 단위이자 더 이상 해설하지 않는 자료라는 점이다. 발생은 이미 그 속에 대상(objects), 성질(qualities), 특성(properties) 등이 주어져 있기 때문에 해설할 필요가 없는 것들이다. 역사서사는 이러한 발생을 함께 연결해 시간적인 흐름 속에서 구성되는 것이다. 그러므로 만약 아무 것도 발생하지 않거나, 하나의 발생만 영원히 일어난다면 역사서사는 불가능하다.

다음으로 사건의 특징은 무엇인가? 사건이란 기본 단위가 되는 발생을 배열하여 구성하는 것이다. 여기서 사건이 하는 매우 중요한 역할은 역사서사를 인식 가능하게 만드는 것이다. 위에서 살펴본 것처럼 사건이란 역사에서 여러 가지 발생을 하나의 인식 대상으로 만든 것이다. 인식론의 입장에서 보면 우리가 전혀 모르는 대상을 처음 대면한 경우, 그것을 특별한 유형의 대상, 즉 개념으로 분류할 수 있을 때 비로소 그것을 인식할 수 있다. 그리고 어떤 사물의 인식가능성은 그것을 '하나의 대상'으로 만들면 그만큼 높아진다. 예컨대 우리가 어떤 사물이 코르크 마개, 상표, 유리 등 많은 개별 사물들의 집합체로 존재하는 것을 보고, 각 개별 사물 자체를 병렬로 놓은 상태에서 그것이 무엇인지 인식하기는 어렵지만, 그들을 '병'이라는 하나의 대상으로 만들면 쉽게 인식할 수 있다는 것이다.

역사에서 그런 '하나의 대상'은 무엇인가. 역사에서 인식의 대상을 하나의 대상으로 개별화하는 것은 하나의 '사건'으로 만드는 것을 말한다. 사건은 '사건 명사'의 사용으로 인식된다. 앞서 설명한 대로, 여기서 '사건'이란 이미 발생의 계열을 구성하여 역사서사의 지위를 얻었다는 것을 의미한다.(Lemon 1995: 71)

앞서 발생을 서술한 예에서 연대기 작가는 "이십 년간 지속된 평화의 시대는 유럽에서, 아마도 전 세계에서 끝이 났다. 독일은 폴란드를 침공했고, 이로써 유럽에서 전쟁을 일으켰다"라고 역사서사를 구성할 수 있다. 여기서 폴란드를 침공했고, 전쟁을 일으켰다는 것은 발생을 말한 것이다.

연대기 작가가 이렇게 말할 수밖에 없는 이유는, 역사가가 가지고 있는 전망(前望)과 회고를 포함하는 전망적(展望的)인 시간(perspective time)을 그는 가지고 있지 않기 때문이다. 역사서사에서는 "1939년 9월 1일, 2차 세계대전이 시작되었다"(Topolski 1987: 81)라고 간단히 서술할 수 있고, 그것의 인식가능성은 앞의 연대기보다 더 높은데, 그 이유는 이 서사가 시간적 전망을 토대로 서술하고 있기 때문이다.

토폴스키는 역사서사의 작자가 1914년에서 1945년까지 관련된 지식을 활용할 수 있기 때문에 이런 서술이 가능하다는 점을 지적하고 있다. 여기서 사용된 '2차 세계대전'이란 어휘는 시작과 중간, 그리고 끝이 있는 역사서사로 구성된 사건 명사이다. 이처럼 사건은 시간성, 즉 시간의 두께(temporal thickness)를 가진다는 점이 특징이다. 시간성이란 과거, 현재, 그리고 미래의 시간을 한꺼번에 파악하는 것으로서 역사서사의 필수적인 요건이다.

여기서 사건은 바로 시작과 끝을 가진 어떤 것에 대한 구상의 결과이며, 그 자체는 보다 큰 규모의 사건이나 과정의 한 국면으로서 경험되는 그런 성질의 것이나.(Carr 1986: 24) 여기서도 사건은 수많은 발생으로 구성되어 있지만, 2차 세계대전이라는 하나의 사건으로 인식할 수 있는바, 이것이 바로 '하나의 대상'으로 인식이 되는 것을 나타낸다.

이처럼 역사서사에서 하나의 대상으로 만들어지는 사건은 개별화된 하나의 발생이 아니며, 시작과 끝이 있는 발생의 계열로 이루어진 것이다. 그리고 사건은 물리적 대상과 같이 실재적이고 객관적인 현상으로 인식된다. 그렇게 인식할 수 있는 이유는 사건이란 의미 없는 세계를 인식 가능한 현상으로 개별화시킨 것이기 때문이다. 그러므로 사건의 앎에 의해서 이루어지는 인식은 실재 세계(real world)를 이해하는 것이라고 말할 수 있는 것이다. 전쟁, 혁명 등의 사건은 실질적으로 일어난 것이며, 객관적으로 실재하는 현상으로 본다. 그것은 추상 혹은 상상한 것도 아니고, 창안한 것도 아니다. 우리가 인식하는 것은 사건에 의해 구성되는 실재의 전 국면이다.

레몬은 역사서사에서 '사건'이 가진 특징을 다음과 같이 정리하고 있다.(Lemon 1995: 73) 우선 사건은 어떤 발생들의 배열로 구성되어 있어서 다른 것과 구별된다고 본다. 그리고 그것은 기술되거나 분류될 수 있으면서 의미 있는 현상으로 인식 가능한 것을 말한다. 그런데 이보다 중요한 특징은 하나의 사건이 다양한 별개의 발생으로 구성되지만, 그 사건 속에서 하나의 발생이 가지는 의미는, 사건이 일어나는 중간에는 정확하게 알 수 없다는 점이다. 아울러 하나의 발생이 어느 사건에 관련될지도 정확히 알 수 없다. 다시 말하면 어떤 사건 속의 발생은 어떤 계열로 구성되느냐에 따라 전혀 다른 사건의 일부가 될 수도 있고, 전혀 다른 계열의 구성에 기여하는 발생이 될 수도 있다. 예컨대 권투 시합이라는 사건 진행 중에 관중 사이에서 말다툼이 벌어졌다면, 그것은 별개의 분리된 사건으로 하나의 사고(incident)가 될 것이다. 그러나 그 자체는 권투 시합이 아닌 다른 사건의 계열을 구성할 수 있고, 그 계열이 어떤 계열이 될지는 중간에는 알 수 없다. 이는 역사서사를 이루는 하나의 사건 가운데에도 수많은 발생의 계열들이 존재할 수 있어서 역사서사는 역사가에 따라 다양한 서사가 가능하다는 것을 잘 보여준다.

❹ 선택과 생략

역사서사에서 역사가는 사실이나 사건을 선택해야 하는데, 그 선택하거나 생략하는 기준이 문제다. 앞서 지적했듯이 역사서사는 인식가능성을 목적으로 한 서술이다. 그러므로 여기서 생각할 수 있는 기준은 인식가능성의 정도이다. 역사서사에서 인식가능성을 높이는 방법으로 '근접성(contiguity) 원리'와 '경제적 인식가능성(economy of intelligibility) 원리'가 유용하게 활용되는데(Lemon 1995: 49-50), 이런 원리는 역사서사에서 선택과 생략을 위한 형식상의 기준이다.

근접성 원리란 특별한 사건을 규정할 때, 그 사건을 이전의 사건과 후속 사건에 근접시키는 것을 말한다. 예컨대 '히틀러는 수상으로 선출되었고, 다음에 더 이상 선거를 하지 않으려는 음모를 꾸몄다'라는 서술과 '히틀러는 수상으로 선출되었고, 그러고 나서 벙커에서 자살하였다'라는 서술을 비교할 때 근접성의 정도를 따질 수 있다. 당연히 근접성이 높은 서술이 인식가능성이 높고, 근접성이 없다면 그 서술은 인식가능성이 없는 어색한 서술이 된다.(Lemon 1995: 49-50) 이처럼 근접성의 개념은 선택의 변수를 결정하는 하나의 기준이다.

이 기준은 독자나 청중과 공유하는 일종의 상식에 근거한다. 히틀러가 수상이 된 사건과 선거를 하지 않으려는 음모는 필연적인 관계가 있는 것도 아니고, 반드시 연속되어 나타나는 사건도 아니다. 두 개의 사실에 연계성이 있느냐의 여부는 상식에 근거한 것이지 심오한 이론에서 나온 것은 아니다. 여기서 만약 상식적으로 동의하기 어려운 것을 선택 기준으로 한다면 독자나 청중의 인식가능성은 그만큼 떨어지게 된다.

경제적 인식가능성의 원리[1]란 역사서사에서 인식가능성을 위해, 발생이나 사건을 가장 간결하게 언급하는 것을 말한다.(Lemon 1995: 49-50) 역사서사는 이전과 후속의 연계를 구성하여 인식 가능하게 만드는 형식이다. 이 연계를 구성하는 과정에서 구체적인 서술을 하다 보면 불필요하거나, 지나치게 자세하게 사실의 연계를 서술하게 될 수 있고, 결국 인식가능성이 떨어지게 만들 수도 있다.

예를 들어 어떤 전쟁을 서술하려는 경우, 그 전쟁은 일정한 시간이 지속되는 가운데, 여러 번의 전투와 다양한 개별 사실로 이루어진 일련의 사건으로 되어 있을 것이다. 또 각 전투에는 여러 단위 부대별 전투도 있었을 것이고, 개인의 전투도 있었을 것이다.(Mink 1987: 199) 역사가는 이런 사실을 서술할 때, 각각의 전투를 세세하게 이어서 서술할 수도 있지만, 전쟁이라는 한마디 어휘로 서술할 수도 있을 것이다.

문제는 역사가가 전쟁 속에 들어 있는 수많은 개별로 일어난 발생(각각의 전투)을 모두 거론해야 하는지, 개별로 일어난 발생의 집합으로 구성된 사건 혹은 하나의 사실(전쟁)로 거론해야 할 것인

---

1 과거 논문에서 'economy of intelligibility'를 '최소 언급의 원리'라고 번역하여 사용한 적이 있었는데(송상헌 2013: 17), 여기서는 '경제적 인식가능성의 원리'로 번역하여 사용한다.

지를 고민해야 한다는 점이다. 여기서 역사서사는 사실이나 사건의 의미를 나타내야 한다는 것에 비추어볼 때, 역사가는 인식가능성을 위해 필요한 최소의 사건만 간결하게 거론해야 한다. 이것이 경제적 인식가능성의 원리이다.

이와 다르게 선택 기준으로 '연관성(relevance)'을 제시하기도 한다. 역사서사는 사건들에 계열이라는 하나의 구조를 부과하여 성립한 것이라서, 사건들 중의 일부는 다른 사건들과 함께 묶이고, 어떤 사건은 연관성이 없다는 이유로 배제되기도 한다. 여기서 연관성의 기준은 그 사건이 다른 어떤 사건을 설명해내는 정도다.(Danto 1965: 135) 그러므로 사건이나 발생을 선택하거나 생략하는 기준은 계열 구조와의 연관성이라고 할 수 있다.

그렇다면 계열 구조와의 연관성은 구체적으로 어떻게 드러나는가. 예를 들어 권투 시합처럼 인간에 의해 계획된 사건의 경우에는 어려움 없이 일어난 것을 말할 수 있다. 해설자는 이미 그 패러다임을 알고 있기 때문에, 주요한 발생이나 사건을 배열할 수 있어서 그들을 선택하고 배열하는 데 큰 어려움은 없다. 즉 사건이나 발생을 연관성으로 묶는 데 문제가 없다.

그러나 이와 다른 경우가 문제다. 예컨대 학습자가 시험을 본 경우에 일상적인 시험과 같이 어제 치른 시험은 '그것은 시험이었다. 그게 다다. 다른 어떤 시험처럼 말할 것이 아무것도 없다'라고 한다면 역사서사는 성립하지 않는다. 사건이 시험이라는 패러다임에 순응하는 한 해설할 것은 없다. 연관성이 있는 사건이 발견되지 않는 경우이다.

그렇지만 인간 사태는 일상적인 것을 벗어나는 경우가 많다.

예컨대 인간사에서 평상적인 시험의 패러다임에서 벗어나는 경우가 있기 때문에 우리는 할 이야기가 있게 된다. 그런 점에서 세상은 이야기를 끊임없이 생성하고 있으며, 수많은 이야기로 구성되어 있는 존재이다.(Lemon 1995: 69) 다만 세계에서 일어나는 사건이나 발생들은 그 내부에 어김없이 계속성을 함유하고 있지만, 실재는 늘 패러다임에 순응하여 일률적으로 존재한다기보다는 개별적이고 특별하게 존재하는 경우가 많다.

역사서사는 바로 이 패러다임에 순응하지 않는 발생을 구성요소로 선택하여 이루어진다. 패러다임에 순응하지 않는 발생은 연관성의 개념으로 묶을 수 있다. 역사서사는 연관성이 있는 사건들 사이에 계속성을 구성할 수 있는 사건이나 발생들로 구성되고, 그것은 곧 일상적인 패러다임에 순응하지 않는 것들을 선택하여 이루어진다.

역사서사의 작자는 인식가능성을 높이기 위한 방법으로 상위의 개념을 설정할 수도 있다. 앞서 지적한 대로 하나의 발생은 별개로 일어난 일이 아니라, 보다 큰 '사건'의 일부로 인식된다면 쉽고 올바르게 이해할 수 있다. 사건도 총체적인 사건의 일부가 된다면 의미가 더 잘 이해될 수 있다. 예를 들어 외계인이 일단의 선수들이 공차기를 하고 있는 것을 본다고 하자. 공을 차는 단순한 행위는 발생으로서, 그것이 가지는 의미는 이해되지 않는다. 그러나 그런 발생을 보면서, 그것이 축구 경기라는 것을 알게 된다면 그 순간 공차기는 단순한 공차기가 아니라, 상대방의 골문에 골을 넣기 위해 패스하는 것으로 이해가 전환된다. 패스는 앞으로도 할 수 있지만 뒤로도 옆으로도 심지어는 골키퍼에게도 할 수 있는데,

이것이 축구 경기라는 것을 알기 전에는 이들이 공을 그렇게 차는 의미를 이해하기가 매우 어려울 것이다. 무질서하게 공을 여기저기로 차던 선수들의 움직임은, 보다 큰 사건인 축구 경기라는 상위 개념 속에서 비추어보면, 즉 전체로서의 사건의 본성(축구 경기)을 알게 되면, 발생(공차기)을 식별할 수 있고, 이해할 수 있는 것이다.

톰슨(D. Thompson)이 제시한 총괄(colligation)도 같은 원리로 설명할 수 있다. 축구 경기를 보는 경우에 선수와 코치의 행동은 어떤 목적(objective)을 가지고 고안된 특별한 일련의 움직임을 보이기 때문에, 각 선수의 행위는 자체만으로 비춰지는 것이 아니라 총체적인 계획(plan)과 특별한 관련을 갖는 것으로 비춰진다. 이런 경우 우리는 축구 선수 개인적인 움직임은 전체적인 맥락에 비춰져야만 완전히 이해(comprehend)할 수 있다고 말할 수 있다. 즉 축구 경기라는 사실을 알고 보지 않으면, 선수 개인의 행동은 인식 불가능하다는 것이다. 여기서 축구 경기라는 것은 모든 선수들의 행동을 총괄한 것이다. 이렇게 보면 역사서사의 구성과 총괄의 구성은 유사한 측면이 있고, 둘 다 인식가능성을 높이기 위한 양식이라는 점에서 공통성이 있다.(Thompson 1967: 88) 총괄에 의한 이해를 비유하자면 '이 선수가 이쪽으로 갔고 그때 저 선수가 저쪽으로 갔다'고 이해하는 것이 아니라 '수비가 깨졌다'고 이해할 수 있다는 것이다.

여기서 유의해야 할 점은 하나의 발생이 전체 사건의 일부로 이해되게 되면, 이해하려는 대상의 실재(축구 시합)로부터 빗나간 것은 모두 버리거나 무시하게 된다는 것이다.(Lemon 1995: 75) 이

때 사건이나 발생의 선택 기준은 인식가능성을 위해 전체 사건의 일부로 인식되는 사건이냐 아니냐가 되기 때문이다.

❺ 통찰과 사변

앞에서 역사가의 통찰과 보편사가의 사변이라는 인식방식을 거론한 바 있는데, 여기서도 계열에 의한 역사서사 구성의 특징이라면 통찰과 사변이 모두 사용되는 이른바 통찰력이 작용한다는 점을 들 수 있다. 보편을 전제하느냐 혹은 개별을 통한 보편의 모색이냐의 관점에서 바라볼 때, 역사서사는 보편과 개별의 선후 관계를 따지지 않고, 복합적으로 작용하여 구성되는 것이다. 즉 계열은 개별 사실을 검토하는 통찰을 통해서도 구성될 수 있고, 보편을 전제로 하는 사변으로도 구성될 수 있는 것이다. 다른 말로 하면 개별과 보편을 염두에 두고, 개별 사실을 포괄하는 계열을 통해서 역사서사를 구성할 수도 있고, 보편을 전제로 하는 계열을 통해서 역사서사를 구성할 수도 있는 것이다.(송상헌 2013: 8-9) 이런 의미에서 역사서사는 자율론적 역사의 특성과 보편사적 특성을 아우르고 있는 역사서술이고, 통찰력에 의한 역사구성의 전형적인 예라고 할 수 있다.

따라서 역사서사는 역사가가 선택하거나 선호하는 계열이 복잡하게 상호 관련되는 속에서 이루어진다. 즉 역사서사를 이루는 플롯의 구성은 역사가의 아이디어나 판단에 의존하게 되는 것이다. 따라서 이런 내적 상호관계의 총합으로서의 역사서사는 역사가의 선호에 따라갈 수밖에 없는 그런 성질의 것이다. 역사서사는 결국 역사가의 상상력, 감수성, 통찰력에서 나온다고 말할 수 있

다. 이것을 인정하지 않는다면 역사서사는 성립할 수 없다.(Lemon 1995: 199)

이렇게 본다면 도덕적 의도와 같은 플롯을 구성하는 역사가의 역할이 문제가 된다. 역사서사에서 역사가의 역할이 중요한 것은 바로 역사가의 통찰력의 영향이 크기 때문이다. 그러므로 역사서사는 역사가의 역할에 의존하며, 정치적·이데올로기적 편향의 위험성을 갖는다고 말할 수 있다. 이것은 역사서사가 구성되는 본성과, 자율성을 특성으로 갖는 역사 자체의 성격에서 나오는 문제라고 할 수 있다. 그러나 그렇다고 해서 역사가 구성적 성격을 갖는 것이 결코 역사의 자의성을 의미한다고 볼 수는 없다는 것이 지금까지의 역사서사에 대한 논의 결과이다.

이상에서 살펴본 역사서사의 특징을 간단하게 말한다면, 그것은 시간성과 행위자의 개입을 통한 계속성이 존재하는 서사이자, 변화가 나타나는 서사이다. 전달하고자 하는 이야기의 인식가능성을 높이기 위해, 사건의 계열을 설정하여 구성한 서사로서 사실에 바탕을 둔 서술이다. 그것은 인과적 설명과는 다른 설명 양식으로서, 인식론을 바탕으로 수많은 발생을 대상화하여 이들을 사건(event)으로 만들어 인식하는 것이며, 그런 과정은 시간 혹은 시간성의 개입이 있기 때문에 가능하다. 무엇보다도 역사서사의 특징은 사건을 대상으로 인식가능성을 높이기 위한 설명 양식이라는 점과, 사변과 통찰을 모두 사용하는, 통찰력을 통한 인식의 결과라는 점에서 역사에서 구성적 인식론의 근거를 잘 보여주는 서술양식이다.

역사서사가 받는 비판은 다양하다. 앞서 거론한 바와 같이 과학적이지 못하다는 비판(Dray 1993: 90)을 비롯하여 이데올로기 성격이 강하다는 비판도 받는다. 역사서사의 기원이 특정 문화나 집단에서 중요도에 따라 사건에 서열을 매기고자 하는 요구나 충동에서 비롯된 것이기 때문에, 역사서사는 반드시 서사의 주체와 관련이 있고, 따라서 이데올로기의 성격이 강할 수밖에 없다는 비판 역시 피할 수 없다.

역사서사는 도덕적 의도가 개입될 여지가 많다는 점도 비판의 대상이다. 역사에 대한 어떤 다른 관점보다도 특정한 하나의 관점을 선택하게 되는 근거는 도덕적인 것(White 1973: xii)으로서, 결국 정치나 이데올로기적 편향이 역사서사 구조에 드러나게 된다는 비판이다.(White 1996: 23-24)

본디 사건 자체는 결말이 없는 것이고, 현실은 이야기의 형식을 보여주지 않는 것이다. 그럼에도 불구하고 역사서사는 결말을 가지고 있을 뿐만 아니라, 시작과 중간, 끝을 가지는 이야기로 서술된다. 그렇게 하는 이유는 삶의 이미지가 갖는 일관성, 완벽성, 완전성을 드러내 결말을 보여주는 사건을 가지고 싶은 욕망 때문이라는 지적도 있다.

이러한 비판은 역사서사가 꾸며낸 이야기나 신화의 한 형태에 불과한 것이며, 과거의 진실한 상을 전달할 수 없다는 점을 주장하기 위한 것이다. 결국 이들의 주장은 역사서사는 소설이나 희곡, 풍자 등과 마찬가지로 증거에 의존하는 것이 아니라 역사가의 상상이나 선호도에 의존하는 것이라는 비판으로 귀결된다.(Dray 1993: 91)

그럼에도 불구하고 역사서사는 인간 행위를 대상으로 한 의미 있는 역사서술 방법 가운데 하나이며, 과거에 대한 객관적인 설명이라는 점을 여러 측면에서 살펴보았다. 무엇보다도 역사서사의 객관성 판단은 그것이 가진 적연성(plausibility) 문제로 환원된다는 점을 지적할 수 있다. 그리고 역사서사는 시작과 중간, 끝이 통일성(unity)을 가져야 하고, 이것이 명백하게 될 경우에만 이야기로서 인정되는 서술이다.(Mink 1987: 197) 적연성이 떨어지는 역사서사는 보편적인 청중의 평가나 판단을 제대로 받을 수 없어 폐기될 운명에 처하게 된다. 이처럼 역사서사의 객관성에 대한 판단은 엄격한 기준에 충족된다고 하기는 어렵지만, 적연성의 정도를 통해 객관성이 확보되는 것으로 보아도 큰 문제는 없는 것이다.(Mink 1987: 86)

2 역사서사의 역사교육적 함의

역사교육에서 역사서사 일반론에 대한 논의는 많았던 반면, 역사서사 양식 자체의 역사교육적 의미를 거론한 경우는 찾아보기 어렵다. 학습자의 측면에서 역사서사 이론을 적용하여 교수학습에 유용한지를 따지는 연구(Levstik 1986; 1989; Levstik & Pappas 1987; 1992; Egan 1988; 1989; Wineburg 1991; Vansledright & Brophy 1992; Brickley 1994; 양호환 1998; 최호근 2013)에서 역사교육의 '내용'으로서의 역사서사에 대한 논의는 거의 이루어지지 않았다.

역사교육에서 역사서사를 논의할 때 먼저 주목해야 하는 특성은 이야기로서의 성격이다. 지금까지 역사교육에서 역사서사에 대한 연구는 주로 이야기로서의 인식가능성에 주목하여, 초등학생이 역사소설이나 전기 같은 것을 읽고 토론하는 것이 역사설명에 대한 해석과 분석 능력을 촉진시킬 수 있느냐 하는 것과 같은 주제에 대한 것이었다.(Levstik 1986: 118) 그리고 역사서사가 역사학습에 이용될 수 있다고 보는 이유는, 그것이 대개 학습자에게 친숙한 서술형식이라는 점 때문이다. 아울러 그것은 인간의 행위와 의도, 결과를 다루기 때문에 행위의 경험을 이해하기 쉬운 양식이라는 점도 거론된다. 그리고 무엇보다도 역사서사는 시간상의 전후관계를 통해 인과관계를 인식할 수 있다는 점이 역사학습에 유용한 요소이다.(양호환 1998: 15) 이러한 역사서사의 연구는 학습자의 사고에서 역사서사가 어떻게 활용되고 이해되는지 진단하고 처방하는 연구라고 할 수 있다. 이런 연구에서 주목해야 하는 것은 역사서사의 인식론적 특성에서 나올 수 있는 교육적 기능이다.

앞서 지적한 대로 역사교육의 원리는 구성적 인식론의 입장에서, 학습자가 교사의 역사구성을 전범으로 삼아, 스스로 역사를 구성해보도록 교사가 학습자를 돕는 것이다. 따라서 다음에서는 역사서사를 관통하고 있는 역사를 인식하는 면모가 역사교육에서 어떤 의미를 가지는지, 그리고 학습자의 자발적인 역사구성을 도와주기 위해 역사서사는 어떻게 제시되어야 하는지 등을 살펴보고자 한다.

1) 역사교육적 효용

첫째, 역사서사는 어떤 줄거리(메시지)를 전달하고자 하는 서술이라는 것을 학습자에게 효과적으로 제시한다. 구체적으로 역사서사는 무언가를 전달할 목적을 가지고 있고, 그것을 달성하기 위해 계열을 설정하여 정합성 있는 설명을 구성하는 것이다. 실제로 역사서사는 구성적 인식론에 입각한 역사구성의 전형적인 사례이다. 그러므로 역사서사를 통해 학습자는 역사를 구성하기 위해서 우선 '무엇을 전달하려고 하는가'라는 질문을 하게 된다. 이런 질문에 답하는 과정에서 학습자는 계열의 설정 방향을 가늠하게 된다. 그것은 바로 계열의 설정에 따라 구성되는 사건에 의미를 부여하기 위한 구상이다. 이렇게 역사서사를 통해 학습자는 구체적인 역사를 구성하는 역사하기(doing history)를 체험할 수 있다.

여기서 전달하려는 목적을 수립한다는 것은 전체적인 역사서사의 플롯을 구성한다는 것을 의미한다. 역사서사는 플롯에 따라 구성된 전체 역사상에 과거에 일어난 개별 사실을 비추어 보아 그것이 가지는 의미나 가치를 부여하는 것이 특징이다.(McCullagh 1987: 28) 개별 사실은 역사가의 플롯에 포섭되느냐에 따라 선택되어 의미를 부여받을 수도 있고 아예 배제될 수도 있다. 이런 과정에 대한 체험은 역사서술에 쉽게 접근할 수 있는 길이기도 하다.(송상헌 2007b: 15-16)

학습자가 어떤 의도하에 계열을 설정한 다음, 그에 따라 발생이나 사실을 선택하고, 그 선택된 사실들을 연결하여 적연성 정도가 높고, 정합성 있게 설명하기 위해 노력하는 과정은 그 자체가 역사구성의 진정한 체험 과정이다. 그리고 계열을 설정하고 추구하는 역사상이 결정되는 과정에서, 사실의 선택은 자의적으로 결정되는 것이 아니며, 그에 대한 편향된 설명으로 이어지지도 않는다는 사실을 체험할 수 있다. 정합설의 입장에서 볼 때, 플롯을 설정하고, 역사서사를 구성한다는 것은 사실 사이에 정합성 있는 연관을 도모하는 노력이기 때문에 자의적인 선택이나 편향된 설명이 되기 어렵다.

둘째, 역사서사는 학습자에게 역사하기의 좋은 계기를 줄 수 있다. 역사서사는 역사가만이 아니라 누구라도 참신한 아이디어를 가지고 있다면 역사 쓰기에 도전할 수 있다는 자신감을 불어넣어 주기 때문이다. 더욱이 역사서사를 구성하기 위해 계열을 설정해보는 구상 자체는 학습자, 교사, 역사가 누구라도 모두가 쉽게 도전해볼 수 있는 것이다. 여기서 계열을 설정하는 것은 계속성에 대한 아이디어를 생각해내는 것이라고 할 수 있는데, 역사서사를 구성하기 위해 교사나 학습자는 대개 역사가의 연구에서 계속성에 대한 아이디어를 가져오게 된다. 그렇지만 교사나 학습자나 역사가만큼 독창적인 아이디어를 낼 수 있다. 어떤 경우든 학습자가 역사서사를 구성해보는 체험 자체가 학습에 매우 효과적이다.

셋째, 역사서사가 담론(discourse)의 성격을 갖는다는 것을 잘 보여준다. 역사서사는 화자의 의도가 들어가지만 상상으로 꾸며진 이야기가 아니라는 점을 통해, 담론으로서의 역사의 진정한 모습을 효과적으로 드러낸다. 역사서사를 통해 학습자는 역사의 연구가 구성적 성격을 가짐에도 불구하고, 이야기는 꾸며내는 것이 아니며, 그렇다고 화자의 의도가 빠진 맹목적인 서술도 아니라는 점을 깨달을 수 있다. 예컨대 교과서 서술의 특징은 화자가 드러나지 않는다는 점(양호환 1996: 6)인데도 불구하고, 거기에도 화자의 의도가 어조나 수사 속에 감춰진 내용으로 반영되어 있다는 사실을 학습자가 자연스럽게 깨닫는 계기를 제공할 수 있다.

앞서 밝혔듯이, 역사서사는 사실을 바탕으로, 의도를 가지고 어떤 줄거리를 전달하려는 목적을 성취하기 위해 짜임새 있게 설명하는 것이다. 다른 말로 하면 그것은 화자의 입장이 반드시 반영되는 역사담론이다.(McCullagh 1987: 31) 그러므로 역사서사는 역사가 구성적 인식을 통해 인식한 결과로서 담론의 성격을 갖는다는 점을 제시하는 소재로서 아주 적합하다. 나아가 학습자들은 담론적인 성격에도 불구하고 정합성 있게 역사를 설명하기 위해 사실에 입각해야 하기 때문에, 편파적인 역사서사의 구성이 어렵다는 것도 알 수 있을 것이다.

넷째, 역사에서 인과관계는 자연에서의 인과관계와 달리 통상적인 귀결(consequence)로서 설명하는 것이라는 점을 보여줄 수 있다. 앞서 살펴보았듯이 역사서사는 일어난 일의 원인을 설명하는 것이 아니라, 그 이유를 설명하는 것이다. 그리고 역사서사는 근본적으로 인간이 행동할 수 있는 여지를 고려하여 인과관계를 설명하기 때문에 인식가능성이 그만큼 높은 서술이다. 그러므로 역사서사는 명시적으로 인물사를 학습할 때는 물론 제도사와 같은 비인격적인 역사를 학습할 때도, 내면에 흐르는 인간의 의도나 행위, 목적 등을 고려하는 역사적 사고를 유도할 수 있는 장점을 가지고 있다.

역사는 기본적으로 인간의 행위를 대상으로 하는 학문이다. 따라서 역사서사는 인간의 행위를 가장 잘 표현할 수 있는 역사서술양식으로서, 그리고 느낌이 있는 역사로서 제시될 수 있는 장점이 있다. 그러므로 인물의 행위를 설명하는 데 인과적인 차원에서의 원인을 제시하려는 시도보다 이유와 귀결로서 설명하는 전범을 제시한다는 점에서 역사서사는 교육적 의미가 있다.

다섯째, 역사서사는 행위자가 있는 서사라는 점에서 역사가 바로 인간의 역사라는 점을 부각할 수 있다. 학습자는 역사서사를 통해 행위자(agent)가 인간이며 행위자 없이 역사서사는 의미가 없다는 것을 알 수 있다. 학습자는 역사는 인간이 만들어나가는 것이라는 사실을 실감나게 깨달을 수 있게 될 것이다. 따라서 역사서사를 통한 역사교육은 역사 속에 등장하는 인간들의 모습을 중시하게 할 뿐 아니라, 학습자 스스로 자신도 또 하나의 인간으로 역사 속에 살아가고 있다는 현실감을 높여줄 수 있다.

이런 점에서 보면 역사교육에서 역사서사는 등장인물이 행위하는 의도나 목적을 중심으로 구성하는 것이 바람직하다. 신성(神性)을 떠나 인간의 감성, 투쟁, 희망, 그리고 공포의 맥락 속에 새겨진 소위 세속화된 지식으로서 인간화된 지식(humanizing knowledge)이나 인간의 삶과 목적 속에 위치하게 된 지식이 학습자들에게 더 훌륭한 감각을 줄 수 있다. 그러므로 역사서사에 인물의 행적이나 언행을 반영하는 것은 역사의 주체로서 행위자의 존재를 부각시키는 데 매우 효과적인 방법이다. 어떤 인물의 행위를 중심으로 역사서사를 구성하는 것은 인식가능성을 그만큼 높이는 효과를 기대할 수 있다.

여섯째, 역사서사는 역사에서 중요한 개념인 변화와 계속성 개념을 깨닫는 계기를 준다. 역사서사를 통하여 역사의 본질적인 특성인 시간성을 깨달을 수 있고, 또한 변화 속에서 계속성을 찾아낸다는 것은 학습자가 능동적인 역사하기를 체험할 수 있는 기회가 되기도 한다. 기본적으로 역사는 과거 사실로 되어 있으나, 그것의 계속성은 명시적으로 주어지는 것이 아니다. 그러나 계속성에 대한 아이디어를 가지고 어떤 계열을 구성하려고 노력해보는 것은 개별 사실의 역사적 의미는 물론 미래에 대한 전망을 성찰하게 할 수 있다는 점에서 효과적인 역사교육이 될 수 있다.

일곱째, 역사서사는 역사의 인식가능성을 높이는 훌륭한 사례다. 앞에서 제시한 바대로 개별 사실은 상위의 개념 아래 위치시킬 때 인식가능성이 높아진다. 산발적으로 나뉘어 있을 때는 의미 없던 사실들이 상호 관련을 맺게 되면 의미 있는 사건(event)으로 되고, 이를 통해 역사를 인식할 수 있는 가능성을 높일 수 있다.

여기서 보다 큰 사건의 일부로 인식된다는 것은, 사건을 다른 사물처럼 하나의 대상으로 인식하면서도 그 대상을 포함하는 보다 큰 사건에 대한 하나의 실례로서 인식한다는 것이다.(Carr 1986: 24) 이런 인식의 예가 교사에 의해, 혹은 역사서사에 의해 드러나야 하는데, 그것은 곧 칸트의 구성적 인식론에 따라 역사를 효과적으로 인식하는 것이고, 또 능동적으로 역사를 구성할 수 있는 자질과 통찰력을 길러주는 방법이기도 하다.

2) 역사서사의 활용

지금까지 역사서사가 가지는 특징이 역사교육에서 어떤 의미를 가지는지 살펴보았다. 그렇다면 실제 역사서사의 활용 사례를 통한 효용을 살펴보자. 우선 역사서사는 서사자가 전하고 싶은 줄거리를 만들고, 이를 사실에 비추어 적연성과 설득력 있게 이야기를 구성한 것인데, 이런 사례를 전쟁사에 관한 역사서사의 예에서 볼 수 있다.

가령 한국사 속에서 전쟁에 대한 역사서사를 구성하려고 할 때, 학습자는 전쟁에 관한 역사적 사실을 알아보는 것으로 시작하게 될 것이다. 이 과정에서 학습자는 '우리 역사는 끊임없는 외침 속에서 국난 극복의 의지로 버티어온 역사였다'는 이른바 '시련과 극복의 역사'라는 계열로 구성된 전쟁사에 관한 역사서사를 접하였을 것이다. 그 과정에서 그는 시련과 극복의 역사라는 계열에 입각한 역사서사는 자칫 '수난 받은 백성, 살아남은 것이 신기한 민족'이라는 줄거리를 전할 수 있다(이기훈 1997: 7)는 점에서 적연성 정도가 낮은 서사라는 평가를 접할 수도 있을 것이다.

여기서 학습자(교사)는 자신만의 줄거리, 즉 플롯을 구성할 수 있다. 고조선의 전쟁을 살펴보다가 "1년여에 걸쳐 제국 한나라 무제의 군대에 완강하게 대항하였으나, 마침내 왕검성이 함락되어 멸망하였다"(국사편찬위원회 1996: 30)라는 서술을 보면서 '당시 전쟁 상대인 한나라는 어떤 나라였지?'라는 질문에서 출발하여 '우리의 전쟁 상대국은 누구였는지, 어떤 국가였는지 알아보면 놀랍게도 항상 당대의 내로라하는 세계 대제국이었다'는 줄거리로 계열을 설정할 수 있겠다는 아이디어를 떠올릴 수 있다.

이런 계열의 구성으로 역사서사를 구성하고자 하면 전쟁에서 우리와 싸우는 국가의 국력이나 당대의 국제정세와 관련된 사실이나 사건을 선택하게 될 것이고, 이런 속에서 시대별 전쟁 속에 지속되는 계속성을 찾아내어 전쟁사를 새롭게 구성하는 것으로 이어질 수 있다. 그러면 당대의 내로라하는 한 제국이나 수·당 제국, 거란이나 몽고 제국, 왜, 청, 일본, 러시아, 중국, 미국의 국력이 중요한 사실로 부각되면서 매우 적연성 있는 하나의 역사서사가 만들어질 수 있다.

이런 학습자(교사)의 역사서사 구성은 아마 '우리 역사에 대한 발상을 바꾸어보자'라는 제안에 고무되어 새로운 계열을 구상하는 것에서 시작될 수도 있을 것이다. 그리하여 세계 대제국과의 전쟁이라는 계열을 설정함으로써, '우리의 역사 속에 전쟁은 항상 세계 최강국과의 싸움이었다. 그럼에도 불구하고 우리나라는 그들에 대항해서 우리를 지켜냈고, 강력한 공동체로서 독자성을 지킬 수 있었던 나라였다. 따라서 우리나라는 세계사 속의 일원으로 당당하게 역사를 일궈온 국가였다는 자부심을 가질 수 있다'라는 줄거리를 가진 역사서사를 구성하여 '지금까지 우리나라가 존속해온 역사의 배경에는 나약한 국가로서 주변 강대국의 침략에 시달림을 받았지만, 요행이 다른 나라의 침략을 면하게 됨으로써 겨우 독립을 유지해올 수 있었다'는 역사이해를 넘어서는 것은 물론, 현실에서도 세계 4강과 맞대고 있는 우리의 현실에 대한 깊이 있는 이해를 할 수 있을 것이다.

여기서 주목해야 하는 것은 이러한 학습자(교사)의 역사서사 구성이 역사적 사실의 왜곡이나 허구적 사실을 조작하는 것이 아니라는 점이다. 이런 역사서사는 이미 밝혀진 사실에 대한 의미를 새롭게 부여했을 뿐이지, 일어난 사실을 수정하거나 왜곡한 것이 아니다. 그리고 역사서사는 자료를 연대 순서에 따라 조직하는데, 거기에 부차적인 플롯이 있을 수도 있지만 그것을 넘어서서, 그 내용을 정합성 있는 단일한 이야기로 만드는 데 초점을 맞추어 이루어지는 서사라는 점이다.(Stone 1979: 3) 여기서 부차적인 플롯이란 역사서사를 구성하는 현재의 플롯에 포섭되지 않는 사실로 구성될 수 있는 다른 플롯이나 대치되는 플롯을 말한다. 예컨대 지도자의 무능으로 강대국과의 전쟁을 자초하여 멸망에 이르는 전쟁도 있었지만 이런 플롯은 부차적인 것으로 밀어놓고 현재의 플롯에 의해 역사서사를 구성했다는 것을 의미한다.

그러므로 이 과정에서 부차적인 플롯을 제외하고, 역사서사의 정합성을 높이려는 노력과 설득력 있게 구성하고자 하는 노력은 바로 역사서사의 객관성을 확보하려는 노력이라고 할 수 있다. 따라서 이런 역사서사의 구성 노력을 통해, 학습자들은 역사의 객관성을 확보하는 방법을 알 수 있을 것이다. 그리고 교사가 이런 역사서사의 구성 사례를 보여준다면 학습자가 스스로 역사를 구성할 수 있도록 교사가 그 전범을 자연스럽게 제공하는 효과도 기대할 수 있다.

그리고 역사서사는 화자가 전하려는 줄거리(의도)가 필수지만, 항상 그 의도대로 관철되는 것은 아니다. 결국 역사서사자의 의도를 관철하는 것의 성공여부는 다양한 서사 사이에서 적연성의 정도를 다투어 수긍이 되느냐 하는 문제와 관련된다. 따라서 이런 사례를 통해 학습자는 역사서사는 허구이거나 편파적일 수밖에 없다는 주장이 어떤 약점을 가지고 있는지 자연스럽게 알 수 있다. 예컨대 삼별초에 대해 "삼별초의 대몽 항쟁은 고려인의 꿋꿋한 기상을 보여 준 것이었다"(국사편찬위원회 1996: 130)는 서술은 자신의 목적을 드러낸 역사서사의 예이며, 이에 대하여 "삼별초는 강인한 민족정신에 바탕한 민족항쟁으로 발생하였다고 이해하기 어렵다. 왜냐하면 삼별초의 성립 자체가 집권자의 의도에 따라 이루어진 것이고, 이후 줄곧 사병적 성격을 벗어나지 못하였기 때문이다"(한국역사연구회 1997: 122)라는 것도 또 다른 역사서사의 예이다. 이런 예에서는 서사자가 하나의 서사를 결정하는 과정이 필요한데, 이 과정에서 학습자는 역사서사가 허구적이거나 편파적이기 어려운 이유를 자연스럽게 느낄 수 있을 것이다.

역사서사는 행위자의 행위 이유를 설명하는 것이 특징이라는 것을 알 수 있는 역사서사도 만들 수 있다. 예컨대 우리는 서희가 담판을 성공시킨 원인을 고려와 거란이 가진 군사력의 우열에 따른 필연적인 결과에서 찾지 않는다. 소손녕이 이미 화약을 맺을 기미를 보였고,[2] 거란군이 비록 80만 대군이라 하지만 연주성과 안융진 전투에서의 패배를 기점으로 고려군의 포위 형세를 맞이하자, 퇴각하는 것도 어려울지 모른다는 위기감을 가지고 있다는 것을 간파한 서희가 자신의 의도를 이룰 수 있는 행위 중에 하나를 실행에 옮겼고, 결국 승리로 귀결되었다는 역사서사가 가능하다.

이처럼 역사서사에서 행위자가 행위를 한 이유를 설명해야 하는 까닭은 인간의 행위가 갖는 '종결 개방성의 원리' 때문이다. 그것은 인간의 행위란 행위가 종결된 이후에야 그 행위 그 이유를 설명할 수 있다는 것이므로, 역사서사는 귀결에서 소급하여 합리적인 설명이 가능하다. 학습자는 이런 점을 역사서사를 통해 생생하게 체험할 수 있다.

행위자의 의도에 의한 설명이나 행위자를 내세우는 설명은 인식가능성을 높인다. 예컨대 조선의 과전법에 농민의 경작권 보호 조항이 들어간 것은 고려에서의 농민 문제를 꿰뚫어 본 이성

---

2 서희가 소손녕의 투항 권유를 보고 "有可和之狀"이라 하여 화의의 조짐을 미리 읽은 사실이나, "我國卽高句麗之舊也"(『고려사(高麗史)』, 卷九十四 列傳 第七 徐熙) 등의 사료를 바탕으로 행위의 의도와 귀결로서의 행위 결과를 엮어 역사서사의 구성이 가능하다.

계가 농민의 지지를 얻기 위한 의도를 가졌기 때문이라고 설명한다면 제도사를 평면적으로 설명하는 것보다 인식가능성을 훨씬 높일 수 있다.

행위자를 내세워 사람의 일임을 느끼게 하는 사례는, 몽고와의 항쟁에서 귀주의 박서 장군의 용전에 대해 "몽고 장수 가운데 나이가 거의 70 되는 사람이 있었는데, 성 아래에 이르러서 성루와 기계를 둘러보고 탄식하여 이르기를, '내가 어려서부터 종군하여 천하 성지를 공격, 방어하는 것을 여러 번 보았으나, 일찍이 공격을 이처럼 당하고도 끝끝내 항복하지 않는 자는 처음 보았다. 성중의 제장이 반드시 장상이 될 것이다'"[3]라는 얘기가 삽입된 역사서사이다. 이것은 행위자인 사람의 얘기가 들어감으로써 인식가능성이 더 높아지는 사례이다.

변화와 계속성 탐색에 의한 역사서사의 구성도 가능하다. 예를 들어 역사에는 한의 침입, 수·당의 침입, 거란의 침입, 몽고의 침입, 임진왜란, 병자호란, 일제강점, 남북 분단 등 연표상에 표시할 수 있는 사건이 존재한다. 그 사건의 배열 속에서 변화와 계속성을 찾아내어 역사서사로 구성하는 역사서사를 제시한다면, 그것은 중요한 역사구성의 전범을 제시하는 것이 될 수 있다. 말하자면 위에 나열된 사건 속에서 처음에는 한족의 침입으로 시작해, 북방 유목 민족의 침입이 많은 시기로 이어지다가, 남방 해양 민족의 침입과 유목 민족의 침입이 어떤 기간에 걸쳐 겹치는 현상으로 이어졌고, 이어 남방 해양 민족의 식민지로 전락한 뒤에는 북

3 『고려사절요(高麗史節要)』, 卷之十六 高宗安孝大王三 十八年 十二月.

방 민족과 남방 민족의 영향력이 충돌하였고, 급기야 분단된 상황으로 현재에 이르고 있다는 사실을 읽어낼 수 있다.

연표상에 나타나는 사건의 과정 속에서 북방 민족을 대륙세로, 남방 민족을 해양세로 본다면, 우리 역사는 대륙세에 대한 방어 전쟁에서 해양세에 대한 방어 전쟁으로 이어지면서 전쟁이 확대되었고, 그 과정에서 한반도를 둘러싸고 대륙세와 해양세의 대립이 균형이 유지되거나 깨지는 변화 속에서 분단의 현실까지 왔다는 것을 설명할 수 있다. 여기서 대륙세와 해양세의 대립이라는 계열의 설정은 역사가들의 연구 성과일 수도 있고, 교사의 계열 설정에 의한 것일 수 있으며, 학습자의 것일 수도 있다.

이렇게 계속성 속에서 변화를 찾아내면, 분단은 대륙세와 해양세의 대립 속에 우리나라가 허약하게 균형을 잡지 못해서 나온 결과라고 의미를 부여할 수 있고, 나아가 소련의 붕괴는 한반도에서 대륙세의 약화를 의미하는 것이라고 규정할 수도 있다.(송상헌 1992: 38-47)

또한 세계 대제국인 한이나 수·당, 몽고와의 항쟁에서 줄기차게 항쟁할 수 있었던 것은 보이지 않는 강인함이 조그만 국토에서 공동체를 형성하고 살아온 민족체(nationalty) 속에 살아 있었기 때문이라는 추론도 가능하다. 나아가 소련의 붕괴 시점에서 한반도를 둘러싼 대륙세와 해양세의 균형의 붕괴 가능성으로 생각이 나아갈 수도 있고, 앞으로 대륙세인 중국 세력의 향배와 해양세인 미국과 일본의 향배는 한반도의 운명을 좌우하리라는 예상을 할 수도 있다. 나아가 최근의 미국과 중국 사이에서 우리가 나아갈 방향은 굳건한 자기 믿음을 바탕으로 한 능동적인 균형 유지 정책을 추구하는 것이라는 미래전망을 구성할 수도 있다. 이렇게 하여 학습자는 미국과 중국의 어느 한쪽에 치우치는 정책에는 신중해야 하며, 대륙세와 해양세를 적극적으로 활용하는 지혜를 짜내는 태도를 가지게 할 수 있다.

이런 태도나 자세는 역사 속에서 변화와 계속성을 탐색하여 얻을 수 있는 것이다. 이렇게 되면 학습자는 일본 식민지로 전락한 19세기 말 20세기 초의 역사를 통해 대륙세와 해양세의 세력 균형이 깨지는 즉시 비극적 역사로 이어질 수 있다는 미래전망을 수립할 수 있고, 그런 미래전망에서 통일 한국의 당위성 또는 통일을 위한 장기적인 전략이나 방안의 추론으로 나아갈 수 있다. 이처럼 변화 속에 이어지는 계속성을 통하여 미래전망도 가질 수 있고, 역사 속에서 사건들이 갖는 의미의 부여도 가능하다. 이런 과정을 통해 역사에 대한 통찰력은 자연스럽게 길러질 수 있을 것이다.

역사는 상위의 전제와 관련시키거나 보다 큰 사건에 관련시킬 때 더 잘 이해될 수 있다는 점에서도 역사서사의 구성이 가능하다. 예를 들면 신라의 통일전쟁을 발해의 건국과 관련시켜 하나의 사건으로 합쳐서 인식할 때 새로운 역사적 의미가 생성되고, 또 의미를 부여할 수 있다. 발해와 신라를 관련시키면, 신라의 통일전쟁이 사실은 통일이 아니라 분열의 과정이었다든지, 상실의 전쟁이었다는 의미를 부여할 수 있는 것이다.(이순근 2001: 55) 그렇게 의미를 부여할 수 있는 것은 두 사실을 하나의 사건으로 합침으로써 인식가능성을 높이는 동시에, 그것이 새로운 인식의 지평을 열어주기 때문이다. 그렇다면 신라의 통일과 발해의 건국을 상위의 사건인 '이국시대의 성립'으로 놓을 때, 구체적으로 어떤 역사이해의 결과가 나오는지 살펴보면 다음과 같다.

우선 이국시대의 성립을 하나의 사건(event)으로 놓는다는 것은 이국시대의 성립을 계열로 설정하고, 당대의 사건을 배열하여 의미를 부여하려는 것을 의미한다. 그렇게 되면 신라의 통일은 통일전쟁이 아니라 삼국 간의 항쟁으로 인식된다. 왜냐하면 신라는 당의 세력을 끌어들여 목적을 달성하였고, 당의 세력을 물리치는 데 총력을 기울였을 뿐, 당의 세력이 물러간 뒤에 발해와의 통합을 위한 노력을 하지 않았기 때문이다.

같은 계열로 발해 역시 통합과는 거리가 있는 이질적인 배경에서 세워진 국가라는 것도 인식된다. 그러므로 발해 또한 신라를 통일의 대상으로 보지 않았고, 따라서 두 나라는 우호 관계였다기보다 대립과 경쟁 관계였던 이유가 이해될 수 있다. 그러므로 민족사에서 발해사가 실종되고 그 이후에도 발해 지역과 주민에 대해 통합의 명분을 잃어버린 것이다. 이런 이해의 결과는 바로 이국시대라는 보다 큰 사건으로 하위의 사건들을 위치시킴으로써 인식 가능하게 만든 결과이다. 이런 사례는 역사서사에 의한 역사이해를 통해 보다 큰 사건으로 묶어 역사의 인식가능성을 높이는 노력이 필요한 이유를 잘 보여준다.

이런 사례에서 보다 큰 사건으로 인식하는 것은 다음과 같이 이해를 확장시킬 수 있다. 우선 분열의 결과를 자각하지 못한 민족으로서 우리가 치러야 하는 대가는 오늘날 역사의 교훈으로 삼아야 한다는 인식이 가능하다. 예컨대 당이 신라와의 전쟁에서 패배한 이후에도 계속 신라 병합의도를 버리지 않고 있다가 발해의 성립과 함께 그런 시도가 수그러들은 이유가 무엇이었는지, 당이 사신의 반열이나 빈공과 등에서 순위를 두고 신라와 발해가 다투게 한 목적은 무엇이었는지 인식하는 것으로 이해를 확장할 수 있다. 이는 역대 중원의 국가가 주변국을 통제하기 위해 취한 이이제이 정책의 본질을 인식하는 것을 의미한다. 이런 인식은 자연스럽게 역대 중원 세력의 이이제이 정책을 간파하여 대응하지 못했다는 교훈을 이끌어내고, 분단된 현실에서 나아갈 방향을 가늠하는 소재로 활용할 수 있다.

아울러 역사 속에서 중원의 정치 세력은 세계사에 유례가 없는 강력한 동화력과 흡수력을 가진 것으로 유명하다는 사실에 주목할 수 있다. 그런 중원의 정치 세력이 가진 강력한 힘에도 불구하고 흡수되지 않은 나라는 베트남과 조선, 몽골 정도가 있다. 이런 사실을 통해 우리는 중원 세력과 맞서온 강인한 역사 전통을 인식할 수 있다. 이런 인식의 확장은 모두가 큰 사건 속에 몇 개의 사건을 엮어 인식가능성을 높인 결과이다. 이처럼 역사서사는 사건으로 인식할 때 인식가능성이 높아지는 것은 물론, 새로운 인식가능성을 넓혀주며, 나아가 역사에 대한 통찰력을 기를 수 있게 도움을 준다.

실제로 역사교육의 '내용' 구성에 역사서사가 어떤 시사를 주는지 사례를 들어보면 다음과 같다. 앞서 언급한 '우리의 전쟁 상대국은 항상 세계 대제국이었다'는 것을 계열로 한 역사서사를 구성한 줄거리를 예시하면 다음과 같다.

> 고조선은 한의 무제에게 멸망하였다. 그런데 고조선을 멸망시킨 한제국은 당시 동서양에 존재하는 국가 가운데 가장 강력한 세계 제

국이었다. 당대에 세계 제국으로 동양에는 한, 서양에는 로마가 있었다. 그런 한 제국의 역대 황제 가운데 가장 강력한 황제가 바로 무제였다. 고조선에 쳐들어온 황제는 공교롭게도 그처럼 역사상 가장 강력한 권력을 가졌고, 가장 넓은 제국의 영토를 확장한 무제였다.

무제는 고조선을 치기 위해 수륙 양면으로 총공격을 명령했다. 한 제국의 가장 강력한 황제가 고조선을 치기 위해 최선을 다하는 모습이었다. 이에 대항한 고조선은 예상과는 달리 초전에 한의 대군을 격파하였다. 그 후 1년여의 전투가 계속되었고, 고조선은 결국 한에 점령당해 멸망하게 되었다. 그렇지만, 여기서 주목해야 하는 것은 우선 고조선의 결정적인 패망 원인은 한 제국의 군대에 의한 것이라기보다 내부 분열 때문이었다는 사실이다.

그리고 가장 이해하기 어려운 일은 전쟁에서 승리한 후, 한 무제가 좌장군 순체를 사형시키고, 누선장군 양복을 삭탈관직하는 처분을 내린 것이다. 고조선을 점령하여 멸망시킨 주인공을 처벌한 이유는 무엇이었을까? 이에 대해 아마도 한의 입장에서는 대단한 고전이었기 때문에 그 과정에서 무제가 분노한 것이었다는 추론이 있다.(이기훈 1997: 26) 그렇지만 분명한 것은 한의 군대가 고조선과의 싸움에서 고전을 했고, 고조선이 일방적으로 한의 공격에 당한 것만은 아니라는 것이다.

여기서 중요한 것은 적어도 고조선은 멸망했지만, 고조선을 멸망시킨 것은 당대의 세계 제국 한이라는 사실이다. 그리고 그것도 적의 공세를 막아낼 수 없어서 멸망한 것이라기보다 적전분열로 분패한 것이었다. 우리는 이 사실을 두고 어떤 생각을 할 수 있을까? 고조선이 한 제국에 맞서 1년을 싸웠다는 사실을 주목해야 할 것이다. 국가 체제도 변변히 갖추지 못하고, 왕권도 미약했으며, 중앙집권 국가도 되지 못한 나라가 대제국인 한나라와의 항쟁에서 그토록 상대방을 괴롭힐 수는 없을 것이다. 여기서 고조선은 결코 미약한 약소국가가 아니었던 사실을 추론할 수 있을 것이다. 고조선은 비록 망했지만 당대의 세계 대제국과 당당히 겨루었다는 점은 고조선이 강력한 국력을 가진 나라였다는 것을 나타내주는 증거가 아닐까?

『자치통감』에 의하면 수나라는 고구려와의 전쟁을 위해 대운하를 통해 전쟁 물자를 조달하고 무려 130만 대군을 동원한 것으로 기록에 나와 있다. 그럼에도 불구하고 수나라는 이 전쟁에서 패했다. 그렇다면 수나라 양제는 왜 그렇게 대군을 동원하여 고구려를 쳐야만 했을까? 당시의 고구려는 중국 천하에 맞서는 독자적인 천하를 가지고 있었기 때문이었을 것이다. 적어도 중원의 동북쪽과 한반도에 걸쳐 강력한 세력 집단이 존재해왔고, 그들이 천하의 중심임을 자처하고 있었기 때문이다. 수 양제는 이것을 좌시할 수 없었던 것이다. 그렇다면 당시 고구려는 중국이 견제해야 할 정도로 천하의 중심을 이루는 국가였다는 의미가 된다. 고구려가 상대한 나라 역시 강력한 국가 수나라였다. 그럼에도 불구하고 고구려가 승리한 것은 고구려가 대단히 강력한 국가였기 때문이 아니었을까?

몽골 제국은 역사상 유례가 없는 세계 대제국이다. 몽골 제국의 기병이 가는 곳에 적은 없었다. 순식간에 점령해버리는 속도전, 경기병과 중장기병으로 구성된 가공할 위력의 군대, 능숙한 공성술과 대회전 전술 등 위력적인 몽골 군대의 공격을 받고 망하지 않은 나라는 없었다. 특히 그런 몽골 군에 맞서 40년 넘게 버티며 항전한 나라는 고려를 제외하고는 없었다.

고려는 몽골 제국에 망한 나라가 아니라, 몽골 제국에 40년을 항쟁한 나라라는 서사가 가능하지 않을까? 고려를 점령한 나라는 당시의 세계 대제국이자 역사상 가장 강력한 제국 몽골 제국이었다. 고려는 세계적인 강대국은 아니었을지 모르나, 몽골 제국에 맞서 국가를 유지한 강력한 국가였다는 사실은 부인할 수 없는 진실이다.

우리가 세계 대제국과의 전쟁에서 국가와 민족을 지키는 데 성공한 역사를 가지고 있는 것이 사실이다. 현실에서도 분단된 한반도에는 세계 4대 강국의 맞서고 있는 형국이다. 우선 우리의 역사에서 우리와 맞선 나라 가운데 세계적인 강대국이 아닌 나라가 있었는지 생각해볼 필요가 있다. 그리고 강력한 중국의 동화력에 끝내 흡수되지 않고 살아남은 문화적 저력을 생각해볼 필요가 있다. 그렇다면 우리는 동북아의 빈약한 나라로 운이 좋아 겨우 살아남은 민족일까? 우리의 주변국은 역사에서와 다름없이 지금도 미국, 중국, 일본, 러시아 등 세계 4대 강국인데, 어느 나라에 의존하지 않으면 살아남을 수 없는 나라라고 믿는 것은 가당한 일일까?

이것은 '전쟁 상대국의 국력'이라는 계열을 설정하고, 이 계열에 따라 필자가 구성해본 역사서사의 요약이다. 이것을 통하여 전쟁사에 관한 역사서사 속에서 전달하려는 내용의 골격을 읽을 수 있다. 이 관점이 옳고 그르고는 적절한 자료의 제시나 적연성과 정합성 있는 설명 여부에 의해 판단될 것이다. 그리고 이 모두는 자료를 왜곡하거나 허구를 창작한 것이 아니라 역사적 사실의 연관을 통한 의미의 부여로 이루어졌기 때문에, 자의성이나 편파성의 시비 대상에서 벗어나 있다고 할 수 있다.

이처럼 역사교육의 내용은 역사가의 연구와 약간 방향을 달리하여, 사실의 연관을 통한 역사시사의 구성으로 이루어진다. 그러므로 위에서 보여준 줄거리로 이야기(story)를 정합성 있게 구성하면, 충분히 하나의 거대서사를 구성할 수도 있다. 역사서사의 규모에 따라 거시적 서사와 미시적 서사로 구분하기도 하고, 학교 급별로 서사의 규모를 구분해야 한다는 견해도 있지만(최호근 2013: 124), 어찌되었든 이처럼 역사교육의 내용은 전달할 목적이나 의도가 뚜렷하면서도 객관성 있고 설득력 있는 역사서사로 구성될 수 있다.

이런 서사를 통해 학습자는 교사(역사가)가 제시하는 역사서사가 드러내는 계열의 설정이나 사건의 의미 부여 과정을 보면서 그 속에 나타나는 통찰력을 볼 수 있게 되며, 그 통찰력을 내면화한다면 스스로 통찰력을 기를 수 있고, 역사를 구성하는 체험을 할 수 있게 될 것이다.

그렇다면 남는 문제는 역사교육의 현장에서 활용할 만한 이런 역사서사를 어떻게 생산할 것인가이다. 이 문제에 대해 우선 교사가 역사서사를 생산하는 데 매우 유리한 위치에 있다는 점에 주목할 필요가 있다. 교사는 연구보다 가르치는 일에 종사하는 만큼 역사가와 다른 방향에서 끊임없이 역사서사를 고민하는 존재라고 할 수 있다. 교사가 고민 끝에 만들어내는 크고 작은 역사서사는 수많은 수업의 경험이 쌓이면서 생기는 이른바 레퍼토리로 구현된다. 교사는 레퍼토리를 비롯한 다양한 역사서사를 세련되게 만드는 과정을 거쳐 많은 역사서사를 완성하려 노력해야 한다.

역사가나 역사교육 전공자도 당연히 이런 역사서사를 구성하기 위해 노력해야 하는 존재이다. 역사가는 연구 과정에서 생산한 역사서술을 추상화시킨 메타 서사의 생산을 위해 노력해야 하고, 이런 노력이 역사교육을 위한 다양한 역사서사의 생산으로 연결될 수 있다. 다만 이 과정에서 역사가에게 역사교육 현장을 의식한 자료나 텍스트를 적극적으로 개발하려는 의지가 필요하다. 역사교육 전공자 역시 설명 명제를 구성하는 노력을 확장하여, 바람직한 역사서사를 생산하기 위한 노력에 동참해야 하는 것이 당연한 일이다.

역사서사는 서술에 수사적인 이야기체를 도입하는 것이라고 오해하는 경우가 많은데, 본질적으로 역사서사는 이야기체 서사만을 의미하는 것이 아니다. 역사를 서술할 때, 연구의 과제가 어떤 계기로 설정되었는지, 계열의 구성 배경, 역사적 사실의 선택과 사건의 구성 과정, 역사적 사실이나 사건에 의미를 부여하는 과정 등이 드러나면 그것은 역사서사라고 할 수 있다. 이런 역사서사는 당연히 학습자의 역사이해에 유용하게 활용될 수 있다. 역사서사를 통해 학습자는 역사서사의 다양한 구성 사례를 볼 수도 있고, 가장 합리적이고 훌륭한 역사이해를 찾아내는 과정을 체험할 수도 있다.

역사가 연구되어 소비되는 과정을 비유해서 말한다면 교사는 역사연구의 최종 소비 단계에서 화룡점정(畵龍點睛) 하는 화가라고 할 수 있다. 교사는 역사가의 업적을 분류하고, 종합하고, 이들의 성과를 시작과 끝이 있는 이야기 속에 배치하여 역사서사를 완성하는 존재로서 자체가 역사학자일 수밖에 없다.

역사교육은 다양한 역사서사를 산출하는 노력의 성공 여하에 성패가 달려 있다고 해도 과언이 아니다. 그런데 역사교육에서 필요한 역사서사는 다름아닌 역사학의 연구를 아우르는 메타 서사이다. 역사학의 메타 서사는 계속성을 기반으로 계열을 설정하고, 이에 포섭되는 역사가의 개별 연구 성과에 의미를 부여하여 질서 있게 정리하는 것이라고 할 수 있다. 역사교육에서의 역사서사가 전문 역사가의 역사서술과 차이가 있는 것은 계열의 설정 규모가 다르기 때문이다.(송상헌 2016: 66)

역사교육에서의 역사서사는 역사학자들의 연구 성과를 아우르는 메타 서사라는 점과 함께, 역사가들이 꺼리는 미래전망을 도입하여 미래를 포괄하는 서술이라는 점에 특징이 있다. 역사교육은 지나간 미래의 경험을 확장하여 우리의 미래 설계에 적용하는 교육이다. 한 치 앞도 내다보지 못하는 역사 문맹인 정치가나 일반인에게 역사교육에서의 역사서사는 긴 호흡으로 역사를 바라보고 지혜를 얻을 수 있는 샘과 같은 존재이다.

그리고 역사교육은 정치권력의 개입 시도 자체를 역사화하여 역사서사 속에 포함시키는 지혜를 가지고 있는데, 이는 역사교육의 정치적 중립성과 자율성을 지키는 강력한 무기이다. 태종 이방원이 사냥을 나갔다가 낙마했을 때, "사관이 보지 못하게 하라"는 태종의 말을 그대로 기록하여 실록에 남기는 사관의 지혜가 바로 역사화로서, 이는 정치권력으로부터 역사를 어떻게 지켜올 수 있었는지 잘 보여준다. 오늘날에도 권력으로부터 역사를 지키는 무기는 권력의 역사교육 개입 시도 자체를 역사화하는 것이다.

제10장

맺음말

지금까지 역사교육에서 문제가 되는 역사 인식 전반에 관한 사항을 살펴보았다. 역사교육 논의는 역사교육을 구성하는 요소인 역사학과 교육학의 두 방향에서 이루어진다. 역사학에서 주된 관심은 무엇보다 역사교육의 내용인 이른바 '무엇(what)'의 문제다. 구체적으로 내용에 대한 논의 가운데 대표적인 것은 역사학의 연구 성과가 역사교육에 얼마나 정확히게 반영되고 있느냐 하는 문제였다. 그 밖에도 역사학에서 논쟁 중인 이설의 처리 문제, 내용 선정의 일반적인 원리 등에 대한 논의가 있었다. 교육학에서 주된 관심은, 역사교육에서 이른바 '어떻게(how)'의 문제로서, 역사 교수학습방법에 관한 논의가 많이 이루어졌다. 교수방법에 대한 논의는 주로 교육학에서 논의되는 교육심리학이나 교수학습방법을 적용하는 문제가 중심이었다.

역사교육 논의에서 근본적인 문제는 역사교육을 통칭교과의 하나로 간주하는 데서 나온다. 일반적으로 역사교육도 다른 교과와 마찬가지로 객관적인 사실로 이루어진 지식을 전수하는 교과 가운데 하나이다. 그러므로 교육학의 입장에서 볼 때, 역사교육에서 다루는 내용지식이 가지는 특성은 고민의 대상이 되지 않는다. 교육학에서 제안하는 교과교육학은 어느 교과든, 다루는 내용과 무관하게, 공통의 교과교육학 체계와 형식을 갖는다는 전제에 기반을 두고 있기 때문이다. 아울러 역사학의 입장에서도 역사교육 내용은 역사학의 연구 성과로 구성되어야 하는 것은 물론이고, 실증적인 토대가 없는 것이 교육내용으로 들어와서는 안 된다는 확고한 기준을 가지고 있다. 역사학에서조차도 역사교육내용이 가지는 특성은 크게 고민할 대상은 아닌 셈이다.

하지만 역사교육의 성패는 역사의 고유한 성격이 반영된 교육내용을 어떻게 가르치느냐에 달려 있다고 해도 과언이 아니다. 전통적으로 역사교육 문제의 초점은 어떻게 가르치느냐에 방점을 두어왔다. 그런데 문제는 역사교육이 역사학의 연구 성과를 내용으로 받아들여, 그것을 교수하는 방법만을 고민한다고 문제가 해결되지 않는다는 것에 있다. 진정한 문제는 가르치는 교육내용의 특성에서 유래되기 때문이다.

교육내용의 특성상 역사교육은 역사 인식을 가르치는 교육일 수밖에 없다. 역사지식이 가진 인식론적 배경 때문에 역사교육 논의에서 인식론이 매우 중요하다. 실제로 역사교육에서 가르치는 역사지식은 역사학의 원리나 구조, 신념이 들어 있는 지식이면서, 동시에 그 인식의 배경을 이해하지 않으면 의미 없는 지식이다. 그래서 역사교육은 인식론교육이어야 한다. 그런데 인식론교육은 교사가 가르치는 지식을 학습자가 그대로 수용하는 일반적인 교육과 달리 학습자가 교사의 인식방식을 수용하되 인식결과로서의 지식은 그대로 수용할 필요가 없는 것이 특징이다. 더욱이 역사 인식의 방식은 통찰이나 사변과 같이 직관적인 것이고, 다루는 지식 자체도 실증이 어려운 것이 많다. 여러 가지 점에서 역사교육은 다른 교과와 차이가 많이 날 수밖에 없다.

역사교육에서 가르치는 지식은 인식론적 배경 없이 이해하기 어렵고, 설령 인식론적 배경 없이 이해했다고 하는 경우가 있다면 그 지식은 의미 있는 지식이 될 수 없다. 역사교육에서 교수학습방법은 반드시 역사지식의 이런 유별난 특성을 고려해야만 한다. 그렇다고 역사교육에서 객관적인 지식을 가르치지 않는다거나, 보편적인 교수방법이 필요 없다고 주장하는 것은 아니다. 통상적으로 통칭교과에서 채택되는 교육론이나 교수학습방법 일반은 당연히 역사교육에 그대로 적용될 수 있다. 다만 문제는 역사교육에서 그런 일반론만으로 인식론을 가르치기 위한 방안을 마련하기가 쉽지 않다는 데 있다. 이런 점이 역사가 갖는 인문학적 특성을 반영하기 위한 역사교육이론과 교수학습방법에 대한 심도 있는 논의가 필요한 까닭이다.

인식론을 바탕으로 한 역사교육에서는 역사내용을 객관적 사실로서가 아니라, 인식론적 배경을 가진 지식으로 다루게 된다. 그리고 단순하게 사실이나 사건을 전수하는 것이 목적이 아니라, 학습자 스스로 내용을 인식하게 만드는 것을 목적으로 삼는다. 이런 교육을 위해서는 먼저 기존의 관념을 바꿀 필요가 있다. 우선 교사를 바라보는 관점이 역사가와 학습자 사이에서 지식을 전수하는 역할에 그치는 존재가 아니라, 지식의 배경에 녹아 있는 역사 인식을 드러내는 인식의 주체로 바뀌어야 한다. 이제 교사는 명실상부한 역사가로 보아야 하고, 역사가를 대행하여 인식의 과정을 드러내는 존재로 보아야 한다. 학습자에 대한 관념도 바꿔야 한다. 학습자는 교사나 역사가가 전수하는 지식을 수동적으로 수용하는 존재라는 관점을 버려야 한다. 학습자는 스스로 역사지식을 구성하는 존재이고, 교사나 역사가가 드러내어 제시하는 역사의 인식과정을 내면화할 수 있는 존재이다.

그러므로 인식론교육으로서의 역사교육 원리는 역사가의 사변, 통찰과 같은 복잡한 인식론적 배경을 가진 역사가의 인식을 학습자가 스스로 터득해나가도록 교사가 돕는 것이다. 교사(역사가)는 사변과 통찰, 회고와 전망이 들어가 있는 인식론적 배경을 학습자에게 드러내고, 학습자는 이를 전범으로 삼아 통찰력을 일깨워야 한다.

이때 구체적으로 역사를 인식하는 방식은 두 가지 차원에서 논의할 수 있다. 하나는 역사가 가지는 시간성의 차원이고, 다른 하나는 진리론의 차원에서 논의하는 것이다. 우선 시간성 차원에서의 역사 인식이란 과거, 현재, 미래라는 세 시간 범주에 주목하는 것이다. 세 범주로 구성되는 시간 지평은 각 범주의 시간이 상호작용하면서 서로 영향을 주는데, 대표적인 인식방식은 현재나 미래의 특정 시점에서 과거를 돌아보는 회고(retrospect) 혹은 돌아봄(hindsight)이다. 현재의 시점에 서 있는 역사가는, 어떤 과거의 역사를 파악하기 위해서 현재에서 출발하거나, 그가 상정하는 미래에서 출발하여 과거로 소급하는 회고를 통해 인식하게 된다. 그럼으로써 역사가는 과거가 가진 역사적 의미가 비로소 드러나는 과정을 인식할 수 있게 된다.

이 과정에서 만약 현재 시점에서 역사가의 입장이 바뀐다거나 역사가가 상정한 미래가 새로워진다면, 특정 과거의 역사적 의미는 새롭게 바뀌게 된다. 이렇게 되면 결국 과거가 속하는 시간 지평 전체 체계가 바뀌게 되고, 역사는 새롭게 이해되게 된다. 이런 인식방식에 유의하게 되면 실제로 국가 간 혹은 국내 정파 간에 역사 수정주의가 나오는 경우, 그들의 미래 역사상에 변화가 있음을 쉽게 추정할 수 있다. 역사 수정주의의 연원이 미래 역사상의 변화라는 것을 알면 우리는 연쇄적인 변화의 궤적을 예상할 수도 있다. 이처럼 역사 인식은 앞을 내다보는 전망(前望)과 과거를 소급해서 돌아보는 회고의 방식을 동시에 사용한다. 따라서 역사를 인식한다는 것은 과거 그대로를 파악하는 것이 아니라, 역사가가 처한 현재나 미래의 입장에서 되돌아보는 회고를 통해 과거를 나름대로 정합성 있게 구성하는 것이다.

회고의 과정에서 주목할 사항은, 과거 사실 가운데 중요하다고 선택하거나 보잘것없다고 배제하는 기준 또는 판단은 역사가의 통찰력에서 나온다는 점이다. 역사가의 통찰에 의해 사건이나 사실이 가지는 역사적 의미나 중요성이 판단되고, 그에 따라 선택 혹은 배제된다. 구체적으로 과거의 사건이나 사실이 갖는 역사적 의미나 중요성의 정도는, 역사파악을 위해 역사가가 설정한 계열(sequence)에 포섭되는 정도의 문제로 환원된다. 그러므로 개별 사실은 계열이 설정되기 전까지 그것이 가지는 역사적 의미나 중요성이 판단될 수 없다.

현재에 속한 사람은 그가 지금 일어나고 있는 사건에 참여하고 있는 사람이라 하더라도, 그 사건의 역사적 의미나 중요성을 제대로 알기 어렵다. 그 이유를 시간성 개념으로 설명하자면 그가 속한 현재는 역사파악을 위한 계열의 상정 이전이기 때문이라고 할 수 있다. 이처럼 시간성에서 말하는 현재란 역사가의 통찰력에 의해 설정되는 계열이 상정되기 이전의 상태일 수도 있지만, 대개 미래의 어느 시점에서 회고를 하거나 과거의 어느 시점에서 전망을 한 결과로서 구성된 현재를 말한다. 일단 계열이 구성되고 난 뒤에 현재나 과거의 역사적 의미나 중요성이 판단될 수 있으며, 구체적으로 과거에서의 전망이나 현재나 미래에서의 회고를 통해 판단 결과가 드러나게 된다.

여기서 계열의 설정에 따라 역사가가 역사적 의미나 중요성을 판단하는 것은 자의적인 것이라고 말하기 어렵다. 물론 계열의 구성은 역사가의 임의에 따른 것이지만, 일단 계열이 구성되고 나면 역사적 의미나 중요성은 계열에 연동하는 것이어서 자의적이거나 관련이 없는 의미를 부여할 수는 없기 때문이다. 계열의 구성으로 중요성이 부여된 사실이나 사건들로 이루어진 역사서사는 다시 적연성(plausibility)의 정도에 따라 적절성 여부를 평가받는다. 만약 적연성의 정도에 대해 긍정적인 평가를 받지 못한다면, 그 역사서사는 부적절한 역사서술로서 종국에는 폐기당하게 된다.

이와 같이 역사가가 임의로 계열을 구성함에도 불구하고 과거 사실과의 끊임없는 상호작용 속에서 역사서사가 이루어지고, 그렇게 구성된 역사서사에 대해 다시 한 번 적연성 정도의 판단이 이루어지기 때문에 객관적인 서사가 가능하게 된다. 이러한 과정이 순환하게 되면 역사서사의 적연성의 정도는 더욱 높아지게 되고, 정도가 낮은 서사는 폐기되는 순서를 밟게 되는 것이다.

과거에 속한 하나의 사건이 가지는 역사적 의미나 중요성의 정도는 그 사건을 어떤 계열에 비추어 보느냐에 따라 달라진다. 이때 계열에 비추어 본다는 것은 회고나 전망을 통해 역사적 의미나 중요성을 가늠하는 것을 말한다. 계열의 설정은 역사가의 통찰력에서 나오는 것이므로, 역사는 역사가의 통찰력에 따라 역사적 의미나 중요성이 항상 새롭게 부각될 수 있는 것이다. 그리고 역사는 이런 과정을 통해 끊임없이 재평가되고 재해석될 수 있다.

진리론 차원에서의 역사 인식 문제는 인식론에 따른 진리론의 효용을 살피는 것이다. 인식론은 경험론과 합리론으로 구분하여 거론되는데, 우선 경험론에서 말하는 진리론은 대응설이다. 대응설에 따르면 역사는 파악된 역사와 일어난 일이 일치된다고 본다. 대응설이 가진 문제는 역사가가 인정하고 있는 사실들은 과거 사실 그대로가 아니라는 점에 있다. 과거는 역사가의 사유 과정을 거쳐 도달된 결론이자, 증거로부터 구성된 것이다. 따라서 역사에서 애초에 순수한 기억이란 불가능한 것이다. 여러 가지 점에서 진리론에서 대응설은 역사학에서 성립하기 어려운 주장이다.

그럼에도 불구하고 대응설이 역사교육에서 전혀 가치가 없다고 할 수는 없다. 역사적 진실을 탐구하는 과정에서, 먼저 우리에게 주어진 자료(감각재료)를 면밀히 검토해야 하는데, 이때 자료는 일단 진실로서 간주해야 하고, 그러는 것이 유용하다. 역사를 배우는 학습자는 과거 사실을 실재로서 가정하고 출발해야 역사를 인식하는 과제를 수행할 수 있기 때문이다. 대응설은 역사에서 성립하기 어려운 것임에도 불구하고, 역사가 구성적 성격을 가진다는 것을 깨닫기 위해 거쳐야 하는 역사 인식의 첫 단계에서 가치가 있다.

이에 비해 합리론에서 말하는 진리론은 정합설이다. 정합설에 따르면 역사는 절대적인 것이 아니라 모든 것이 상대적인 것이 되어 확실한 진리가 존재할 수 없게 된다. 그렇지만 정합설은 어떤 체계에 대한 정합성을 따지는 것이라서 역사에서 사실과 이론이 부단히 상호 영향을 주고 받는 과정을 설명해줄 수 있고, 그 과정 자체가 깊은 역사이해를 촉진하는 이론이라는 점에서 의미를 찾을 수 있다.

이러한 경험론과 합리론을 종합한 것으로 평가받는 칸트의 구성적 인식론에 의하면, 인식이란 인식주체가 감성과 오성이라는 범주를 활용하여 인식대상을 구성하는 것이다. 구성적 인식론은 인식주체에게 대상이 그대로 인식되는 것이 아니라, 인식주체가 대상을 결정한다는 것이다. 대상을 놓고 인식한다고 보는 일반적인 인식론을 뒤집어서 인식주체가 대상을 만들어 인식한다는 점을 들어 구성적 인식론을 코페르니쿠스적 전환이라고 일컫는다. 이것은 주체와 객체의 기존 관념을 뒤집는 것으로서, 우리가 대상(object)을 보고 그것이 무엇인지 인식하는 것이 일반적인 데 비해, 구성적 인식론에 의하면 인식주체가 대상을 구성하여 인식한다고 보는 것이다.

역사에서 이런 구성적 인식론은 에드워드 카의 '과거와 현재와의 대화'라는 설명에서도 찾아 볼 수 있다. 여기서 대화라는 것은 역사에서 인식주체(현재)가 대상(과거)과 상호 영향을 주고받는다는 의미이다. 그러므로 '과거와 현재와의 대화'란 과거와 현재의 상호작용을 통해 궁극적으로 역사가가 인식의 대상인 과거를 규정할 수 있다는 것을 의미한다. 그러므로 구성적 인식론에 의한 역사파악이란 역사가가 일정한 관점을 가지고 과거 사실을 능동적으로 구성하는 것을 말한다. 역사가는 인식의 주체이고, 과거 사실은 인식의 대상인데, 그 대상(과거)이 역사가와의 대화라는 순환의 과정을 거쳐 구성된다고 보는 것이 구성적 인식론의 요체이다. 그러므로 구성적 인식론은 역사를 파악할 때, 역사를 객관적인 대상으로 간주하지 않는 인식론이다. 따라서 그것은 역사파악에 엄격한 과학의 잣대를 적용하는 것과는 거리가 있다. 역사이론에서 구성적 인식론을 적용한 경우는 자율론과 보편사, 역사서사 이론 등이 있다. 이들 세 이론의 인식론적 특성을 살펴보면 다음과 같다.

첫째, 자율론의 역사 인식 논리에 따르면 역사는 역사가의 전망(perspective)에 의하여 구성되는 것이다. 포스트모던 역사학은 자율론적 역사파악의 전형이다. 그들이 말하는 '담론으로서의 역사'라는 것도 역사가가 능동적으로 구성한 결과라는 속성을 갖는다.

자율론의 역사 인식 논리가 가지는 문제의 핵심은 자율적으로 구성된 역사가 과연 진리성과 객관성을 보장받을 수 있는가이다. 이 문제를 위한 해결책은 먼저 역사는 원래 자율적이고 주관적인 학문이라는 것을 인정하고 나서, 바람직한 주관성을 추구하는 역사가 자의적인 역사와 어떤 차이가 있는지 드러내는 방법이다. 역사는 원래 주관적인 것이지만, 좋은 의미의 주관성이 있고 나쁜 의미의 주관성으로 나눌 수 있다는 정도로 자율론적 역사의 객관성을 설명할 수 있다.

로저스의 준거기준(frame of reference)이나 월시의 전제나 총괄개념과 같은 인식의 틀을 통해서 자율론적 역사의 특징을 제시할 수 있다. 준거기준이나 전제, 총괄은 공통적으로 개별 사실을 포괄할 수 있는 일종의 상위 개념이다. 이렇게 상위 개념을 설정하여 역사를 인식하는 것을 자율론이라고 명명한 이유는 역사가가 임의로 상위 개념을 설정하기 때문이다. 어떤 상위 개념이 설정되고 나면, 그에 따라 개별 사실이 가진 역사적 의미가 드러나게 되며, 그런 방식으로 응집되어 역사가 서술되는 것이다. 일단 역사로서 서술되고 난 뒤에 다시 적연성의 정도를 평가받게 되고, 그 결과에 따라 상위 개념이 조정될 수도 있다. 이런 순환 과정이 존재하기 때문에, 자율론적인 역사는 자의적 주관성을 피할 수 있다고 본다. 비록 그들이 설정하는 상위 개념이 절대적 기준은 아니지만 현실적인 주관성의 객관적 정당성을 나름대로 주장할 수 있다는 것이다.

자율론적 역사에서 사용되는 인식의 방식은 통찰이다. 통찰은 어떤 관념이나 지표를 가지고 주어진 사실들을 총체적으로 이해하는 방식으로서, 부분적인 사실의 집합이 아니라 사건 전체를 총체적으로 인식하는 것이다. 이것은 구체적인 개별 사실을 관찰하는 데서 출발해서, 그들을 한꺼번에 파악할 아이디어를 찾는 방식이다. 여기서 통찰을 위한 기준은 일종의 이론이라고 할 수 있는데, 이런 점에서 통찰은 이론과 사실의 끊임없는 상호작용의 결과라고 할 수 있다. 이런 상호작용을 통하여 보다 객관적인 역사 파악이 가능하게 된다.

이처럼 역사는 역사가에 의해 구성되는 것이며, 부분이 아니라 사실 전체를 총체적으로 인식한 결과라는 점에서 자율적인 것이라고 할 수 있다. 통찰은 주관적인 것이지만 반대로 편파적인 주관성을 배제하는 장치이다. 역사에서 전망이론의 전망이나 준거기준, 총괄, 담론 등을 구성하는 데 있어서도 통찰이라는 인식과정을 거친다. 이와 같이 자율론적 역사는 구성적 인식론에 의한 역사파악의 전형적인 예이다.

자율론적 역사의 역사교육적 함의는 무엇보다도 통찰이라는 인식방식에서 찾을 수 있다. 그것은 개별 사실들을 하나로 묶어 설명할 수 있는 상위 개념을 모색하여 그것을 인식의 틀로 삼아 역사를 인식하는 것이기 때문이다. 역사가의 관점을 통해 과거 사실에 대해 어떤 질서를 설정하고 역사적 의미를 부여하는 것은 역사교육에서 학습자가 역사를 인식하기 위해 시도해야 할 일을 명확히 보여준다. 통찰의 인식방식은 우선 어떤 관점을 구성한 다음, 구성된 관점에 따라 개별 사실을 검토하여 그 사실이 가지는 역사적 의미를 부여하는 것이다. 자율론적 역사를 통해, 우리는 역사란 역사가의 주관적인 판단으로 파악하되, 통찰력을 동원하여 가장 객관적인 역사서술을 끊임없이 추구해나가는 학문이라는 점을 알 수 있다.

그렇지만 통찰에 의해 역사가가 능동적으로 구성하는 역사는 자의성을 가질 수밖에 없다는 약점을 가지고 있다. 그리고 그런 역사를 가르치는 역사교육이 자의적인 역사교육으로 귀결될 가능성이 높은 것도 사실이다. 역사교육에서 역사는 객관적인 것이라고 강조한다고 해서 자의적인 역사교육을 예방할 수 있는 것도 아니다.

그에 대한 대책은 학습자 스스로 나름대로 타당한 기준을 가지고 역사를 구성할 수 있는 능력이 있다는 것을 믿는 데서 나온다. 학습자가 나름의 타당한 기준을 가지고 있다는 것을 믿기 위해서는 몇 가지 전제가 필요하다. 하나는 학습자들이 지식을 스스로 구성할 수 있는 능력을 가지고 있음을 인정하는 것이다. 그리고 역사의 적연성을 판단할 수 있는 능력을 가지고 있다는 것도 인정해야 한다. 학습자의 지식 구성 능력이나 판단 능력을 전제해야 인식론교육으로서의 역사교육이 가능하다. 실제로 역사교육에서 교사가 통찰과 사변을 통해 통찰력을 발휘하는 장면이나 역사가의 인식과정을 학습자에게 드러내 보여주면, 학습자는 그 장면을 보면서 인식과정을 내면화하여 자기가 타고난 통찰력을 일깨울 수 있는 존재이다.

그런 의미에서 자율론에 입각한 역사교육은 교사가 스스로의 것이든 역사가의 것이든, 가르치려 하는 역사의 인식과정을 총체적으로 드러내면서, 역사가의 통찰력이 발휘되는 장면을 학습자에게 보여주는 것이 중요하다. 이는 많은 역사가의 인식을 총체적으로 드러내 보이기 위해 역사교사가 교사양성 기관에서 무엇을 중점적으로 배워야 하는가를 시사한다. 학습자는 이 과정에서 스스로 그 역사상의 적연성을 판단해보고, 객관적인 역사상을 총체적으로 구성해봄으로써 역사가의 인식과정을 내면화하는 것이다.

둘째, 보편사의 역사 인식 논리에 따르면 역사는 목적론적인 성격을 갖는다. 목적론적 역사관이란 역사의 종점을 상정하고, 모든 역사의 흐름이 이 종점을 향하고 있는 것으로 보고 해석하는 관점이다. 꽃은 피기 전에 미리 예정된 개화의 계획을 숨기고 있는 것과 마찬가지로, 역사는 변화무쌍하고, 임기응변하는 발전이 아니라, 예정된 전개의 계획과 수순을 숨기고 있는 것이다. 역사는 예정된 계획에 따라 전개되는 것이기 때문에, 보편사는 역사의 외관이야 어떠하든 인식 가능한 것이라고 본다.

따라서 보편사가의 최대 관심은 역사의 목적이다. 그리고 그는 개별적인 사실들을 전체 목적에 비추어 그것들이 어떤 역사적 의미가 있는지 숙고하게 된다. 특히 그는 모든 역사를 망라하여 그 구조를 파악하고 의미를 인식하려 들기 때문에, 개별 민족이나 개별 국가의 유별난 특성보다 세계사적 보편성에 비추어서 나타나는 개별성 혹은 특수성에 주목한다.

보편사가의 특징은 우선 보편성의 기준으로서 인간의 본성에 주목한다는 점이다. 역사에 나타난 개별성은 인간의 본성이 환경이나 처한 입장에 따라 각각 발현한 결과로 간주한다. 그리고 또 다른 특징은 역사의 유형(pattern)을 찾는다는 점이다. 그들이 유형을 찾는 이유는 역사적 변화가 일어나는 일반적이고 보편적인 원리를 알아내기 위해서다. 그렇지만 그들이 유형 속에서 찾는 것은 어떤 법칙이 아니라, 기본적인 요소다. 그리고 유형을 찾는 이유는 역사를 총체적으로 인식하려는 노력의 일환이다. 유형은 역사적 사실에 의미를 부여하는 기준이면서 동시에 역사적 사실에 의해 거꾸로 유형 자체가 수정되기도 한다. 이런 순환적인 상호작용을 통해 역사를 파악하려는 것이 보편사가의 두드러진 특징이다. 이런 점에서 보면 역사에서의 유형은 발견하는 것이라기보다 구성되는 것이라고 할 수 있다. 따라서 보편사야말로 발견되는 것이라기보다 구성되는 것이며, 구성적 인식론이 반영된 역사이해의 전형적인 예다.

보편사에서 역사를 인식하는 논리는 사변을 통한 통찰로 설명할 수 있다. 이들이 사용하는 인식방식은 원론적으로 말하자면 자율론적 역사가들의 통찰과 상반된 순서로 진행된다. 사변의 특징은 개별적 사실보다 먼저 역사 전체를 대상으로 역사의 의미를 추구한다는 점에 있다. 선후의 문제가 논란이 되기는 하지만, 사변은 사실에서 출발하여 역사적 의미를 천착한다기보다는, 연구자의 아이디어에서 출발한다. 그것은 전체 역사의 의미를 먼저 정한 다음, 개별적 사실을 검토하여 그 역사적 의미를 확인해나가는 방식을 취한다. 물론 보편사가들이 역사를 인식할 때 사변의 방식만 사용하는 것은 아니며, 당연히 자율론적 역사가들이 동원하는 통찰도 함께 사용한다. 다만 보편사가들이 많이 사용하는 방식이 사변일 뿐이다. 역사가도 시공간의 규모가 작기는 하지만 사변과 통찰이라는 인식방식을 일상적으로 동원한다. 보편사가나 자율론자는 역사 전체를 아우르려는 목적으로 사변과 통찰을 하는 반면, 일반 역사가는 사실에 대한 구체적이고 실증적인 연구 위에서 사변과 통찰을 한다.

역사교육의 입장에서 본다면 보편사가들이 시사하는 교육적 의미는 보편성을 전제로 개별 사실을 포섭하는 사변을 통한 통찰력을 활용한다는 점에서 찾을 수 있다. 흔히 보편사를 통한 역사교육은 보편사가의 주장을 교육하는 것으로 간주되는 경우가 많다. 물론 역사교육에서 보편사를 가르치면 보편사가들의 주장을 가르치게 되고, 가르칠 필요도 있다. 그렇지만 구성적 역사 인식론의 입장에서 본다면 보편사를 교육하는 궁극적인 목적은 보편사가의 견해를 교육하려는 것이 아니라 그들이 그렇게 생각하는 인식론적 배경을 가르치려 하는 것이다.

사변을 통한 통찰이란 원칙적으로 먼저 자기의 입장을 결정하고, 그에 대한 정당화의 절차를 밟는 것이다. 역사교육에서 이런 사변을 가르치는 방법은 앞서 거론한 통찰력의 교육과 같이 학습자가 이미 가지고 있는 능력을 계발하는 것에서 찾아야 한다. 이것은 새로운 능력을 심어주는 기능교육 차원으로 접근해서는 절대로 안 된다.

보편사교육에서 학습자는 보편사가의 견해와 인식론을 묶어서, 하나의 대상으로 생각할 수 있어야 한다. 그러기 위해서 학습자는 보편사가의 견해와 인식론에서 한 걸음 물러서서, 그들의 주장을 내려다보는 메타적 관점을 취하는 것이 필요하다. 이렇게 해야 학습자는 보편사가의 주장에 매몰되지 않고, 그들의 인식론을 관조하면서 인식의 전범으로 삼을 수 있고, 그런 가운데 자신의 통찰 능력을 계발할 수 있기 때문이다.

보편사가 갖는 강한 실천성도 교육적으로 의미가 있는 부분이다. 보편사가 실천성을 갖는 이유는 그것이 가지는 미래전망과 목적론적 역사관 때문인데, 이는 결국 학습자가 역사에 대한 강한 신념과 확고한 주관을 갖도록 할 수 있기 때문이다. 그런 의미에서 보편사교육은 학습자에게 역사교육의 직접적인 효과를 보여주는 역사교육의 전형이다. 역사연구자들은 개인의 신념을 연구에 내세워서는 안 된다는 생각을 굳게 믿지만, 역사교육에서는 오히려 적극적으로 학습자들이 바람직한 실천성을 가질 수 있게 하는 방안을 모색할 필요가 있다. 그런 점에서 보편사교육은 역사교육의 목적 달성을 위한 계기를 제공한다.

여기서 보편사가 갖는 강한 실천성은 양면성을 가지는 것이 사실이다. 한편으로는 학습자들에게 역사에서의 강한 실천성을 심어주는 데 반해, 다른 한편에서는 아주 편파적인 신념을 심어줄 위험성이 상존한다. 그렇지만 역사교육은 이런 위험성을 고스란히 떠안고 가지는 않는다. 정보의 편재성과 개방성이 커져가는 시대의 흐름을 고려하고, 학습자의 적연성 판단에 대한 믿음을 전제로 한다면, 자의적이거나 주입식 혹은 세뇌교육 방식으로 하는 역사교육은 생각만큼 효과를 거두기가 어렵다. 만약 정보의 편재성과 개방성을 고려하지 않고, 의식화교육의 일환으로 보편사교육을 채택한다고 하면, 그것은 잘못된 쪽으로 편향된 역사교육의 사례를 보여주는 것으로 끝날 가능성이 크다. 그리고 그것은 효과면에서 오히려 학습자의 면역력을 키울 수 있는 계기를 제공할 수도 있다. 결국 보편사교육이 역사에 대한 강한 실천성을 가르칠 수 있다는 것 자체는 어떻게 역사교육을 운용하느냐에 따라 위험할 수도 있고, 바람직할 수도 있다. 그렇지만 정보의 개방성을 전제한다면 우리는 보편사교육을 바람직한 실천성교육으로 이끌 가능성이 크다.

그 밖에도 보편사는 사회과학이 아닌 인문학으로서 역사를 인식하게 한다든지, 처음 역사에 입문하는 학습자에게 안내자 역할을 할 수 있다는 점에서 역사교육적 가치가 크다. 아울러 보편사를 통해서 거대담론이든 미시담론이든 담론의 구성이 역사를 파악하는 데 매우 중요하다는 것을 가르칠 수 있다는 점에서도 가치가 있다. 나아가 보편사는 미래와의 연관 속에서 역사가 나아갈 방향을 모색한다는 점에서, 미래에 대한 조망을 교육하는 효과도 매우 크다는 것도 빼놓을 수 없는 가치이다.

셋째, 역사서사(historical narrative)이론의 인식론에 따르면 역사는 하나의 계열 아래 그 내용을 정합성 있는 이야기로 구성한 것이다. 여기서 계열(sequence)이란 일종의 플롯 개념으로서, 계열을 구성하면서 역사서사는 시작된다. 하나의 계열이 구성되면, 다른 것은 부차적인 계열로 간주하여 무시하거나 의미 부여를 유보하게 된다. 역사서사의 목적은 특정한 줄거리를 가진 역사 이야기를 구성하는 것이고, 궁극적으로는 그렇게 구성된 이야기를 다른 사람들에게 전하려는 것이다. 그렇다고 역사서사가 소설과 같이 허구에 바탕을 둔 그럴싸한 이야기에 불과한 것은 아니다. 그것은 철저하게 사실에 바탕을 둔 역사서술이다. 다만 역사서사는 적연성이 있어야 하고 설득력 있게 역사를 전달해야 한다는 실질적인 목적을 가지고 짜임새 있게 구성한 이야기이다. 그러므로 역사서사를 구성하자면, 먼저 의도를 가지고 어떤 계열을 만들어야 하고, 그 계열을 통해 추리를 진행하면서 사건에 의미를 부여하는 과정이 뒤따르게 된다. 역사서사의 이런 특징은 역사의 구성적인 성격을 잘 보여준다.

역사서사의 가장 큰 특징은 여러 개의 개별적인 발생(occurrence)을 사건(event)으로 구성하여 인식한다는 점에 있다. 여기서 사건이란 시간의 두께를 가지고 있다고 보는 시간성(temporality)이 개입된 결과로 구성되는 것인데, 사건 속에는 시간이 흐르고, 그 사이에 수많은 발생이 들어 있다. 따라서 사건은 추상적인 것이 아니라, 실재적이고 객관적인 인식의 대상이다. 따라서 여기서 사건은 인식 가능한 것일 뿐만 아니라, 기술될 수도 있고, 분류도 가능한 의미 있는 현상이다.

역사서사는 인과적 설명과 다르다. 그것은 인간이 주인공으로서 인간이 취할 수 있는 여러 가능한 행위 가운데 하나로 귀결(consequence)된 것을 인식한 결과로 구성된다. 그것은 인간의 행위를 대상으로 하고, 인간의 삶을 사건으로 만들어 인식하기 때문에 인식 가능한 서술양식이다. 그리고 그것에 동원되는 구체적인 인식방식은 먼저 개별 사실을 검토하면서 계열을 구성한다거나, 먼저 구성한 계열을 가지고 개별 사실에 의미를 부여하는 것이다. 그 과정에서 동원되는 인식의 방식은 역시 통찰과 사변이다. 이런 통찰과 사변은 한마디로 역사가의 통찰력이라고 일컫는 것으로서 인문학의 인식방식으로 매우 중요한 것이다.

역사서사가 가진 역사교육적 함의는 학습자들이 능동적으로 시작과 중간 그리고 끝이 있는 이야기로서 역사를 구성해볼 수 있는 서술양식이라는 점에서 찾을 수 있다. 역사서사를 구성하기 위해서는 먼저 무엇인가 전달하려는 줄거리가 있어야 한다. 줄거리는 플롯을 통해 구성되는데, 구성하는 순서는 먼저 계열을 설정한 다음 그 계열에 사건들을 배정하면서 일정한 의미를 부여해나가는 방식이다. 역사서사는 역사가뿐만 아니라 누구라도 계열을 설정할 참신한 아이디어만 있다면 구성할 수 있는 것이다.

그러므로 역사서사는 학습자들이 쉽게 역사를 이해할 수 있는 서술양식이고, 이를 전범으로 삼아 스스로 손쉽게 역사를 구성해보는 시도를 유발할 수 있는 양식이다. 그리고 계열을 설정하는 과정 자체가 개인의 통찰력으로 이루어지는 것이어서, 역사서사는 학습자가 역사에 대한 통찰력을 계발하고 기를 수 있는 계기를 준다. 그리고 학습자들은 역사서사를 통하여 역사의 담론적 성격을 자연스럽게 깨달을 수도 있다. 아울러 역사서사는 서사자의 의도가 반영되지만, 적연성의 정도가 높아야 하는 것이 필수적이며, 그것의 성공 여부는 적연하고 정합성 있는 이야기를 구성할 수 있느냐에 달려 있다는 점 등은 모두 학습자들이 배워야 하는 중요한 학습 요소이다. 무엇보다 역사서사의 특징은 역사의 구성적 성격을 극명하게 보여주는 서술양식이라는 점에 있다. 역사서사가 가진 역사교육적 의미는 이런 점에서 찾을 수 있다.

이상 세 가지 이론에 입각한 역사 인식론이 반영된 역사교육은 결국 인식론적인 배경까지 포함된 내용을 가지고 개별 사실에서 출발하여 보편을 모색하는 통찰과, 보편을 규정하는 것에서 출발하여 각각의 개별적 사실의 의미를 확인해나가는 사변이라는 인식방식을 통해 역사의 구성적 본성을 가르치는 것이다. 이런 역사교육은 학습자 스스로 통찰력을 계발하게 하는 과제가 주어지는데, 통찰력이란 가르쳐서 기를 수 있는 기능이 아니기 때문에 학습자의 능동적인 활동으로 통찰력을 내면화하는 과정이 필요하다.

따라서 통찰력을 계발하는 구체적인 방법은 교사나 역사가의 연구 결과를 가르치는 것에서 찾기는 어렵다. 그것은 교사가 자신 혹은 역사가의 통찰력이 발휘되는 장면을 요령 있게 드러내면 학습자는 이를 보고 역사를 인식하는 전범으로 삼고 스스로 내면화함으로써 자신의 잠재된 통찰력을 일깨우는 과정이다. 이런 역사교육은 기존의 학습자관이나 역사교육에 대한 통념의 대폭적인 수정을 요구한다.

지금까지 논의를 통해 역사교육은 역사학의 연구 성과를 가져와서 가르치되, 연구 성과에 포함된 인식론적 배경을 함께 가르쳐야 한다는 점을 알 수 있었다. 그리고 역사교육이란 역사적 사실과 함께 역사서사를 가르치는 것이며, 궁극적으로 역사가의 통찰력까지 가르치는 것이다. 역사가의 통찰력을 가르치는 방법은 학습자에게 통찰력을 하나의 기능적 사고로서 전수하려 해서는 안 되고, 학습자들에게 통찰력이 발휘되는 장면을 그대로 드러내어 학습자 스스로 인식과정을 내면화하게 함으로써 자신의 통찰력을 일깨우는 것이다.

역사교과를 통칭교과로 간주하는 것은 역사의 고유한 성격을 교육에 반영하지 못하는 문제점을 낳을 수 있다. 그리고 전통적으로 제기되는 역사교육의 문제는 자의적이거나 편향적인 이념교육이 될 위험성이 있다는 것이었다. 그에 대한 대책으로 객관적인 역사교육을 주장한다거나 공정한 역사교육을 강조하는 것은 역사교육의 본성을 오해한 결과일 수 있다. 그런 문제에 대한 근본적인 대책은 메타적 관점에서 역사학의 연구 성과를 바라보는 태도를 함양하는 데서 찾아야 한다.

이 책에서 제기된 과제는 역사 인식론을 반영한 역사적 사고에 대한 보다 심층적인 연구가 필요하다는 것이다. 역사적 사고를 기능이 아니라 통찰력이 발휘되는 사고로 본다면, 이에 대한 보다 실제적이고 구체적인 사고의 실체를 밝힐 필요가 있다. 지금까지의 역사적 사고에 대한 논의를 바탕으로, 보다 실질적으로 역사가의 사고가 반영된 역사적 사고의 실체를 밝혀내야 한다. 그래야만 역사 인식론에 따른 역사교육의 논리가 더한층 심화될 수 있을 것이다.

역사 인식론교육이라는 원리에 따르는 역사교육 환경을 구비하기 위해서 가장 시급한 것은, 통찰과 사변이 구현된 다양한 역사서사의 생산이다. 특히 역사 인식론에 따른 역사교육을 하기 위해 역사가의 통찰력이 드러나는 구체적인 텍스트의 생산이 절대적으로 필요하다. 이런 텍스트는 역사가의 연구서나 역사교과서와는 다른 성격을 갖는 것으로서, 교사는 물론 역사가의 적극적인 관심이 있어야 생산될 수 있는 것이다.

이 책에서 제시한 역사 인식의 성격에 따른 역사교육은 궁극적으로 역사 인식을 가르치는 것으로서, 결국에는 학습자의 통찰력을 계발하는 교육이다. 이를 실천하기 위해서는 역사교육의 여러 주체들의 역할이나 교육관에서 인식의 코페르니쿠스적 전환이 요구된다. 교사양성대학의 커리큘럼 구성 방향도 역사지식의 인식론적 배경을 중시하는 방향이 되어야 할 것이다. 역사교사는 객관적인 역사지식의 전달자가 아니라 역사 인식을 드러내는 존재이고, 이를 통해 학생의 역사적 통찰력을 계발하는 존재라는 것을 유념해야 한다. 역사학자는 역사교육을 위한 역사서사를 고민하여 부단히 메타 서사를 공급할 의무가 있다. 이 보는 것들은 역사교육이 인식론교육으로서 자리매김하는 데 필요한 일이다.

이 책은 역사교육의 본성을 규정하기 위한 기초 작업으로서, 역사이론이나 철학적 인식론을 개괄적으로 다룰 수밖에 없었다. 그리고 인식론교육으로서의 역사교육 문제도 이론적으로 개괄하는 데 그쳤다. 앞으로 인식론교육에 대한 현장 검증이나 실천, 학교 급별 계열성에 관한 연구가 이어져야 할 것이다. 또한 심도 있는 이론이나 철학적 논거, 현장 적용 문제 등이 과제로 남아 있다.

참고문헌

1. 단행본

(1) 국내

『고려사(高麗史)』.

『고려사절요(高麗史節要)』.

강대석(1991), 『새로운 역사철학』, 한길사.

교육부(1998), 『사회과교육과정』, 교육부 고시 제1997-15호(별책 7호).

교육부(2015), 『사회과교육과정』, 교육부 고시 제2015-74호(별책 7호).

국사편찬위원회(1996a), 『고등학교 국사』, 교육부.

국사편찬위원회(1996b), 『중학교 국사』, 교육부.

극화학습모임(2001), 『극화학습자료집: 극으로 쓰는 우리역사』, 전국역사교사모임.

김기봉(2000), 『역사란 무엇인가를 넘어서』, 푸른역사.

김여수(1997), 『언어와 문화』, 철학과 현실사.

김육훈(1999), 『새롭게 엮은 국사수업지도안(상·하)』, 전국역사교사모임.

김한종(2015), 『역사교과서 국정화, 왜 문제인가』, 책과함께.

나종일·민석홍·윤세철(1986), 『문화사』, 한국방송통신대학.

노재봉 감수(1977), 『대세계사』 13, 정한출판사.

소광희·이석윤·김정선(1999), 『철학의 제 문제』, 벽호.

신용하(1976), 『독립협회연구』, 일조각.

양호환 외(1997), 『역사교육의 이론과 방법』, 삼지원.

이기백 외(2000), 『역사교육, 무엇을 어떻게 가르칠까』, 소화.

이기훈(1997), 『전쟁으로 보는 한국역사』, 지성사.

이상신(1996), 『역사학 개론: 역사와 역사학』, 신서원.

이종욱(1999), 『화랑세기: 신라인의 신라 이야기』, 소나무.

임희완(1994), 『역사학의 이해』, 건국대학교출판부.
장상호(1987), 『Piaget: 발생적 인식론과 교육』, 교육과학사.
정선영 외(2001), 『역사교육의 이해』, 삼지원.
조동일(1997), 『인문학문의 사명』, 서울대학교출판부.
차하순(1989), 『역사의 이해』, 탐구당.
한국교육과정평가원, 연구보고 RRE99-1-5(1999), 『고등학교 역사과 수행평가의 이론과 실제』.
한국교육과정평가원, 연수자료 CRE 99-1-5(1999), 『고등학교 국사 평가 방법 개선 방안: 논술형 및 서술형 평가를 중심으로』.
한국역사연구회(1997), 『한국역사 속의 전쟁』, 청년사.
한영우(1997), 『다시 찾는 우리 역사』, 경세원.
Angehrn, Emil(1991), *Geschichtsphilosophie*, 유헌식 역(1997), 『역사철학』, 민음사.
Barns, Harry Elmer(1973), *History of Historical Writing*, 2nd Ed., 허승일·안희돈 역(1994), 『서양사학사』, 한울.
Barraclough, Geoffrey(1979), *Main Trends of Research in the Social and Human Sciences History*, 이연규 역(1983), 『현대역사학의 추세와 방법론』, 풀빛.
Braudel, F.(1990), 이정옥 역, 「역사학과 사회학」, 『역사학 논고』, 민음사.
Croce, B.(1915), *Zur Theorie und Geschichte der Historiographe*, 이상신 역(1978), 『역사의 이론과 역사』, 삼영사.
Evans, Richard J.(1997), *In Defence of History*, 이영석 역(1999), 『역사학을 위한 변론』, 소나무.
Fontana, Josep(1994), *Europa ante el espejo*, 김원중 역(1999), 『거울에 비친 유럽』, 새물결.
Fukuyama, Fransis(1992), *The End of History and the Last Man*, 이상훈 역(1992), 『역사의 종말』, 한마음사.
Glossop, Ronald J.(1974), *Philosophy: An Introduction to Its Problems and Vocabulary*, 이치범 역(1986), 『철학입문』, 이론과 실천.
Husserl, Edmund(1873), *Die Idee der Phänomenologie, Philosophie als strenge Wissenschaft*, 이영호·이종훈 역(1988), 『현상학의 이념: 엄밀한 학으로서의 철학』, 서광사.
Kant, I.(1781), *Kritik der reinen Vernunft*, 윤성범 역(1983), 『순수이성비판』, 을유문화사.

Kneller, George, F.(1971), *Introduction to the Philosophy of Education*, 정희숙 역(1990), 『교육철학이란 무엇인가』, 서광사.

Lamprecht, Sterling Power(1955), *Our Philosophical Traditions*, 김태길·윤명노·최명관 역(1992), 『서양철학사』, 을유문화사.

Marx, K.(1867), *Das Kapitel*, 김영민 역(1987), 『자본론 Ⅰ-1』, 이론과 실천.

Maxim, George W.(2003), *Dynamic Social Studies for Elementary Classrooms*, 최용규 외 공역(2004), 『살아있는 사회과 교육』, 학지사.

Schaff, A.(1976), *History and Truth*, 김택현 역(1982), 『역사와 진실』, 청사.

Schnädelbach, Herbert(1974), *Geschichtsphilosophie nach Hegel*, 이한우 역(1986), 『헤겔 이후의 역사철학』, 문예출판사.

Thévenaz, Pierre(1966), *De Husserl à Merleau-Ponty: Qu'est-ce que la phénoménologie?*, 심민화 역(1982), 『현상학이란 무엇인가』, 문학과 지성사.

Woolfolk, Anita(2001), *Educational Psychology*, 김아영 외 공역(2003), 『교육심리학』, 박학사.

堀米庸三(1984), 『歴史をみる眼』, 박시종 옮김(1993), 『역사를 보는 눈』, 개마고원.

林健太郎(1982), 『史学概論』, 우윤·황원권 공역(1983), 『역사학 입문』, 청아출판사.

(2) 국외

Atkinson, R. F.(1978), *Knowledge and Explanation in History: An Instruction to the Philosophy of History*, The Macmillan Press Ltd.

Banks, James A.(1977), *Teaching Strategies for the Social Studies*, 2nd Ed., Addison-Wesley Publishing Co.

Bruner, J.(1996), *The Culture of Education*, Harvard Univ. Press.

Bunge, Mario(2003), *Philosophical Dictionary*, Enl. Ed., Prometheus Books.

Burston, W. H.(1972), *Principles of History Teaching*, Methuen and Co. Ltd.

Callinicos, Alex(1975), *Theories and Narratives: Reflections on the Philosophy of History*, Polity Press.

Carr, David(1986), *Time, Narrative, and History*, Indiana Univ. Press.

Carr, E. H.(1961), *What is History?*, Penguin Books.

Collingwood, R. G.(1961), *The Idea of History*, Oxford Univ. Press.

Daniels, R. V.(1972), *Studying History How and Why*, 2nd Ed., Prentice-Hall,

Inc.

Danto, A. C.(1965), *Analytical Philosophy of History*, Cambridge Univ. Press.

Dickson, A. K., Lee, P. J., and Rogers, P. J. eds.(1984), *Learning History*, Heineman Educational Books.

Drake, F. D. and Nelson, L. R.(2005), *Engagement in Teaching History: Theory and Practices for Middle and Secondary Teachers*, Pearson Merrill Prentice Hall.

Dray, W. H.(1957), *Laws and Explanation in History*, Oxford Univ. Press.

Dray, W. H.(1964), *Philosophy of History*, Prentice Hall, Inc.

Dray, W. H.(1993), *Philosophy of History*, 2nd Ed., Prentice Hall.

Egan, K.(1988), *Teaching as Storytelling: An Alternative Approach to Teaching and the Curriculum*, Routledge.

Ellis, Arthur K.(2007), *Teaching and Learning Elementary Social Studies*, 8th Ed., Addison-Wesley.

Gadamer, Hans-Georg(1975), trans. by Glen-Dopel, William(1979), *Truth and Method*, Sheed and Ward.

Gardiner, P. ed.(1959), *Theories of History*, The Free Press.

Gardiner, P.(1984), *The Philosophy of History*, Oxford Univ. Press.

Graham, G.(1983), *Historical Explanation Reconsidered*, Aberdeen Univ. Press.

Hobsbawm, Eric(1997), *On History*, Weidenfeld & Nicolson.

Iggers, G. G.(1997), *Historiography in the Twentieth Century-From Scientific Objectivity to the Postmodern Challenge*, Wesleyan Univ. Press.

Jenkins, K.(1991), *Re-thinking History*, Routledge.

Kaye, Harvey J.(1991), *The Powers of the Past: Reflection on the Crisis and Promise of History*, University of Minnesota Press.

Krug, Mark M.(1967), *History and the Social Sciences*, Blaisdell Publishing Co.

Labron, Tim(2011), *Bultmann Unlocked*, T&T Clark International.

Landes, D. S. ed.(1971), *History as Social Science*, Prentice Hall, Inc.

Leher, K.(1974), *Knowledge*, Oxford Univ. Press.

Lemon, M. C.(1995), *The Discipline of History and the History of Thought*, Routledge.

Löwith, Karl(1949), *Meaning in History*, University of Chicago Press.

Mandelbaum, M.(1977), *The Anatomy of Historical Knowledge*, Johns Hopkins Univ. Press.
Meiland, Jack W.(1965), *Scepticism and Historical Knowledge*, Random House.
Mink, L.(1987), *Historical Understanding*, Fay, B., Golop, E. O., and Vann, R. T. eds., Cornell Univ. Press.
Oakeshott, M.(1933), *Experience and Its Modes*, Cambridge Univ. Press.
Oakeshott, M.(1983), *On History and Other Essays*, Basil Blackwell Publisher Ltd.
Partington, G.(1980), *The Idea of Historical Education*, National for Educational Research Publishing Co.
Popper, K.(1966), *The Open Society and Its Enemies*, vol II, Princeton Univ. Press.
Schunke, George M.(1988), *The Knowledge Base of the Social Studies: The Social Science Discipline, Elementary Social Studies*, Macmillan Publishing Co.
Walsh, W. H.(1967a), *Philosophy of History: An Instruction*, Harper & Row Publishers.
White, Hayden(1973), *Metahistory: The Historical Imagination in Nineteenth Century Europe*, Johns Hopkins Univ. Press.
White, Hayden(1987), *The Content of the Form*, Johns Hopkins Univ. Press.
Wineburg, S. S.(2001), *Historical Thinking and Other Unnatural Acts: Charting the Future of Teaching the Past*, Temple Univ. Press.

2. 논문

(1) 국내

강진철(1988), 「학창시절과 연구생활을 되돌아보며」, 『한국사시민강좌』 3.
고동환(1997), 「근대화 논쟁」, 『한국사 시민강좌』, 일조각.
권덕영(1989), 「필사본 『화랑세기』의 사료적 검토」, 『역사학보』 123.
권중달(1998), 「한국에서의 역사지식의 대중적 확산」, 『역사의 대중화 문제』(중앙대 사학과 창립40주년기념 학술심포지움자료집).
길현모(1988), 「역사학과 사회과학」, 이광주·이민호 편, 『현대의 역사이론』, 한

길사.
김기덕(1998),「한국사의 대중화의 경향과 과제: 한국사 저작물을 중심으로」,『역사의 대중화 문제』(중앙대 사학과 창립40주년기념 학술심포지움자료집).
김기봉(2001),「메타역사로서 역사비평」,『역사와 현실』 40.
김돈(2000),「한국사 연구와 국사교육의 방향」,『역사교육』 76.
김영민(1996),「컨텍스트의 해석학」,『탈식민성과 우리 인문학의 글쓰기』, 민음사.
김용섭(1975),「광무년간의 양전지계사업」,『한국근대농업사연구』, 일조각.
김육훈(2001),「역사교사를 위한 역사교육론을 위하여」, 전국역사교사모임,『역사교육』 54.
김창성(1991),「역사수업에서 일반화의 문제와 '이상형'의 활용」,『이원순교수 정년기념 역사학논총』, 교학사.
김철준(1975),「국사교육의 방향」,『역사교육』 17.
김철준(1989),「연구생활의 일단면」,『한국사시민강좌』 5.
김한종(1987),「역사적 개념의 학습방법과 '정의'의 활용」,『역사교육』 41.
김한종(1992a),「국사교과서 연구의 성과와 과제」,『경상사학』 7·8 합집.
김한종(1992b),「영국의 역사교육」,『역사와 현실』 7.
김한종(1993),「미국의 사회과교육의 변천과 역사교육」,『역사교육』 54.
김한종(1994),『역사학습에서의 상상적 이해』, 서울대학교 박사학위논문.
김한종(1997a),「역사교육 논저목록」,『역사교육의 이론과 방법』, 삼지원.
김한종(1997b),「역사적 사고력의 개념과 그 교육적 의미」,『역사교육의 이론과 방법』, 삼지원.
김한종(1997c),「역사학습에서 상상적 이해의 방안」,『역사교육의 이론과 방법』, 삼지원.
김한종(1999),「역사수업이론, 그 현실과의 거리: 역사수업이론, 몇 가지 논의의 기초」,『역사교육』 46.
김한종(2000),「탐구식 역사수업, 그 가능성과 문제점」,『역사교육』 48.
김한종(2010),「역사교육 개념어의 용례 검토」,『역사교육』 113.
김현식(1999),「포스트모더니즘은 역사학의 종말인가」,『역사비평』 1999년 봄호.
남지대(1997),「집권관료제론」,『한국사인식과 역사이론』(김용섭교수 정년기념 한국사학논총 1), 지식산업사.
노태돈(1982),「삼한에 대한 인식의 변천」,『한국사연구』 38.
노태돈(1989),「연개소문과 김춘추」,『한국사 시민강좌』 5.

노태돈(1995), 「필사본 『화랑세기』의 사료적 가치」, 『역사학보』 147.

박준성(1991), 「대중역사교육의 전개와 과제」, 『역사와 현실』 6, 역사비평사.

박찬국(1997), 「후쿠야마의 '역사적 종말'에 대한 고찰」, 『열린지성』 1997년 가을호.

방기중(1997), 「해방 후 국가건설문제와 역사학」, 『한국사 인식과 역사이론』(김용섭교수 정년기념 한국사학논총 1), 지식산업사.

배용일(1980), 「신채호의 낭가사상고」, 『단재 신채호와 민족사관』(단재신채호선생 탄신100주년 기념논집).

사공환(1948), 「국사교육 재건에 관한 별견」, 『새교육』 창간호.

서의식(2000), 「한국사 인식과 국사교육의 목표」, 『역사교육』 76.

서의식(2001), 「고대사에서 신화·전설과 국사교육」, 『역사교육의 방향과 국사교육』(윤세철교수 정년기념 역사학논총 2), 솔.

손진태(1947), 「국사교육의 기본적 제 문제」, 『손진태선생전집』 6, 태학사.

손진태(1948), 「국사교육 건설에 대한 설정: 신민족주의 국사교육의 제창」, 『새교육』 2.

송상헌(1989), 「중·고교 역사교육 논의, 무엇이 빠졌나」, 『역사비평』 4.

송상헌(1992), 「역사의 맥락적 이해와 수업에의 활용」, 서울대학교 석사학위논문.

송상헌(1997), 「역사교육에 있어서 역사적 맥락을 통한 '이해'의 문제」, 『역사교육의 이론과 방법』, 삼지원.

송상헌(1999), 「이론 역사교육의 성과와 한계」, 『역사교육』 70.

송상헌(2001), 「한국사 시대구분과 국사교과서 서술」, 『시대전환과 역사인식』(윤세철교수 정년기념 역사학논총 1), 솔.

송상헌(2005), 「역사교육의 내용을 둘러싼 역사교육 담론의 검토」, 『역사교육연구』 창간호.

송상헌(2007a), 「역사교육에서 역사분쟁의 처리 문제: 역사담론교육을 중심으로」, 『호서사학』 48.

송상헌(2007b), 「역사교육에서 역사 인식과정이 구현된 역사 텍스트 구성 문제」, 『역사교육』 103.

송상헌(2013), 「역사교육의 원리 논고」, 『역사교육논집』 50.

송상헌(2016), 「역사교육과 역사학의 거리」, 『역사교육』 138.

송춘영(1999), 「역사교육 연구의 성과와 과제: 연구 논저를 중심으로」, 『역사교육』 71.

신귀현(1993), 「서구의 전통 사회와 인문학」, 경상대학교 인문학연구소 엮음, 『새로운 인문학을 위하여』, 백의.
양병우(1987), 「역사와 사회과학」, 『역사논초』, 지식산업사.
양정현(1997), 「사회과 통합 논의와 역사중심 '공통사회' 구성 방안」, 『역사교육의 이론과 방법』, 삼지원.
양정현(2002), 「국사 교과서 국정 체제의 문제점과 대안 모색: 『살아있는 한국사 교과서』를 중심으로」, 『역사와경계』 44.
양호환(1992), 「미국의 역사교육, 그 역사와 문제점」, 『역사와 현실』 7.
양호환(1993), 「역사교과 교육이론의 가능성과 문제점: 교수내용지식의 성격과 의미」, 『역사교육』 53.
양호환(1995a), 「'역사교과학'의 성과와 숙제」, 『38회 전국역사학대회 발표요지』.
양호환(1995b), 「역사학습에서 인지발달에 관한 몇 가지 문제」, 『역사교육』 58.
양호환(1996), 「역사교과서 서술양식과 학습자의 역사이해」, 『역사교육』 59.
양호환(1997), 「역사교과 교육논의의 가능성과 문제점: 교수내용지식의 성격과 의미」, 『역사교육의 이론과 방법』, 삼지원.
양호환(1998), 「역사서사의 특성과 역사학습에서의 활용」, 서울대학교 교육종합연구원 사회교육연구소, 『사회과학교육』 2.
양호환(2000a), 「21세기 사회변화와 역사교육의 방향」, 『21세기 한국 사회과교육의 방향』(8차 사회과교육과정 기초 연구 세미나 자료집), 한국교육과정평가원.
양호환(2000b), 「역사학습의 인식론적 모색」, 『역사교육』 75.
양호환(2001), 「역사교육의 담론: 지속과 변화」, 『역사교육의 방향과 국사교육』(윤세철교수 정년기념 역사학논총 2), 솔.
역사교육을 위한 교사모임·한국역사연구회(1989), 「제5차 교육과정 개편에 따른 중학교 국사 교과서 분석: 조선의 발전」, 『살아있는 삶을 위한 역사교육』, 푸른나무.
오종록(1998), 「역사 대중화에 대한 제언」, 한국역사연구회 편, 『회보』 31.
오종록(2000), 「21세기 역사대중화의 방향」, 한국역사연구회 편, 『20세기 역사학, 21세기 역사학』, 역사비평사.
유승렬(2000), 「21세기 중등학교 역사교육의 방향정립을 위한 제언」, 한국역사연구회 편, 『20세기 역사학, 21세기 역사학』, 역사비평사.
윤세철(1982), 「세계사와 아시아사」, 『역사교육』 32.
윤세철(1989), 「사회과 역사교육론」, 『사회과교육』 22.

윤세철(1991),「사회과 역사의 재고」, 강우철 편,『달라져야 할 사회과교육』, 교학사.
윤세철(1993),「역사적 의사결정과 역사교육」,『고등학교교사 공통사회연수교재: 일반사회영역』, 교육부.
윤세철(1997),「한국사연구와 한국사 교육론」,『한국사인식과 역사이론』(김용섭교수 정년기념 한국사학논총 I), 지식산업사.
윤세철(1999),「자국사, 그 당위와 실제」,『역사교육』69.
이규하(2001),「시대에 따른 역사의 해석과 의미: 남북통일과 관련하여」,『역사학보』169.
이돈희(1994),「교과교육학의 성격과 과제」,『교과교육학 탐구』, 교육과학사.
이미미(2000),「역사가의 사고 과정이 드러나는 서술의 특징과 교재 개발 방향」, 서울대학교 석사학위논문.
이배용(2000),「고등학교 역사교육의 과제와 전망」,『역사교육, 무엇을 어떻게 가르칠까』, 소화.
이상신(2001),「미래의 역사적 의미」,『역사학보』172.
이순권(1983),「역사교육과 민족주의」,『한국민족주의론 II』, 창작과 비평사.
이순근(2001),「분열과 통합의 역사: 통일신라와 발해를 중심으로」,『역사비평』55.
이영민(2000),「지리교육의 목표 및 내용의 구성 방향」,『사회과교육의 목표 및 내용 구성의 원리와 방향』(사회과교육과정 기초연구 공개 세미나 자료집), 교육과정평가원.
이영효(1997),「탐구식 역사수업모형의 재인식」,『역사교육의 이론과 방법』, 삼지원.
이인효(1989),「역사의 주관성과 객관성」,『한국사시민강좌』5.
이재호(1989),「〈화랑세기〉의 사료적 가치: 최근에 발견된 필사본에 대한 검토」,『정신문화연구』36.
이정은(1997),「후쿠야마의『역사의 종말』에 나타난 헤겔의 '시간관'의 재정립」,『시대와 철학』, 1997년 봄호.
이종욱(1995),「『화랑세기』연구 서설: 사서로서의 신빙성 확인을 중심으로」,『역사학보』146.
이종학(1991),「필사본『화랑세기』의 사료적 평가」,『경희사학』16·17 합집.
임상우(1997a),「답변에 대신하여」,『열린지성』1997년 겨울호.
임상우(1997b),「자유민주주의는 역사의 종착점인가: 후쿠야마의『역사의 종말』

에 대한 비판」, 『열린지성』 1997년 여름호.
임지현(1998), 「역사의 대중화, 대중의 역사화: 유럽의 사례를 중심으로」, 『역사의 대중화 문제』(중앙대 사학과 창립40주년기념 학술심포지움자료집).
임지현(1999), 「권력의 역사학에서 시민의 역사학으로」, 『역사비평』 46.
정두희(1998), 「TV 드라마와 역사의 대중화 문제」, 『역사의 대중화 문제』(중앙대 사학과 창립40주년기념 학술심포지움자료집).
정병훈(1993), 「인문학과 자연과학: 두 개의 문화인가?: 과학주의와 인문학주의의 대립과 극복」, 경상대학교인문학연구소 엮음, 『새로운 인문학을 위하여』, 백의.
정선영(1979), 「인지과정에 따른 역사교과의 탐구방법 연구」, 『역사교육』 25.
정선영(1982), 「역사학습의 구조화를 위한 시론」, 『역사교육』 30·31 합본.
정선영(1984), 「역사교육에서의 일반화 문제 연구」, 『역사교육』 35.
정선영(1986), 「역사교과 내용선정의 원리: '중요성'의 문제를 중심으로」, 『이원순교수 화갑기념 사학논총』, 교학사.
정선영(1991), 「역사교육에 있어서 사회과학적 접근」, 『이원순교수 정년기념 역사학논총』, 교학사.
정선영(1993), 「과학적 역사설명논리와 역사교육에의 적용: 시민혁명에 관한 설명을 중심으로」, 서울대학교 박사학위논문.
정선영(2001), 「21세기로의 전환과 역사교육의 방향」, 『역사교육의 방향과 국사교육』(윤세철교수 정년기념 역사학논총 2), 솔.
정연태(2000), 「21세기 한국근대사 연구와 신근대사논의 모색」, 『20세기 역사학, 21세기 역사학』, 역사비평사.
조동일(1997a), 「과학과 통찰을 아우르는 학문」, 『인문학문의 사명』, 서울대학교출판부.
조동일(1997b), 「인문학문의 유래와 위치 재검토」, 『인문학문의 사명』, 서울대학교출판부.
조명철(1998), 「전후 일본의 역사학: 역사의 대중화와 역사의식」, 『역사의 대중화 문제』(중앙대 사학과 창립40주년기념 학술심포지움자료집).
천관우(1970), 「국사학의 동향과 국사교육」, 『역사교육』 13.
천관우(1988), 「나의 한국사연구」, 『한국사시민강좌』 2.
최상훈(1987), 「역사학습에서의 총괄(colligation)의 이용」, 서울대학교 석사학위논문.
최상훈(1999), 「역사적 사고력의 학습 및 평가 방안」, 서울대학교 박사학위논문.

최호근(2013), 「내러티브와 역사교육: 역사 내러티브 구조 이해와 활용을 위한 시론」, 『역사교육』 125.

한명기(2001), 「임진왜란과 명나라 군대」, 『역사비평』 54.

한영우(1990), 「총론」, 『한국사 특강』, 서울대학교출판부.

西川正雄(1987), 「역사 교과서 개선의 국제 협력: 서독-폴란드 교과서 회의」, 이광주·오주환 편(1987), 『역사이론』, 문학과 지성사.

(2) 국외

Aldrich, R. E.(1984), "New History: An Historical Perspective", Dickson, A. K., Lee, P. J., and Rogers, P. J. eds., *Learning History*, Heineman Educational Books.

Ankersmith, F. R.(1986), "The Dilemma of Contemporary Anglo-Saxon Philosophy", *History and Theory*, Beiheft 25.

Bann, S.(1987), "The Odd Man Out: Historical Narrative and the Cinematic Image", Beiheft 26, *The Representation of Historical Events*, Wesleyan Univ. Press.

Brickley, P.(1994), "Teaching Post-Modern History: A Rational Proposition for the Classroom?", *Teaching History*, 74.

Burston, W. H.(1972), "Explanation in History and Arrangement of Events for History Teaching", *Principles of History Teaching*, Methuen Educational Ltd.

Burston, W. H.(1983), "Historical Events and the Problem of Teaching Them", *Principles of History Teaching*, Methuen Educational Ltd.

Chaffer, John(1973), "What History Should We Teach?", Jones, R. B. ed., *Practical Approach to the New History*, Hutchinson Education Ltd.

Downey, M. T. and Levstik, L. S.(1991), "Teaching and Learning History", Shaver, J. ed., *Handbook of Research on Social Studies Teaching and Learning*, Macmillan.

Dray, W. H.(1963), "The Historical Explanation of Actions Reconsidered", Hook, S. ed., *Philosophy and History*, New York Univ. Press.

Dray, W. H.(1993), "The Nature and Role of Narrative", *Philosophy of History*, 2nd Ed., Prentice Hall, Inc.

Egan, K.(1989), "Layers of Historical Understanding", *Theory and Research in Social Education*, vol. 17, no. 4.

Erdmann, K. D.(1964), "Die Zukunft als Kategorie der Geschichte", *Historische Zeitschrift*, vol. 198, no. 1.

Frankel, C.(1959), "Explanation and Interpretation in History", Gardiner, Patrick ed., *Theories of History*, The Free Press.

Gifford, Bernard R.(1988), "Linking Science and History: Bridging the Two Cultures", Gifford, Bernard R. ed., *History in the Schools: What Shall We Teach*, Macmillan Publishing Co.

Haskell, Thomas L.(1990), "Objectivity is Not Neutrality: Rhetoric and Practice in Peter Novick's *That Noble Dream*", *History and Theory*, vol. 29.

Heater, Derek(1974), "History and the Social Sciences", Ballard, Martin ed., *New Movements in the Study and Teaching of History*, Indiana Univ. Press.

Hempel, C. G.(1959), "The Function of General Laws in History", Gardiner, P. ed., *Theories of History*, The Free Press.

Holloway, S. W. F.(1967), "History and Sociology: What History is and What it Ought to Be", *Studies in Nature and Teaching of History*, Humanities Press.

Jenkins, K.(1998), "Teaching History Theory: A Radical Introduction", Booth, Alan and Hyland, Paul eds., *History in Higher Education: New Directions in Teaching and Learning*, Blackwell.

Kant, I.(1959), trans. by Hastie, W., "Idea of a Universal History from a Cosmopolitan Point of View", *Theories of History*, The Free Press.

Keller, H.(1987), "Narrativity in History: Post-Structuralism and Since", Beiheft 26, *The Representation of Historical Events*, Wesleyan Univ. Press.

Lee, P. J.(1983), "History Teaching and Philosophy of History", *History and Theory*, Beiheft 22.

Levstik, L. S.(1986), "The Relationship between Historical Response and Narrative in a Six-grade Classroom", *Theory and Research in Social Education*, vol. 14, no. 1.

Levstik, L. S.(1989), "Historical Narrative and the Young Reader", *Theory into Practice*, vol. 28, no. 2.

Levstik, L. S. and Pappas, C. C.(1987), "Exploring the Development of Historical Understanding", *Journal of Research and Development in Education*, vol. 21.

Levstik, L. S. and Pappas, C. C.(1992), "New Directions for Studying Historical Understanding", *Theory and Research in Social Education*, vol. 24, no. 4.

Mandelbaum, M.(1961), "Historical Explanation: The Problem of Covering Laws", *History and Theory*, vol. 1.

Mandelbaum, M.(1980), "The Presuppositions of Metahistory", *History and Theory*, 29, Beiheft 19.

Marwick, Arthur(1970), "History, Sciences and Social Sciences", *The Nature of History*, Dell Publishing Co., Inc.

McCullagh, C. B.(1987), "The Truth of Historical Narratives", The Representation of Historical Events, *History and Theory*, Beiheft 26, Wesleyan Univ. Press.

McKeown, M. G. and Beck, I. L.(1990), "The Assessment and Characterization of Young Learners' Knowledge of a Topic in History", *American Educational Research Journal*, vol. 27, no. 4.

Noël, Carrol(1998), "Interpretation, History and Narrative", Fay, B., Pomper, P., and Vann, Richard T. eds., *History and Theory Contemporary Readings*, Blackwell.

Oakeshott, M.(1962), "The Activity of Being an Historian", reprinted in *Rationalism in Politics*, Methen.

Oakeshott, M.(1983), "Present, Future and Past", *On History and Other Essays*, Basil Blackwell Publisher Ltd.

Passmore, J.(1987), "Narrative and Events", *History and Theory*, Beiheft 26, *The Representation of Historical Events*, Wesleyan Univ. Press.

Peel, E. A.(1967), "Some Problems in the Psychology of History Teaching", Burston, W. H. and Thompson, D., *Studies in the Nature and Teaching of History*, Humanities Press.

Ravitch, Diane(1987), "From History to Social Studies: Dilemmas and Problems", Beiheft 26, *The Representation of Historical Events*, Wesleyan

Univ. Press.

Rogers, Peter J.(1984), "Why Teach History", Dickson, A. K., Lee, P. J., and Rogers, Peter J., *Learning History*, Heineman Educational Books.

Rogers, Peter J.(1987), "History: The Past as a Frame of Reference", in Portal, C. ed., *The History Curriculum for Teachers*, The Falmer Press.

Rüsen, Jörn(1987), "Historical Narration: Foundation, Types, Reason", Beiheft 26, *The Representation of Historical Events*, Wesleyan Univ. Press.

Schulman, L. S.(1986), "Those Who Understand: Knowledge Growth in Teaching", *Educational Researcher*, 15(2).

Stone, L.(1979), "The Revival of Narrative: Reflections on a New Old History", *Past and Present*, no. 85.

Thompson, D.(1967), "Colligation and History Teaching", *Studies in the Nature and Teaching of History*, Humanities Press.

Topolski, J.(1987), "Historical Narrative: A Coherence Structure", *History and Theory*, Beiheft 26, *The Representation of Historical Events*, Wesleyan Univ. Press.

Vansledright, B. and Brophy, J.(1992), "Storytelling, Imagination and Fanciful Elaboration in Children's Historical Reconstruction", *American Educational Research Journal*, vol. 29, no. 4.

Walsh, W. H.(1967b), "Colligatory Concepts in History", *Studies in the Nature and Teaching of History*, Humanities Press.

Walsh, W. H.(1996), "The Limits of Scientific History", in Dray, W. H. ed., *Philosophical Analysis and History*, Harper & Row Publishers.

White, Hayden(1996), "Storytelling: Historical and Ideological", Newman, Robert ed., *Centuries Ends, Narrative Means*, Stanford Univ. Press.

Wineburg, S. S.(1991), "On the Reading of Historical Texts: Notes on the Breach between School and Academy", *American Educational Research Journal*, vol. 28(3).

Wright, G. H. von(1971), "Two Traditions", *Explanation and Understanding*, Cornell Univ. Press.

찾아보기

간행사

서울대학교 사범대학 역사교육과가 창립 71주년인 정유년 초에 역사교육연구총서 발간이라는 경사(慶事)를 맞이하였습니다.

우리나라는 예부터 역사를 인간의 사유와 행동을 밝혀주는 귀감으로 여겨 각종 교육기관에서 가르쳐왔지만, 역사교육이라고 하는 분야가 전문 연구영역으로 자리를 잡게 된 것은 그리 오래되지 않은 1980년대 후반, 서울대학교 사범대학 역사교육과에 역사교육전공의 석·박사학위과정이 개설되고 연구자가 배출되면서였습니다. 지금은 전국의 여러 대학과 초·중·고교의 연구자들이 왕성한 연구활동을 펼치고 있으며, 역사교육연구회가 발행하는 『역사교육』을 비롯하여 역사교육을 전문으로 하는 학회와 학술지도 많이 늘고 있습니다. 그러나 여전히 역사교육은 신진 연구분야로서 연구대상과 영역을 정립하는 과정에 있다고 할 수 있습니다. 이런 시점에서 역사교육연구총서의 발행은 역사교육연구의 발전에 크게 기여할 것입니다. 관련 연구자들이 단행본의 형태로 자신의 연구성과를 정리하여 발표함으로써 역사교육연구의 그간의 경로를 되돌아봄과 동시에 향후의 연구방향도 전망할 수 있기 때문입니다.

역사교육연구총서의 발행은 한국 역사교육학계가 지속적으로 연구결과물을 학계와 대중에게 공개하겠다는 약속을 한 것이고, 이를 어떻게 이행하는가에 따라 역사교육의 연구수준도 평가될 것입니다. 이런 의미에서 역사교육연구자들은 최근 국가와 사회의 많은 관심을 끌고 있는 역사교육이론과 현실의 쟁점 및 동향에 관해 자신의 견해와 소신을 밝힐 기회와 책임을 동시에 가지게 된 것이라 하겠습니다.

총서의 발행을 기획하고 추진해준 유용태 교수의 노고에 감사드리며, 바쁜 학술활동 중에도 기꺼이 집필을 맡은 저자와 원고의 내용을 검토하고 조언해주신 심사위원, 총서 준비단계에서 필요한 여러 실무를 담당한 간행위원들께도 감사의 마음을 전합니다. 그리고 고맙게도 어려운 여건에도 불구하고 서울대학교출판문화원은 총서의 간행을 맡아주었습니다. 역사교육연구총서의 간행이 연구자와 독자의 호응 속에 계속 이어져 우리나라 역사교육의 발전에 기여하기를 기원합니다.

2017년 1월

역사교육연구총서간행위원회 위원장

양호환